KCC그룹
온라인 인적성검사

SD에듀
(주)시대고시기획

2024 최신판 SD에듀 KCC그룹 온라인 인적성검사
최신기출유형 + 모의고사 4회

Always **with you**

사람의 인연은 길에서 우연하게 만나거나 함께 살아가는 것만을 의미하지는 않습니다.
책을 펴내는 출판사와 그 책을 읽는 독자의 만남도 소중한 인연입니다.
SD에듀는 항상 독자의 마음을 헤아리기 위해 노력하고 있습니다. 늘 독자와 함께하겠습니다.

머리말

KCC그룹은 지난 반세기 동안 초일류 정밀화학기업으로 끊임없는 기술개발을 이룩해 왔다. 건축산업자재의 공급을 통해 한국 건축산업문화의 발전을 선도해 왔으며, 최근에는 자체 개발 기술로 실리콘의 상업화에 국내 최초로 성공함에 따라 21세기 신소재 화학 분야를 주도해 '신소재 Creator'로서의 면모를 다져나가고 있다. 또한, '혁신'을 21세기 글로벌 시대 기업경영의 키워드로 설정하여 기술혁신, 가치혁신, 경영혁신 등 기업에 변화와 혁신의 바람을 불어넣고 있으며, 끊임없는 기술혁신을 통한 기술리더십 추구, 효율적 조직 운영과 경영지원 시스템의 선진화를 통한 핵심 경영추구, 고부가가치 창출과 재무건전성 확보를 통한 안정 성장, 글로벌 인재 육성 체계정립 등의 전략목표를 효율적으로 실행하여 '강한 KCC, 신뢰받는 KCC, 글로벌 KCC'로 성장하고 있다. KCC그룹은 채용 절차에서 인적성검사를 실시하여 "Knowledge, Challenge, Courage"라는 인재상에 걸맞은 인재를 선발하고 있다. KCC그룹의 인적성검사는 2021년 하반기부터 온라인으로 시행하였으며 시험 중 필기가 불가능하므로 철저한 대비가 필요하다.

이에 SD에듀에서는 KCC그룹에 입사하고자 하는 수험생들에게 좋은 길잡이가 되어주고자 다음과 같은 특징을 가진 본서를 출간하게 되었다.

도서의 특징

❶ 2023년 KCC그룹의 기출복원문제를 수록하여 최근 출제경향을 한눈에 파악할 수 있도록 하였다.

❷ 영역별 이론점검 – 대표유형 – 유형점검으로 이어지는 3단계 학습을 통해 체계적으로 학습할 수 있도록 하였으며, 온라인 모의고사를 제공하여 시험에 대비할 수 있도록 하였다.

❸ 실제 시험과 유사한 형태의 최종점검 모의고사 2회를 수록하고 최종점검 모의고사와 동일한 문항으로 구성된 도서 동형 온라인 모의고사를 제공하여 실전과 같은 연습이 가능하도록 하였다.

❹ KCC그룹의 인재상과의 적합여부를 판별할 수 있는 인성검사를 분석·수록하였으며, 합격의 최종 관문인 면접 유형 및 실전 대책과 면접기출을 수록하여 단 한 권으로 KCC그룹 채용을 준비할 수 있도록 하였다.

끝으로 이 책으로 KCC그룹 인적성검사를 준비하는 여러분 모두에게 합격의 기쁨이 있기를 진심으로 기원한다.

SDC(Sidae Data Center) 씀

◐ **경영이념**

더 좋은 삶을 위한 가치 창조

◐ **비전**

글로벌 **TOP** 수준의 **환경친화적 경영**과 **기술력**을 확보한 **초일류기업**

◐ **전략목표**

| 안정 성장 | ▶ | 고부가가치 창출과 재무 건전성 확보 |

| 선진 경영 | ▶ | 지속적 혁신과 효율적 조직운영 |

| 글로벌 인재 육성 | ▶ | 적극적인 교육투자 |

| 최첨단 기술 리더십 | ▶ | 끊임없는 기술혁신 |

⟳ 사업영역

건축 내장재 ▶ 천장재, 보온단열재, 석고보드

도료 ▶ 건축용도료, 자동차용도료, 선박용도료, 플랜트용도료, 공업용도료

창호재 ▶ 일반창호, 발코니창호, 시스템창호

첨단소재 ▶ 유기소재(EMC), 무기소재(AM, DCB), 복합소재

⟳ 인재상

K(Knowledge) ▶ 기본에 충실하고, 조직방향과 일치하는 전문지식을 가진 사람

C(Challenge) ▶ 불굴의 의지와 창의력으로 실천하는 사람

C(Courage) ▶ 고객과 조직에 정직하고, 사명감과 책임감을 갖는 사람

⟳ 인재육성

인재육성 방향 ▶ ❶ KCC의 핵심가치와 핵심역량을 개발할 수 있는 지식 함양 기능의 교육
❷ 업무 수행 성과를 도출할 수 있는 문제해결 및 커뮤니케이션 기능의 교육
❸ 글로벌 비즈니스를 선도할 수 있는 Global 리더 양성 기능의 교육

인재육성 체계 ▶ ❶ KCC의 핵심가치와 핵심역량을 갖춘 KCC 핵심리더 양성
• 국내외 학술연수/MBA
• 국내외 업무연수
❷ KCC의 미래를 이끌어나갈 글로벌 리더 조기 발굴, 체계적인 육성
• 핵심가치 공유
• Leadership 역량
• 직무역량/공통역량
❸ 글로벌 비즈니스 및 외국어 역량을 갖춘 글로벌 인재로 성장
• 외국어 교육
• 글로벌 비즈니스 역량

⟳ 필수 준비물

❶ 신분증 : 주민등록증, 외국인등록증, 여권, 운전면허증 중 하나
❷ 그 외 : 휴대폰, 휴대폰 거치대, 노트북, 웹캠, 노트북/휴대폰 충전기

⟳ 유의사항

❶ 틀리면 감점이 있으므로 모르는 문제는 찍지 말고 놔두는 것이 좋다.
❷ 30초, 60초, 90초 순으로 진행되며 각 문항에 해당하는 제한시간이 종료되면 다음 문제로 넘어간다.
❸ 필기도구는 일절 사용이 불가하여 눈으로만 풀어야 한다.

⟳ 시험 진행

시험 시간 예시	진행 순서
09:30~09:40	화상 회의실 입장
09:40~10:00	신분 확인 및 응시 환경 점검
10:00~10:10	검사 안내
10:10~12:00	적성검사* 및 인성검사

★ 적성검사 : 수리, 언어, 추리, 시각적사고

⟳ 알아두면 좋은 Tip

❶ 원활한 시험 진행을 위해 삼각대와 책상 정리가 필요하다.
❷ 진행 중 와이파이가 끊어지는 경우 재접속하면 문제없이 진행이 가능하다.
❸ 인터넷 연결이 원활하며 최대한 조용히 시험을 치를 수 있는 장소를 확보한다.

체크 리스트 CHECK LIST

시험 전 CHECK LIST
※ 최소 시험 이틀 전에 아래의 리스트를 확인하면 좋습니다.

- ☐ 본인의 신분증과 개인정보 가리개를 준비하였는가?
- ☐ 스마트폰 거치대와 필요한 필기도구를 준비하였는가?
- ☐ 스마트폰의 인터넷 사용, 감독 시스템에 접속, 카메라와 스피커의 작동이 가능한지 확인하였는가?
- ☐ 전화나 메시지 등의 알림음이 울리지 않도록 하였는가?
- ☐ 컴퓨터의 작동에 문제가 없는지 확인하였는가?
- ☐ 예비소집일과 동일한 장소에서 응시 가능한지 확인하였는가?
- ☐ 시험 장소에 불필요한 물건을 모두 치웠는가?
- ☐ 시험 장소에 낙서가 없는지 확인하였는가?
- ☐ 시험 장소의 주변에 계시는 분들에게 협조 요청을 하였는가?
- ☐ 주변에 소리가 날 만한 요소를 제거하였는가?
- ☐ 온라인 시험에 대한 주의사항 등 응시자 매뉴얼을 확인하였는가?
- ☐ 온라인 모의고사로 실전 연습을 하였는가?
- ☐ 자신이 취약한 영역을 두 번 이상 학습하였는가?
- ☐ 스마트폰의 배터리가 충분한지 확인하였는가?

시험 후 CHECK LIST
※ 시험 다음 날부터 아래의 리스트를 확인하며 면접 준비를 미리 하면 좋습니다.

- ☐ 인적성 시험 후기를 작성하였는가?
- ☐ 상하의와 구두를 포함한 면접복장이 준비되었는가?
- ☐ 지원한 직무의 직무분석을 하였는가?
- ☐ 단정한 헤어와 손톱 등 용모관리를 깔끔하게 하였는가?
- ☐ 자신의 자소서를 다시 한 번 읽어보았는가?
- ☐ 1분 자기소개를 준비하였는가?
- ☐ 도서 내의 면접 기출 질문을 확인하였는가?
- ☐ 자신이 지원한 직무의 최신 이슈를 정리하였는가?

주요 대기업 적중 문제 TEST CHECK

SK

언어이해 ▶ 비판 / 반박

2023년 적중

Hard

15 다음 글의 주장에 대한 반박으로 가장 적절한 것은?

> 인간은 사회 속에서만 자신을 더 나은 존재로 느낄 수 있기 때문에 자신을 사회화하고자 한다. 인간은 사회 속에서만 자신의 자연적 소질을 실현할 수 있는 것이다. 그러나 인간은 자신을 개별화하거나 고립시키려는 성향도 강하다. 이는 자신의 의도에 따라서만 행위하려는 반사회적인 특성을 의미한다. 그리고 저항하려는 성향이 자신뿐만 아니라 다른 사람에게도 있다는 사실을 알기 때문에, 그 자신도 곳곳에서 저항에 부딪히게 되리라 예상한다.
>
> 이러한 저항을 통하여 인간은 모든 능력을 일깨우고, 나태해지려는 성향을 극복하며, 명예욕이나 지배욕, 소유욕 등에 따라 행동하게 된다. 그리하여 동시대인들 가운데에서 자신의 위치를 확보하게 된다. 이렇게 하여 인간은 야만의 상태에서 벗어나 문화를 이룩하기 위한 진정한 진보의 첫걸음을 내딛게 된다. 이때부터 모든 능력이 점차 계발되고 아름다움을 판정하는 능력도 형성된다. 나아가 자연적 소질에 의해 도덕성을 어렴풋하게 느끼기만 하던상 태에서 벗어나, 지속적인 계몽을 통하여 구체적인 실천 원리를 명료하게 인식할 수 있는 성숙한 단계로 접어든다. 그 결과 자연적인 감정을 기반으로 결합된 사회를 도덕적인 전체로 바꿀 수 있는 사유 방식이 확립된다.
>
> 인간에게 이러한 반사회성이 없다면, 인간의 모든 재능은 꽃피지 못하고 만족감과 사랑으로 가득 찬 목가적인 삶속에서 영원히 묻혀 버리고 말 것이다. 그리고 양처럼 선량한 기질의 사람들은 가축

언어추리 ▶ 조건추리

2023년 적중

03 고등학교 동창인 A ~ F 여섯 명은 중국음식점에서 식사를 하기 위해 원형 테이블에 앉았다. 〈조건〉이 다음과 같을 때, 항상 옳은 것은?

> **조건**
> • E와 F는 서로 마주보고 앉아 있다.
> • C와 B는 붙어 있다.
> • A는 F와 한 칸 떨어져 앉아 있다.
> • D는 F의 바로 오른쪽에 앉아 있다.

① A와 B는 마주보고 있다.　　　② A와 D는 붙어 있다.
③ B는 F와 붙어 있다.　　　　　④ C는 F와 붙어 있다.
⑤ D는 C와 마주보고 있다.

창의수리 ▶ 방정식

2023년 적중

☑ 제한시간 60초

09 S씨는 뒷산에 등산을 갔다. 오르막길 A는 1.5km/h로 이동하였고, 내리막길 B는 4km/h로 이동하였다. A로 올라갔다가 B로 내려오는 데 총 6시간 30분이 걸렸고, 정상에서 30분 동안 휴식을 하였다. 오르막길과 내리막길이 총 14km일 때, A의 거리는?

① 2km　　　　　　　　　　② 4km
③ 6km　　　　　　　　　　④ 8km
⑤ 10km

삼성

06 다음은 지역별 내·외국인 거주자 현황을 나타내는 자료이다. 이에 대한 설명으로 옳은 것은?

〈지역별 내·외국인 거주자 현황〉

지역	2020년		2021년		2022년	
	거주자 (만 명)	외국인 비율 (%)	거주자 (만 명)	외국인 비율 (%)	거주자 (만 명)	외국인 비율 (%)
서울	1,822	8.2	2,102	9.2	1,928	9.4
인천	1,350	12.2	1,552	15.9	1,448	16.1
경기	990	14.6	1,122	14.4	1,190	15.7
강원	280	1.8	221	1.2	255	1
대전	135	4.5	102	3.1	142	3.5
세종	28	5.2	24	5.3	27	5.7
충청	688	1.2	559	0.5	602	0.7
경상	820	2.8	884	2.1	880	6
전라	741	2.1	668	1.9	708	1.7
대구	1,090	0.8	1,011	8.1	1,100	18

※ 제시된 명제가 참일 때, 빈칸에 들어갈 명제로 가장 적절한 것을 고르시오. [1~3]

01

전제1. 포유류는 새끼를 낳아 키운다.
전제2. 고양이는 포유류이다.
결론. _____

① 포유류는 고양이이다.
② 고양이는 새끼를 낳아 키운다.
③ 새끼를 낳아 키우는 것은 고양이이다.

Hard

05 하경이는 생일을 맞이하여 같은 반 친구들인 민지, 슬기, 경서, 성준, 민준을 생일 파티에 초대하였다. 하경이와 친구들이 함께 축하 파티를 하기 위해 간격이 일정한 원형 테이블에 다음 〈조건〉과 같이 앉았을 때, 항상 참이 되는 것은?

조건
• 하경이의 바로 옆 자리에는 성준이나 민준이가 앉지 않았다.
• 슬기는 성준이 또는 경서의 바로 옆 자리에 앉았다.
• 민지의 바로 왼쪽 자리에는 경서가 앉았다.
• 슬기와 민준이 사이에 한 명이 앉아 있다.

① 하경이는 민준이와 서로 마주보고 앉아 있다.
② 민지는 민준이 바로 옆 자리에 앉아 있다.
③ 경서는 하경이 바로 옆 자리에 앉아 있다.

주요 대기업 적중 문제 TEST CHECK

언어추리 ▶ 참 / 거짓

Easy

11 A ~ E는 점심 식사 후 제비뽑기를 통해 '꽝'이 적힌 종이를 뽑은 한 명이 나머지 네 명의 아이스크림을 모두 사주기로 하였다. 다음의 대화에서 한 명이 거짓말을 한다고 할 때, 아이스크림을 사야 할 사람은 누구인가?

> A : D는 거짓말을 하고 있지 않아.
> B : '꽝'을 뽑은 사람은 C이다.
> C : B의 말이 사실이라면 D의 말은 거짓이야.
> D : E의 말이 사실이라면 '꽝'을 뽑은 사람은 A이다.
> E : C는 빈 종이를 뽑았어.

① A   ② B
③ C   ④ D
⑤ E

자료해석 ▶ 자료계산

05 다음은 소비자 동향을 조사한 자료이다. (A)+(B)+(C)−(D)의 값으로 알맞은 것은?

〈2022년 하반기 소비자 동향조사〉

[단위 : CSI(소비자 동향지수)]

구분	7월	8월	9월	10월	11월	12월	평균
생활형편전망	98	98	98	98	92	92	96
향후경기전망	80	85	83	80	64	(B)	76
가계수입전망	100	100	100	99	98	97	99
소비자지출전망	106	(A)	107	107	106	99	(C)
평균	96	97	97	96	90	(D)	−

① 176   ② 186
③ 196   ④ 206

창의수리 ▶ 경우의 수

14 L사의 마케팅부, 영업부, 영업지원부에서 2명씩 대표로 회의에 참석하기로 하였다. 자리배치는 원탁 테이블에 같은 부서 사람이 옆자리로 앉는다고 할 때, 6명이 앉을 수 있는 경우의 수는 몇 가지인가?

① 15가지   ② 16가지
③ 17가지   ④ 18가지
⑤ 20가지

포스코

자료해석 ▶ 자료이해

Easy

01 P편의점은 3 ~ 8월까지 6개월간 캔 음료 판매현황을 아래와 같이 정리하였다. 다음 자료를 이해한 내용으로 적절하지 않은 것은?(단, 3 ~ 5월은 봄, 6 ~ 8월은 여름이다)

〈P편의점 캔 음료 판매현황〉

(단위 : 캔)

구분	맥주	커피	탄산음료	이온음료	과일음료
3월	601	264	448	547	315
4월	536	206	452	523	362
5월	612	184	418	519	387
6월	636	273	456	605	406
7월	703	287	476	634	410
8월	812	312	513	612	419

추리 ▶ 버튼도식

※ 다음 규칙을 바탕으로 이어지는 질문에 답하시오. [9~12]

작동 버튼	기능
A	홀수 칸의 도형을 서로 바꾼다.
B	짝수 칸의 도형을 서로 바꾼다.
C	첫 번째와 두 번째의 도형을 서로 바꾼다.
D	세 번째와 네 번째의 도형을 서로 바꾼다.

09 〈보기〉의 왼쪽 상태에서 작동 버튼을 두 번 눌렀더니, 오른쪽과 같은 결과가 나타났다. 다음 중 작동 버튼의 순서를 바르게 나열한 것은?

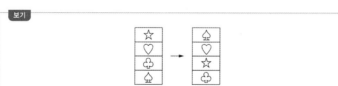

추리 ▶ 수추리

※ 일정한 규칙으로 수를 나열할 때, 빈칸에 들어갈 알맞은 숫자를 고르시오. [14~15]

14

$$-11 \quad -22 \quad -12 \quad -3 \quad -6 \quad (\quad) \quad 1$$

① -9
② 2
③ 4
④ 6

도서 200% 활용하기 STRUCTURES

1 최신 기출복원문제로 출제 경향 파악

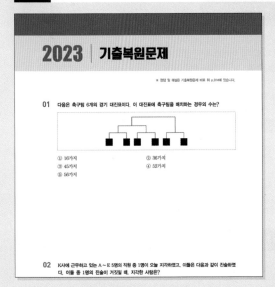

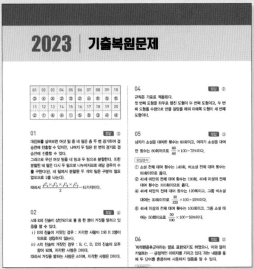

▶ 2023년 기출복원문제를 수록하여 최신 출제 경향을 파악할 수 있도록 하였다. 또한 이를 바탕으로 학습을 시작하기 전에 자신의 실력을 판단할 수 있도록 하였다.

2 이론점검, 대표유형, 유형점검으로 영역별 단계적 학습

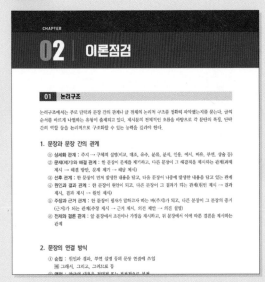

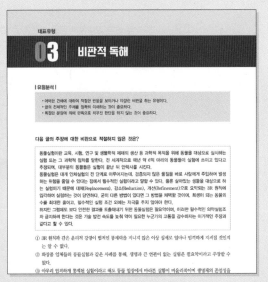

▶ 출제되는 영역에 대한 이론점검, 대표유형, 유형점검을 수록하여 최근 출제되는 유형을 체계적으로 익히고 점검할 수 있도록 하였으며 이를 바탕으로 기본기를 튼튼히 준비할 수 있도록 하였다.

3 최종점검 모의고사 + 도서 동형 온라인 실전연습 서비스

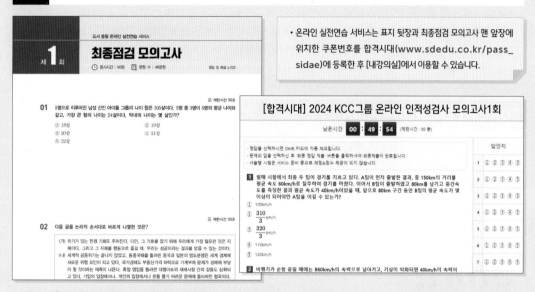

- 온라인 실전연습 서비스는 표지 뒷장과 최종점검 모의고사 맨 앞장에 위치한 쿠폰번호를 합격시대(www.sdedu.co.kr/pass_sidae)에 등록한 후 [내강의실]에서 이용할 수 있습니다.

▶ 실제 시험과 유사하게 구성된 최종점검 모의고사를 통해 최종 마무리를 할 수 있으며 이와 동일한 문제로 구성된 도서 동형 온라인 실전연습 서비스로 실제 시험처럼 연습해 볼 수 있도록 하였다.

4 인성검사부터 면접까지 한 권으로 대비

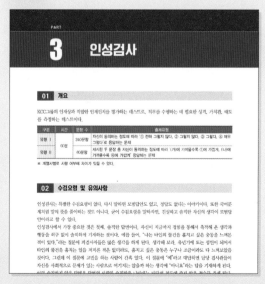

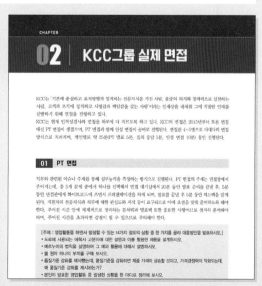

▶ 인성검사 모의연습을 통해 적성검사와 함께 시행되는 인성검사를 대비할 수 있도록 하였고, 면접 기출 질문을 통해 실제 면접에서 나오는 질문을 미리 파악하고 연습할 수 있도록 하였다.

학습플랜 STUDY PLAN

1주 완성 학습플랜

본서에 수록된 전 영역을 단기간에 끝낼 수 있도록 구성한 학습플랜이다. 한 번에 전 영역을 공부하지 않고, 한 영역을 집중적으로 공부할 수 있도록 하였다. 인적성검사에 대한 기초 학습은 되어 있으나, 학습 계획 세우기에 자신이 없는 분들이나 미리 시험에 대비하지 못해 단시간에 많은 분량을 봐야 하는 수험생에게 추천한다.

ONE WEEK STUDY PLAN

	1일 차 ☐	2일 차 ☐	3일 차 ☐
Start!	_____월_____일	_____월_____일	_____월_____일

4일 차 ☐	5일 차 ☐	6일 차 ☐	7일 차 ☐
_____월_____일	_____월_____일	_____월_____일	_____월_____일

STUDY CHECK BOX

구분	1일 차	2일 차	3일 차	4일 차	5일 차	6일 차	7일 차
기출복원문제							
PART 1							
제1회 최종점검 모의고사							
제2회 최종점검 모의고사							
다회독 1회							
다회독 2회							
다회독 3회							
오답분석							

스터디 체크박스 활용법
1주 완성 학습플랜에서 계획한 학습량을 어느 정도 실천하였는지 표시하여 자신의 학습량을 효율적으로 관리한다.

구분	1일 차	2일 차	3일 차	4일 차	5일 차	6일 차	7일 차
기출복원문제	수리	X	X	완료			

이 책의 차례 CONTENTS

Add+

2023년 기출복원문제

2023 | 기출복원문제

※ 정답 및 해설은 기출복원문제 바로 뒤 p.014에 있습니다.

01 다음은 축구팀 6개의 경기 대진표이다. 이 대진표에 축구팀을 배치하는 경우의 수는?

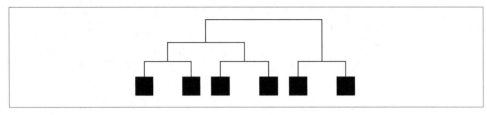

① 16가지　　　　　　　　　② 36가지

③ 45가지　　　　　　　　　④ 52가지

⑤ 56가지

02 K사에 근무하고 있는 A ~ E 5명의 직원 중 1명이 오늘 지각하였고, 이들은 다음과 같이 진술하였다. 이들 중 1명의 진술이 거짓일 때, 지각한 사람은?

- A : 지각한 사람은 E이다.
- B : 나는 지각하지 않았다.
- C : B는 지각하지 않았다.
- D : 내가 지각했다.
- E : A의 말은 거짓말이다.

① A　　　　　　　　　　② B

③ C　　　　　　　　　　④ D

⑤ E

03 다음 제시문의 제목으로 가장 적절한 것은?

중세 유럽에서는 토지나 자원을 왕실이 소유하고 있었다. 사람들은 이러한 토지나 자원을 이용하려면 일정한 비용을 지불해야 했다. 예를 들어 광산을 개발하거나 수산물을 얻는 사람들은 해당 자원의 이용에 대한 비용을 왕실에 지불하였고 이는 왕실의 권력과 부의 유지를 돕는 동시에 국가의 재정을 보충하는 역할을 하였는데 이때 지불한 비용이 바로 로열티이다.

로열티의 개념은 산업 혁명과 함께 발전하였다. 산업 혁명을 통해 특허, 상표 등의 지적 재산권이 보호되기 시작하면서 기업들은 이러한 권리를 보유한 개인이나 조직에게 사용에 대한 보상을 지불하게 되었다. 지적 재산권은 기업이 특정한 기술, 디자인, 상표 등을 보유하고 있을 때 그들에게 제공하는 독점적인 권리이다. 이러한 권리의 보호와 보상을 위해 로열티 제도가 도입되었다.

로열티는 기업과 지적 재산권 소유자 간의 계약에 의해 설정되는 형태로 발전하였다. 기업이 특정 제품을 판매하거나 특정 기술을 이용하는 경우 지적 재산권 소유자에게 계약에 따라 정해진 로열티를 지불하게 된다. 이로써 지적 재산권을 보유한 개인이나 조직은 자신들의 창작물이나 기술의 사용에 대한 보상을 받을 수 있으며, 기업들은 이러한 지적 재산권의 이용을 허가받아 경쟁 우위를 확보할 수 있게 되었다.

현재 로열티는 제품 판매나 라이선스, 저작물의 이용 등 다양한 형태로 나타나며 지적 재산권의 보호와 경제적 가치를 확보하는 중요한 수단으로 작용하고 있다. 로열티는 지식과 창조성의 보상으로서의 역할을 수행하며 기업들의 연구 개발을 촉진하고 혁신을 격려한다. 이처럼 로열티 제도는 기업과 지적 재산권 소유자 간의 상호 협력과 혁신적인 경제 발전에 기여하는 중요한 구조적 요소이다.

① 지적 재산권을 보호하는 방법
② 로열티 지급 시 유의사항
③ 지적 재산권의 정의
④ 로열티 제도의 유래와 발전
⑤ 로열티 제도의 모순

04 다음 제시된 도형의 규칙을 보고 ?에 들어갈 가장 알맞은 도형을 고르면?

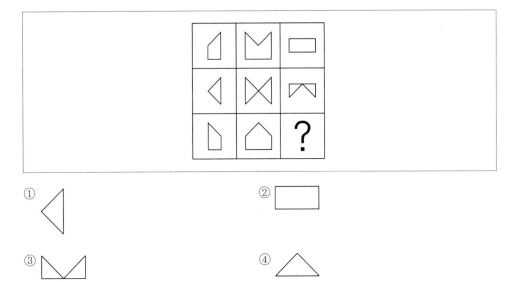

①

②

③

④

⑤

05 다음은 일정 기간 동안 K도서관의 도서 대여 횟수를 작성한 자료이다. 이에 대한 내용으로 옳지 않은 것은?

〈도서 대여 횟수〉

(단위 : 회)

구분	비소설		소설	
	남자	여자	남자	여자
40세 미만	20	10	40	50
40세 이상	30	20	20	30

① 소설을 대여한 전체 횟수가 비소설을 대여한 전체 횟수보다 많다.
② 40세 미만보다 40세 이상의 전체 대여 횟수가 더 적다.
③ 남자가 소설을 대여한 횟수는 여자가 소설을 대여한 횟수의 70% 이하이다.
④ 40세 미만의 전체 대여 횟수에서 비소설 대여 횟수가 차지하는 비율은 20%를 넘는다.
⑤ 40세 이상의 전체 대여 횟수에서 소설 대여 횟수가 차지하는 비율은 40% 이상이다.

06 다음은 키덜트(Kidult)에 대한 정의이다. 이에 대한 설명으로 적절하지 않은 것은?

> 키덜트란 키드와 어덜트의 합성어로 20~40대의 어른이 되었음에도 불구하고 여전히 어린이의 분위기와 감성을 간직하고 추구하는 성인들을 일컫는 말이다. 한때 이들은 책임감 없고 보호받기만을 바라는 '피터팬증후군'이라는 말로 표현되기도 하였으나, 이와 달리 키덜트는 각박한 현대인의 생활 속에서 마음 한구석에 어린이의 심상을 유지하는 사람들로 긍정적인 이미지를 가지고 있다.
> 이들의 특징은 무엇보다 진지하고 무거운 것 대신 유치하고 재미있는 것을 추구한다는 점이다. 예를 들면 대학생이나 직장인들이 앙증맞은 인형을 가방이나 핸드폰에 매달고 다니는 것, 회사 책상 위에 인형을 올려놓는 것 등이다. 키덜트들은 이를 통해 얻은 영감이나 에너지가 일에 도움이 된다고 한다. 이렇게 생활하면 정서 안정과 스트레스 해소에 도움이 된다는 긍정적인 의견이 나오면서 키덜트 특유의 감성이 반영된 트렌드가 유행하고 있다. 기업들은 키덜트족을 타깃으로 하는 상품과 서비스를 만들어내고 있으며, 엔터테인먼트 쇼핑몰과 온라인 쇼핑몰도 쇼핑과 놀이를 동시에 즐기려는 키덜트족의 욕구를 적극 반영하고 있는 추세이다.

① 키덜트의 나이에는 범위가 존재한다.
② 키덜트는 피터팬증후군과 혼용하여 사용한다.
③ 키덜트는 현대사회와 밀접한 관련이 있다.
④ 키덜트의 행위가 긍정적인 영향을 끼치기도 한다.
⑤ 키덜트도 경제 시장 내 수요자의 한 범주에 속한다.

07 다음 제시된 명제가 모두 참일 때, 반드시 참인 명제는?

> • 근대화는 전통 사회의 생활양식에 큰 변화를 가져온다.
> • 생활양식의 급격한 변화로 전통 사회의 고유성을 잃는다.
> • 전통 사회의 고유성을 유지한다면 문화적 전통을 확립할 수 있다.

① 문화적 전통이 확립되지 않는다면 전통 사회의 생활양식은 급격하게 변한다.
② 근대화가 이루어지지 않는다면 전통 사회의 고유성을 유지할 수 있다.
③ 전통 사회의 생활양식이 변했다면 근대화가 이루어진 것이다.
④ 전통 사회의 고유성을 유지한다면 생활양식의 변화 없이 문화적 전통을 확립할 수 있다.
⑤ 전통 사회의 고유성을 잃으면 생활양식은 급격하게 변한다.

08 주어진 전개도로 정육면체를 만들 때, 만들어질 수 없는 것은?

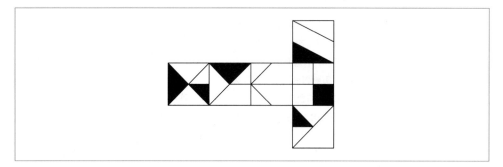

①

②

③

④

⑤

09 K사의 작년 신입사원 채용 지원자 수는 1,000명이었다. 올해는 작년보다 남성의 지원율이 2% 증가하고 여성의 지원율은 3% 증가하여 전체 지원자 수는 24명이 증가하였다. 올해의 남성 지원자 수는 몇 명인가?

① 508명   ② 512명

③ 600명   ④ 610명

⑤ 612명

10 다음 제시문을 읽고 추론한 내용으로 가장 적절한 것은?

세계대전이 끝난 후 미국의 비행기 산업이 급속도로 성장하기 시작하자 영국과 프랑스 정부는 미국을 견제하기 위해 초음속 여객기인 콩코드를 함께 개발하기로 결정했다. 양국의 지원을 받으며 탄생한 콩코드는 일반 비행기보다 2배 빠른 마하 2의 속도로 비행하면서 평균 8시간 걸리는 파리 ~ 뉴욕 구간을 3시간대에 주파할 수 있게 되었다. 그러나 콩코드의 낮은 수익성이 문제가 되었다. 콩코드는 일반 비행기에 비해 많은 연료가 필요했고, 몸체가 좁고 길어 좌석 수도 적었다. 일반 비행기에 300명 정도를 태울 수 있었다면 콩코드는 100명 정도만 태울 수 있었다. 연료 소비량은 많은데 태울 수 있는 승객 수는 적으니 당연히 항공권 가격은 비싸질 수밖에 없었다. 좁은 좌석임에도 불구하고 가격은 일반 항공편의 퍼스트클래스보다 3배 이상 비쌌고 이코노미석 가격의 15배에 달했다. 게다가 2000년 7월 파리발 뉴욕행 콩코드가 폭발하여 100명의 승객과 9명의 승무원 전원이 사망하면서 큰 위기가 찾아왔다. 수많은 고위층과 부자들이 한날한시에 유명을 달리함으로써 세계 언론의 관심이 쏠렸고 콩코드의 안정성에 대한 부정적인 시각이 팽창했다. 이후 어렵게 운항을 재개했지만, 승객 수는 좀처럼 늘지 않았다. 결국 유지비를 감당하지 못한 영국과 프랑스의 항공사는 27년 만에 운항을 중단하게 되었다.

① 영국과 프랑스는 전쟁에서 사용하기 위해 초음속 여객기 콩코드를 개발했다.
② 일반 비행기가 파리 ~ 뉴욕 구간을 1번 왕복하는 동안 콩코드는 최대 4번 왕복할 수 있다.
③ 콩코드의 탑승객 수가 늘어날수록 많은 연료가 필요했을 것이다.
④ 결국 빠른 비행 속도가 콩코드 폭발의 원인이 되었다.
⑤ 콩코드는 주로 돈이 많은 고위층이나 시간이 부족한 부유층이 이용했다.

11 K씨는 진찰을 받기 위해 병원에 갔다. 진찰 대기자는 K씨를 포함하여 총 5명이 있다. 이들의 순서가 다음의 〈조건〉을 모두 만족한다면, K씨는 몇 번째로 진찰을 받을 수 있는가?

> **조건**
> • A는 B의 바로 앞에 이웃하여 있다.
> • A는 C보다 뒤에 있다.
> • K는 A보다 앞에 있다.
> • K와 D 사이에는 2명이 있다.

① 첫 번째   ② 두 번째
③ 세 번째   ④ 네 번째
⑤ 다섯 번째

12 다음 그림과 같이 화살표 방향으로 종이를 접은 후 잘라 다시 펼쳤을 때의 그림으로 가장 적절한 것은?

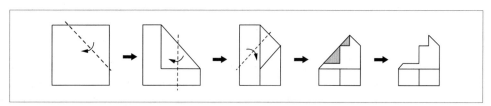

①

②

③

④

⑤

13 K사는 LED를 생산할 수 있는 기계 A~C 3대를 가지고 있다. 기계에 따른 하루 생산량과 불량률이 다음과 같을 때, 하루 동안 3대를 모두 가동할 경우 전체 불량률은?

<기계별 하루 생산량 및 불량률>

구분	하루 생산량	불량률
A기계	500개	5%
B기계	A기계보다 10% 더 생산	2%
C기계	B기계보다 50개 더 생산	5%

① 1%

② 2%

③ 3%

④ 4%

⑤ 5%

14 다음 문장들을 논리적 순서대로 바르게 나열한 것은?

> (가) 예후가 좋지 못한 암으로 여겨져 왔던 식도암도 정기적 내시경검사로 조기에 발견하여 수술 등 적절한 치료를 받을 경우 치료 성공률을 높일 수 있는 것으로 밝혀졌다.
>
> (나) 이처럼 조기에 발견해 수술을 받을수록 치료 효과가 높음에도 불구하고 실제로 K병원에서 식도암 수술을 받은 환자 중 초기에 수술을 받은 환자는 25%에 불과했으며, 어느 정도 식도암이 진행된 경우 60%가 수술을 받은 것으로 조사됐다.
>
> (다) 식도암을 치료하기 위해서는 50세 이상의 남자인 경우 매년 정기적으로 내시경검사, 식도조영술, CT 촬영 등 검사를 통해 식도암을 조기에 발견하는 것이 중요하다.
>
> (라) 서구화된 식습관으로 인해 식도암은 남성 중 6번째로 많이 발생하고 있으며, 전체 인구 10만 명당 3명이 사망하는 것으로 나타났다.
>
> (마) K병원 교수팀이 식도암 진단 후 수술을 받은 808명을 대상으로 추적 조사한 결과 발견 당시 초기에 치료할 경우 생존율이 높았지만, 반대로 말기에 치료할 경우 치료 성공률과 생존율 모두 크게 떨어지는 것으로 나타났다고 밝혔다.

① (가) – (나) – (다) – (라) – (마) ② (다) – (나) – (라) – (마) – (가)
③ (다) – (라) – (나) – (마) – (가) ④ (라) – (가) – (마) – (나) – (다)
⑤ (라) – (다) – (마) – (나) – (가)

15 다음 제시된 문장을 참고하여 내린 A, B의 결론에 대한 판단으로 항상 옳은 것은?

> • 탕수육을 좋아하면 족발을 좋아한다.
> • 깐풍기를 좋아하면 김치찌개를 좋아하지 않는다.
> • 김치찌개를 좋아하면 냉면을 좋아한다.
> • 김치찌개를 좋아하지 않으면 족발을 좋아하지 않는다.

> A : 탕수육을 좋아하면 김치찌개를 좋아한다.
> B : 깐풍기를 좋아하면 냉면을 좋아하지 않는다.

① A만 옳다.
② B만 옳다.
③ A, B 모두 옳다.
④ A, B 모두 틀리다.
⑤ A, B 모두 옳은지 틀린지 판단할 수 없다.

16 다음 중 제시된 도형과 같은 것은?(단, 도형은 회전이 가능하다)

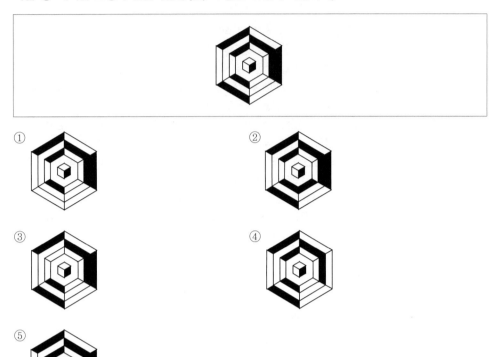

17 다음은 2017 ~ 2023년 우리나라 지진 발생 현황에 대한 자료이다. 이에 대한 설명으로 옳은 것은?

〈우리나라 지진 발생 현황〉

구분	지진 횟수	최고 규모
2017년	42회	3.3
2018년	52회	4.0
2019년	56회	3.9
2020년	93회	4.9
2021년	49회	3.8
2022년	44회	3.9
2023년	492회	5.8

① 2017년 이후 지진 발생 횟수가 꾸준히 증가하고 있다.

② 2020년에는 2019년보다 지진이 44회 더 발생했다.

③ 지진 횟수가 증가할 때 지진의 최고 규모도 커진다.

④ 2020년에 일어난 규모 4.9의 지진은 2017년 이후 우리나라에서 발생한 지진 중 가장 강력한 규모이다.

⑤ 2023년에 발생한 지진은 2017년부터 2022년까지의 평균 지진 발생 횟수에 비해 약 8.8배 급증했다.

18 다음 제시문의 빈칸에 들어갈 내용으로 가장 적절한 것은?

전통문화는 근대화의 과정에서 해체되는 것인가, 아니면 급격한 사회 변동의 과정에서도 유지될 수 있는 것인가? 전통문화의 연속성과 재창조는 왜 필요하며, 어떻게 이루어지는가? 외래문화의 토착화(土着化), 한국화(韓國化)는 사회 변동과 문화 변화의 과정에서 무엇을 의미하는가? 이상과 같은 의문들은 오늘날 한국 사회에서 논란의 대상이 되고 있으며, 입장에 따라 상당한 견해 차이도 드러내고 있다.

전통의 유지와 변화에 대한 견해 차이는 오늘날 한국 사회에서 단순하게 보수주의와 진보주의의 차이로 이해될 성질의 것이 아니다. 한국 사회의 근대화는 이미 한 세기의 역사를 가지고 있으며, 앞으로도 계속되어야 할 광범하고 심대(深大)한 사회 구조적 변동이다. 그렇기 때문에 성향이 보수주의적인 사람들도 전통문화의 변질을 어느 정도 수긍하지 않을 수 없는가 하면, 사회 변동의 강력한 추진 세력 또한 문화적 전통의 확립을 주장하지 않을 수 없다.

또, 한국 사회에서 전통문화의 변화에 관한 논의는 단순히 외래문화이냐 전통문화이냐의 양자택일적인 문제가 될 수 없다는 것도 명백하다. 근대화는 전통문화의 연속성과 변화를 다 같이 필요로 하며, 외래문화의 수용과 그 토착화 등을 다 같이 요구하는 것이기 때문이다. 그러므로 전통을 계승하고 외래문화를 수용할 때에 무엇을 취하고 무엇을 버릴 것이냐 하는 문제도 단순히 문화의 보편성(普遍性)과 특수성(特殊性)이라고 하는 기준에서만 다룰 수 없다. 근대화라고 하는 사회 구조적 변동이 문화 변화를 결정지을 것이기 때문에 전통문화의 변화 문제를 _____에서 다루어 보는 분석이 매우 중요하리라고 생각한다.

① 보수주의의 시각 ② 진보주의의 시각
③ 사회 변동의 시각 ④ 외래와 전통의 시각
⑤ 보편성과 특수성의 시각

19 A ~ D 4명은 K아파트 10층에 살고 있다. 다음 〈조건〉을 고려할 때, 항상 거짓인 것은?

조건

• 아파트 10층의 구조는 다음과 같다.

계단	1001호	1002호	1003호	1004호	엘리베이터

• A는 엘리베이터보다 계단이 더 가까운 곳에 살고 있다.
• C와 D는 계단보다 엘리베이터에 더 가까운 곳에 살고 있다.
• D는 A 바로 옆에 살고 있다.

① A보다 계단이 가까운 곳에 살고 있는 사람은 B이다.
② D는 1003호에 살고 있다.
③ C 옆에는 D가 살고 있다.
④ B가 살고 있는 곳에서 엘리베이터 쪽으로는 2명이 살고 있다.
⑤ 본인이 살고 있는 곳과 가장 가까운 이동 수단을 이용한다면 C는 엘리베이터를 이용할 것이다.

20 다음 중 제시된 그림에서 찾을 수 없는 조각은?

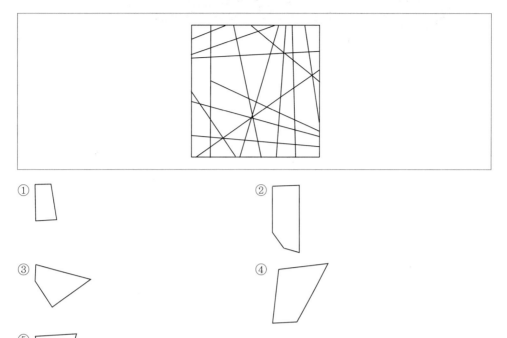

①

②

③

④

⑤

2023 | 기출복원문제

01	02	03	04	05	06	07	08	09	10
③	④	④	②	③	②	④	⑤	⑤	⑤
11	12	13	14	15	16	17	18	19	20
②	①	④	④	①	⑤	⑤	③	④	④

01 　　정답 ③

대진표를 살펴보면 여섯 팀 중 네 팀은 총 두 번 경기하여 결승전에 진출할 수 있지만, 나머지 두 팀은 한 번의 경기로 결승전에 진출할 수 있다.

그러므로 우선 여섯 팀을 네 팀과 두 팀으로 분할한다. 또한 분할된 네 팀은 다시 두 팀으로 나누어지므로 해당 경우의 수를 구한다(단, 네 팀에서 분할된 두 개의 팀은 구분이 필요 없으므로 2를 나눈다).

따라서 $\dfrac{{}_6C_4 \times {}_2C_2 \times {}_4C_2 \times {}_2C_2}{2} = 45$가지이다.

02 　　정답 ④

A와 E의 진술이 상반되므로 둘 중 한 명이 거짓을 말하고 있음을 알 수 있다.

ⅰ) E의 진술이 거짓인 경우 : 지각한 사람이 D와 E 2명이 되므로 성립하지 않는다.

ⅱ) A의 진술이 거짓인 경우 : B, C, D, E의 진술이 모두 참이 되며, 지각한 사람은 D이다.

따라서 거짓을 말하는 사람은 A이며, 지각한 사람은 D이다.

03 　　정답 ④

제시문은 중세 유럽에서 유래된 로열티 제도가 산업 혁명부터 현재까지 지적 재산권에 대한 보호와 가치 확보를 위해 발전되었음을 설명하고 있다. 따라서 가장 적절한 제목은 '로열티 제도의 유래와 발전'이다.

04 　　정답 ②

규칙은 가로로 적용된다.

첫 번째 도형을 좌우로 펼친 도형이 두 번째 도형이고, 두 번째 도형을 수평으로 반을 잘랐을 때의 아래쪽 도형이 세 번째 도형이다.

05 　　정답 ③

남자가 소설을 대여한 횟수는 60회이고, 여자가 소설을 대여한 횟수는 80회이므로 $\dfrac{60}{80} \times 100 = 75\%$이다.

오답분석

① 소설 전체 대여 횟수는 140회, 비소설 전체 대여 횟수는 80회이므로 옳다.

② 40세 미만의 전체 대여 횟수는 120회, 40세 이상의 전체 대여 횟수는 100회이므로 옳다.

④ 40세 미만의 전체 대여 횟수는 120회이고, 그중 비소설 대여는 30회이므로 $\dfrac{30}{120} \times 100 = 25\%$이다.

⑤ 40세 이상의 전체 대여 횟수는 100회이고, 그중 소설 대여는 50회이므로 $\dfrac{50}{100} \times 100 = 50\%$이다.

06 　　정답 ②

'피터팬증후군이라는 말로 표현되기도 하였으나, 이와 달리 키덜트는 … 긍정적인 이미지를 가지고 있다.'라는 내용을 통해 두 단어를 혼용하여 사용하지 않음을 알 수 있다.

오답분석

① '20 ~ 40대의 어른이 되었음에도 불구하고'라는 내용에서 나이의 범위를 알 수 있다.

③ '키덜트는 각박한 현대인의 생활 속에서 마음 한구석에 어린이의 심상을 유지하는 사람들로 긍정적인 이미지를 가지고 있다.'라는 문장을 통해 키덜트와 현대사회가 밀접한 관련이 있음을 짐작할 수 있다.

④ '키덜트들은 이를 통해 얻은 영감이나 에너지가 일에 도움이 된다고 한다.'라는 내용에서 알 수 있다.

⑤ '기업들은 키덜트족을 타깃으로 하는 상품과 서비스를 만들어내고 있으며'를 통해 경제 시장의 수요자임을 알 수 있다.

07

정답 ④

제시된 명제를 기호화하여 정리하면 다음과 같다.

- p : 근대화
- q : 전통 사회 생활양식의 변화
- r : 전통 사회의 고유성 유지
- s : 문화적 전통 확립

$p \to q$, $q \to {\sim}r$, $r \to s$이며, 두 번째 명제의 대우인 $r \to {\sim}q$가 성립함에 따라 '전통 사회의 고유성을 유지한다면 생활양식의 변화 없이 문화적 전통을 확립할 수 있다.'는 명제는 반드시 참이 된다.

08

정답 ⑤

09

정답 ⑤

작년 남성 지원자 수를 x명, 여성 지원자 수를 y명이라고 하자.
작년 전체 지원자 수는 1,000명이므로 $x+y=1,000$ ··· ㉠
작년에 비하여 남성과 여성의 지원율이 각각 2%, 3% 증가하여 총 24명이 증가하였으므로

$$\frac{2}{100}x + \frac{3}{100}y = 24 \to 2x + 3y = 2,400 \ \cdots \ ㉡$$

㉠, ㉡을 연립하면 $x=600$, $y=400$이다.
따라서 올해 남성 지원자 수는 $600 \times (1+0.02)=612$명이다.

10

정답 ⑤

콩코드는 비싼 항공권 가격에도 불구하고 비행시간이 적게 걸렸기 때문에 주로 시간 단축이 필요한 사람들이 이용했음을 추론할 수 있다. 또한 콩코드 폭발 사건으로 인해 수많은 고위층과 부자들이 피해를 입었다는 점을 통해서도 승객 유형을 추론해 볼 수 있다.

오답분석

① 영국과 프랑스 정부는 세계대전 이후 비행기 산업에서 급성장하는 미국을 견제하기 위해 초음속 여객기 콩코드를 함께 개발하였다.
② 파리 ~ 뉴욕 구간의 비행시간은 평균 8시간이지만, 콩코드는 파리 ~ 뉴욕 구간을 3시간대에 주파할 수 있다고 하였으므로 4번까지 왕복하기 어려웠을 것으로 추론할 수 있다.
③ 콩코드는 일반 비행기에 비해 많은 연료가 필요하였지만, 필요한 연료가 탑승객 수와 관련되는지는 알 수 없다.

④ 2000년 7월 폭발한 콩코드 사건의 원인은 나타나 있지 않으므로 알 수 없다.

11

정답 ②

주어진 조건을 고려하면 C − K − A − B 또는 K − C − A − B 순서로 대기하고 있다는 것을 알 수 있다. 그중 K − C − A − B의 경우에는 마지막 조건을 만족시킬 수 없으므로 대기자 5명은 C − K − A − B − D 순서로 대기하고 있다. 따라서 K씨는 두 번째로 진찰을 받을 수 있다.

12

정답 ①

13

정답 ④

A ~ C기계를 하루 동안 모두 가동시켰을 때 전체 불량률은
$\dfrac{(\text{전체 불량품 수})}{(\text{전체 생산량})} \times 100$이다.

기계에 따른 하루 생산량과 불량품 수를 구하면 다음과 같다.

(단위 : 개)

구분	하루 생산량	불량품 수
A기계	500	$500 \times 0.05 = 25$
B기계	$500 \times 1.1 = 550$	$550 \times 0.02 = 11$
C기계	$550 + 50 = 600$	$600 \times 0.05 = 30$
합계	1,650	66

따라서 전체 불량률은 $\dfrac{66}{1,650} \times 100 = 4\%$이다.

14

정답 ④

제시문은 최근 식도암 발병률이 늘고 있는데, K병원의 조사 결과를 근거로 식도암을 조기 발견하여 치료하면 치료 성공률을 높일 수 있다고 말하고 있다. 따라서 (라) 최근 서구화된 식습관으로 식도암이 증가 − (가) 식도암은 조기에 발견하면 치료 성공률을 높일 수 있음 − (마) K병원이 조사한 결과 초기에 치료할 경우 생존율이 높게 나옴 − (나) 식도암은 조기에 발견할수록 치료 효과가 높았지만 실제로 초기에 치료받는 환자의 수는 적음 − (다) 식도암을 조기에 발견하기 위해서 50대 이상 남성은 정기적으로 검사를 받을 것을 강조 순서로 연결되어야 한다.

15

제시된 문장을 기호화하여 정리하면 다음과 같다.
- p : 탕수육을 좋아한다.
- q : 족발을 좋아한다.
- r : 깐풍기를 좋아한다.
- s : 김치찌개를 좋아한다.
- t : 냉면을 좋아한다.

탕수육을 좋아하면 족발을 좋아한다. : $p \rightarrow q$
깐풍기를 좋아하면 김치찌개를 좋아하지 않는다. : $r \rightarrow \sim s$
김치찌개를 좋아하면 냉면을 좋아한다. : $s \rightarrow t$
김치찌개를 좋아하지 않으면 족발을 좋아하지 않는다. : $\sim s \rightarrow \sim q$

정리한 내용에 따르면 $p \rightarrow q$, $q \rightarrow s$(대우 명제)이므로 A의 결론은 $p \rightarrow s$임을 알 수 있다.
따라서 A의 결론은 옳지만 B의 결론은 제시된 문장을 통해 추론할 수 없다.

16

오답분석

① ②

③ ④

17

2017 ~ 2022년 평균 지진 발생 횟수는 (42＋52＋56＋93＋49＋44)÷6＝56회이다. 2023년에 발생한 지진은 2017 ~ 2022년 평균 지진 발생 횟수에 비해 492÷56≒8.8배 증가했으므로 적절한 설명이다.

오답분석

① 2020년부터 2년간 지진 횟수는 감소했다.
② 2020년의 지진 발생 횟수는 93회이고 2019년의 지진 발생 횟수는 56회이다. 2020년에는 2019년보다 지진이 93－56＝37회 더 발생했다.
③ 2018년보다 2019년에 지진 횟수는 증가했지만 최고 규모는 감소했다.
④ 2023년에 일어난 규모 5.8의 지진이 2017년 이후 우리나라에서 발생한 지진 중 가장 강력한 규모이다.

18

두 번째 문단에서 전통의 유지와 변화에 대한 견해 차이는 보수주의와 진보주의의 차이로 이해될 성질의 것이 아니며, 한국 사회의 근대화는 앞으로도 계속되어야 할 광범하고 심대한 '사회 구조적 변동'이라고 하였다. 또한 마지막 문단에서 '근대화라고 하는 사회 구조적 변동이 문화 변화를 결정지을 것이기 때문'이라고 하였으므로 전통문화의 변화 문제를 '사회 변동의 시각'에서 다루는 것이 적절하다.

19

A는 엘리베이터보다 계단이 더 가까운 곳에 살고 있으므로 1001호나 1002호에 살고 있다. C와 D는 계단보다 엘리베이터에 더 가까운 곳에 살고 있다고 하였으므로 1003호와 1004호에 살고 있다. D는 A 바로 옆에 살고 있으므로, D는 1003호, A는 1002호에 살고 있음을 알 수 있다.
이를 정리하면 다음과 같다.

계단	1001호	1002호	1003호	1004호	엘리베이터
	B	A	D	C	

따라서 B가 살고 있는 곳에서 엘리베이터 쪽으로는 3명이 살고 있으므로 ④는 항상 거짓이다.

20

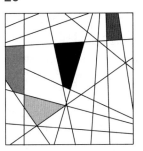

PART 1

적성검사

CHAPTER 01

수리

합격 Cheat Key

| 영역 소개 |

수리 영역은 크게 응용수리와 자료해석으로 나눌 수 있다. 응용수리는 주로 수의 관계(약수와 배수, 소수, 합성수, 인수분해, 최대공약수 / 최소공배수 등)를 이용하는 기초적인 계산 문제, 방정식과 부등식을 수립(날짜 / 요일 / 시간, 시간 / 거리 / 속도, 나이 / 수량, 원가 / 정가, 일 / 일률, 농도, 비율 등)하여 미지수를 계산하는 응용계산 문제, 경우의 수와 확률을 구하는 문제 등이 출제된다. 자료해석은 제시된 표를 이용하여 그래프로 변환하거나 자료를 해석하는 문제, 자료의 추이를 파악하여 빈칸을 찾는 문제 등이 출제된다.

| 유형 소개 |

1 응용수리

수의 관계에 대해 알고 그것을 응용하여 계산할 수 있는지, 그리고 미지수를 구하기 위해 필요한 계산식을 세울 수 있는지를 평가하는 유형이다. 최근에는 단순하게 계산하는 문제가 아닌 두, 세 단계의 풀이과정을 거쳐서 답을 도출하는 문제가 출제되고 있으므로 기초적인 유형을 정확하게 알고, 이를 활용하는 연습을 해야 한다.

┤ 학습 포인트 ├
- 이 유형에서 점수를 따기 위해서는 다양한 문제를 최대한 많이 풀어보는 수밖에 없다.
- 고등학교 시절을 생각하며 오답노트를 만드는 것도 좋은 방법이 될 수 있다.

2 자료해석

표나 그래프 등 주어진 자료를 보고 필요한 정보를 빠르게 찾아 해석할 수 있는지를 평가하는 유형이다. 자료계산, 자료해석은 다른 기업의 인적성에도 흔히 출제되는 유형이지만, 규칙적인 변화 추이를 파악해서 미래를 예측하고, 자료의 적절한 값을 구하는 유형이므로 익숙해지도록 연습해야 한다.

┤ 학습 포인트 ├

- 표, 꺾은선그래프, 막대그래프, 원그래프 등 다양한 형태의 자료를 눈에 익힌다. 그래야 실제 시험에서 자료가 제시되었을 때 중점을 두고 파악해야 할 부분이 더욱 선명하게 보일 것이다.
- 자료해석 유형의 문제는 제시되는 정보의 양이 매우 많으므로 시간을 절약하기 위해서는 문제를 읽은 후 바로 자료 분석에 들어가는 것보다는, 선택지를 먼저 읽고 필요한 정보만 추출하여 답을 찾는 것이 좋다.

01 | 이론점검

01 응용수리

1. 수의 관계

(1) 약수와 배수
a가 b로 나누어떨어질 때, a는 b의 배수, b는 a의 약수

(2) 소수
1과 자기 자신만을 약수로 갖는 수. 즉, 약수의 개수가 2개인 수

(3) 합성수
1과 자신 이외의 수를 약수로 갖는 수. 즉, 소수가 아닌 수 또는 약수의 개수가 3개 이상인 수

(4) 최대공약수
2개 이상의 자연수의 공통된 약수 중에서 가장 큰 수

(5) 최소공배수
2개 이상의 자연수의 공통된 배수 중에서 가장 작은 수

(6) 서로소
1 이외에 공약수를 갖지 않는 두 자연수. 즉, 최대공약수가 1인 두 자연수

(7) 소인수분해
주어진 합성수를 소수의 거듭제곱의 형태로 나타내는 것

(8) 약수의 개수
자연수 $N = a^m \times b^n$에 대하여, N의 약수의 개수는 $(m+1) \times (n+1)$개

(9) 최대공약수와 최소공배수의 관계
두 자연수 A, B에 대하여, 최소공배수와 최대공약수를 각각 L, G라고 하면 $A \times B = L \times G$가 성립한다.

2. 방정식의 활용

(1) 날짜·요일·시계

① 날짜·요일

    ㉠ 1일＝24시간＝1,440분＝86,400초

    ㉡ 날짜·요일 관련 문제는 대부분 나머지를 이용해 계산한다.

② 시계

    ㉠ 시침이 1시간 동안 이동하는 각도 : $30°$

    ㉡ 시침이 1분 동안 이동하는 각도 : $0.5°$

    ㉢ 분침이 1분 동안 이동하는 각도 : $6°$

(2) 거리·속력·시간

① (거리)＝(속력)×(시간)

    ㉠ 기차가 터널을 통과하거나 다리를 지나가는 경우

      • (기차가 움직인 거리)＝(기차의 길이)＋(터널 또는 다리의 길이)

    ㉡ 두 사람이 반대 방향 또는 같은 방향으로 움직이는 경우

      • (두 사람 사이의 거리)＝(두 사람이 움직인 거리의 합 또는 차)

② $(속력)＝\dfrac{(거리)}{(시간)}$

    ㉠ 흐르는 물에서 배를 타는 경우

      • (하류로 내려갈 때의 속력)＝(배 자체의 속력)＋(물의 속력)

      • (상류로 올라갈 때의 속력)＝(배 자체의 속력)－(물의 속력)

③ $(시간)＝\dfrac{(거리)}{(속력)}$

(3) 나이·인원·개수

구하고자 하는 것을 미지수로 놓고 식을 세운다. 동물의 경우 다리의 개수에 유의해야 한다.

(4) 원가·정가

① (정가)＝(원가)＋(이익), (이익)＝(정가)－(원가)

② $(a$ 원에서 $b\%$ 할인한 가격$)＝a×\left(1-\dfrac{b}{100}\right)$

(5) 일률·톱니바퀴

① 일률

전체 일의 양을 1로 놓고, 시간 동안 한 일의 양을 미지수로 놓고 식을 세운다.

    • $(일률)＝\dfrac{(작업량)}{(작업기간)}$

- (작업기간)$=\dfrac{(작업량)}{(일률)}$

- (작업량)$=(일률)\times(작업기간)$

② 톱니바퀴

(톱니 수)$\times$(회전수)$=$(총 맞물린 톱니 수)

즉, A, B 두 톱니에 대하여, (A의 톱니 수)$\times$(A의 회전수)$=$(B의 톱니 수)$\times$(B의 회전수)가 성립한다.

(6) 농도

① (농도)$=\dfrac{(용질의 양)}{(용액의 양)}\times100$

② (용질의 양)$=\dfrac{(농도)}{100}\times(용액의 양)$

(7) 수 I

① 연속하는 세 자연수 : $x-1,\ x,\ x+1$

② 연속하는 세 짝수(홀수) : $x-2,\ x,\ x+2$

(8) 수 II

① 십의 자릿수가 x, 일의 자릿수가 y인 두 자리 자연수 : $10x+y$

이 수에 대해, 십의 자리와 일의 자리를 바꾼 수 : $10y+x$

② 백의 자릿수가 x, 십의 자릿수가 y, 일의 자릿수가 z인 세 자리 자연수 : $100x+10y+z$

(9) 증가·감소

① x가 $a\%$ 증가 : $\left(1+\dfrac{a}{100}\right)x$

② y가 $b\%$ 감소 : $\left(1-\dfrac{b}{100}\right)y$

3. 경우의 수·확률

(1) 경우의 수

① 경우의 수 : 어떤 사건이 일어날 수 있는 모든 가짓수

② 합의 법칙

㉠ 두 사건 A, B가 동시에 일어나지 않을 때, A가 일어나는 경우의 수를 m, B가 일어나는 경우의 수를 n이라고 하면, 사건 A 또는 B가 일어나는 경우의 수는 $m+n$이다.

㉡ '또는', '~이거나'라는 말이 나오면 합의 법칙을 사용한다.

③ 곱의 법칙

  ㉠ A가 일어나는 경우의 수를 m, B가 일어나는 경우의 수를 n이라고 하면, 사건A와 B가 동시에 일어나는 경우의 수는 $m \times n$이다.

  ㉡ '그리고', '동시에'라는 말이 나오면 곱의 법칙을 사용한다.

④ 여러 가지 경우의 수

  ㉠ 동전 n개를 던졌을 때, 경우의 수 : 2^n

  ㉡ 주사위 m개를 던졌을 때, 경우의 수 : 6^m

  ㉢ 동전 n개와 주사위 m개를 던졌을 때, 경우의 수 : $2^n \times 6^m$

  ㉣ n명을 한 줄로 세우는 경우의 수 : $n! = n \times (n-1) \times (n-2) \times \cdots \times 2 \times 1$

  ㉤ n명 중, m명을 뽑아 한 줄로 세우는 경우의 수 : $_n\mathrm{P}_m = n \times (n-1) \times \cdots \times (n-m+1)$

  ㉥ n명을 한 줄로 세울 때, m명을 이웃하여 세우는 경우의 수 : $(n-m+1)! \times m!$

  ㉦ 0이 아닌 서로 다른 한 자리 숫자가 적힌 n장의 카드에서, m장을 뽑아 만들 수 있는 m자리 정수의 개수 : $_n\mathrm{P}_m$

  ㉧ 0을 포함한 서로 다른 한 자리 숫자가 적힌 n장의 카드에서, m장을 뽑아 만들 수 있는 m자리 정수의 개수 : $(n-1) \times _{n-1}\mathrm{P}_{m-1}$

  ㉨ n명 중, 자격이 다른 m명을 뽑는 경우의 수 : $_n\mathrm{P}_m$

  ㉩ n명 중, 자격이 같은 m명을 뽑는 경우의 수 : $_n\mathrm{C}_m = \dfrac{_n\mathrm{P}_m}{m!}$

  ㉪ 원형 모양의 탁자에 n명을 앉히는 경우의 수 : $(n-1)!$

⑤ 최단거리 문제 : A에서 B 사이에 P가 주어져 있다면, A와 P의 최단거리, B와 P의 최단거리를 각각 구하여 곱한다.

(2) 확률

① (사건 A가 일어날 확률)$= \dfrac{(사건\ A가\ 일어나는\ 경우의\ 수)}{(모든\ 경우의\ 수)}$

② 여사건의 확률

  ㉠ 사건 A가 일어날 확률이 p일 때, 사건 A가 일어나지 않을 확률은 $(1-p)$이다.

  ㉡ '적어도'라는 말이 나오면 주로 사용한다.

③ 확률의 계산

  ㉠ 확률의 덧셈

    두 사건 A, B가 동시에 일어나지 않을 때, A가 일어날 확률을 p, B가 일어날 확률을 q라고 하면, 사건 A 또는 B가 일어날 확률은 $p+q$이다.

  ㉡ 확률의 곱셈

    A가 일어날 확률을 p, B가 일어날 확률을 q라고 하면, 사건 A와 B가 동시에 일어날 확률은 $p \times q$이다.

④ 여러 가지 확률

  ㉠ 연속하여 뽑을 때, 꺼낸 것을 다시 넣고 뽑는 경우 : 처음과 나중의 모든 경우의 수는 같다.

  ㉡ 연속하여 뽑을 때, 꺼낸 것을 다시 넣지 않고 뽑는 경우 : 나중의 모든 경우의 수는 처음의 모든 경우의 수보다 1만큼 작다.

  ㉢ (도형에서의 확률)$= \dfrac{(해당하는\ 부분의\ 넓이)}{(전체\ 넓이)}$

1. 꺾은선(절선)그래프

① 시간적 추이(시계열 변화)를 표시하는 데 적합하다.

　예 연도별 매출액 추이 변화 등

② 경과·비교·분포를 비롯하여 상관관계 등을 나타낼 때 사용한다.

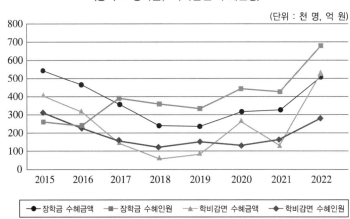

〈중학교 장학금, 학비감면 수혜현황〉

2. 막대그래프

① 비교하고자 하는 수량을 막대 길이로 표시하고, 그 길이를 비교하여 각 수량 간의 대소 관계를 나타내는 데 적합하다.

　예 영업소별 매출액, 성적별 인원분포 등

② 가장 간단한 형태로 내역·비교·경과·도수 등을 표시하는 용도로 사용한다.

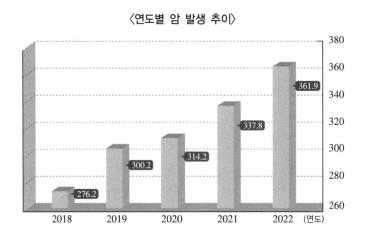

〈연도별 암 발생 추이〉

3. 원그래프

① 내역이나 내용의 구성비를 분할하여 나타내는 데 적합하다.
    예 제품별 매출액 구성비 등
② 원그래프를 정교하게 작성할 때는 수치를 각도로 환산해야 한다.

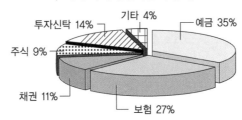

〈C국의 가계 금융자산 구성비〉

4. 점그래프

① 지역분포를 비롯하여 도시, 지방, 기업, 상품 등의 평가나 위치, 성격을 표시하는 데 적합하다.
    예 광고비율과 이익률의 관계 등
② 종축과 횡축에 두 요소를 두고, 보고자 하는 것이 어떤 위치에 있는가를 알고자 할 때 사용한다.

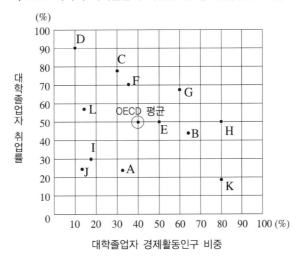

〈OECD 국가의 대학졸업자 취업률 및 경제활동인구 비중〉

5. 층별그래프

① 합계와 각 부분의 크기를 백분율로 나타내고 시간적 변화를 보는 데 적합하다.
② 합계와 각 부분의 크기를 실수로 나타내고 시간적 변화를 보는 데 적합하다.
　　예 상품별 매출액 추이 등
③ 선의 움직임보다는 선과 선 사이의 크기로써 데이터 변화를 나타내는 그래프이다.

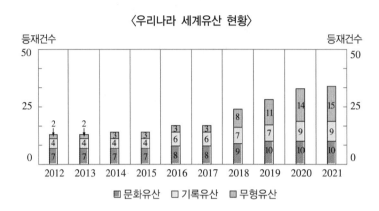

〈우리나라 세계유산 현황〉

6. 레이더 차트(거미줄그래프)

① 다양한 요소를 비교할 때, 경과를 나타내는 데 적합하다.
　　예 매출액의 계절변동 등
② 비교하는 수량을 직경, 또는 반경으로 나누어 원의 중심에서의 거리에 따라 각 수량의 관계를 나타내는 그래프이다.

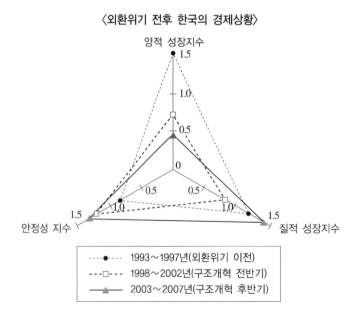

〈외환위기 전후 한국의 경제상황〉

PART 1

(1) **등차수열** : 앞의 항에 일정한 수를 더해 이루어지는 수열

예 $\underset{+2\ \ +2\ \ +2\ \ +2\ \ +2\ \ +2\ \ +2}{1\quad 3\quad 5\quad 7\quad 9\quad 11\quad 13\quad 15}$

(2) **등비수열** : 앞의 항에 일정한 수를 곱해 이루어지는 수열

예 $\underset{\times 2\ \ \times 2\ \ \times 2\ \ \times 2\ \ \times 2\ \ \times 2\ \ \times 2}{1\quad 2\quad 4\quad 8\quad 16\quad 32\quad 64\quad 128}$

(3) **계차수열** : 수열의 인접하는 두 항의 차로 이루어진 수열

예 1 2 4 7 11 16 22 29
     +1 +2 +3 +4 +5 +6 +7
      +1 +1 +1 +1 +1 +1

(4) **피보나치수열** : 앞의 두 항의 합이 그 다음 항의 수가 되는 수열

예 1 1 $\underset{1+1}{2}$ $\underset{1+2}{3}$ $\underset{2+3}{5}$ $\underset{3+5}{8}$ $\underset{5+8}{13}$ $\underset{8+13}{21}$

(5) **건너뛰기 수열**
   • 두 개 이상의 수열이 일정한 간격을 두고 번갈아가며 나타나는 수열
     예 1 1 3 7 5 13 7 19
       • 홀수 항 : $\underset{+2\ \ \ +2\ \ \ +2}{1\quad 3\quad 5\quad 7}$
       • 짝수 항 : $\underset{+6\ \ \ +6\ \ \ +6}{1\quad 7\quad 13\quad 19}$

   • 두 개 이상의 규칙이 일정한 간격을 두고 번갈아가며 적용되는 수열
     예 $\underset{+1\ \ \times 3\ \ +1\ \ \times 3\ \ +1\ \ \times 3\ \ +1}{0\quad 1\quad 3\quad 4\quad 12\quad 13\quad 39\quad 40}$

(6) **군수열** : 일정한 규칙성으로 몇 항씩 묶어 나눈 수열
   예 • 1 1 2 1 2 3 1 2 3 4
      ⇒ <u>1</u> <u>1 2</u> <u>1 2 3</u> <u>1 2 3 4</u>
     • 1 3 4 6 5 11 2 6 8 9 3 12
      ⇒ $\underset{1+3=4}{\underline{1\ 3\ 4}}$ $\underset{6+5=11}{\underline{6\ 5\ 11}}$ $\underset{2+6=8}{\underline{2\ 6\ 8}}$ $\underset{9+3=12}{\underline{9\ 3\ 12}}$
     • 1 3 3 2 4 8 5 6 30 7 2 14
      ⇒ $\underset{1\times 3=3}{\underline{1\ 3\ 3}}$ $\underset{2\times 4=8}{\underline{2\ 4\ 8}}$ $\underset{5\times 6=30}{\underline{5\ 6\ 30}}$ $\underset{7\times 2=14}{\underline{7\ 2\ 14}}$

01 | 거리 · 속력 · 시간

| 유형분석 |

- 출제되는 응용수리 2문제 중 1문제에 속할 가능성이 높은 유형이다.
- (거리)=(속력)×(시간) 공식을 활용한 문제이다.

  $(속력)=\dfrac{(거리)}{(시간)}$

  $(시간)=\dfrac{(거리)}{(속력)}$

거리	
속력	시간

  으로 기억해두면 세 가지 공식을 한 번에 기억할 수 있다.

- 기차와 터널의 길이, 물과 같이 속력이 있는 장소 등 추가적인 거리나 속력 시간에 관한 조건과 결합하여 난이도 높은 문제로 출제된다.

A사원은 회사 근처 카페에서 거래처와 미팅을 갖기로 했다. 처음에는 4km/h로 걸어가다가 약속 시간에 늦을 것 같아서 10km/h로 뛰어서 24분 만에 미팅 장소에 도착했다. 회사에서 카페까지의 거리가 2.5km 일 때, A사원이 뛴 거리는?

① 0.6km

② 0.9km

③ 1.2km

④ 1.5km

⑤ 1.8km

정답 ④

총 거리와 총 시간이 주어져 있으므로 걸은 거리와 뛴 거리 또는 걸은 시간과 뛴 시간을 미지수로 잡을 수 있다. 미지수를 잡기 전에 문제에서 묻는 것을 정확하게 파악해야 나중에 답을 구할 때 헷갈리지 않는다. 문제에서 A사원이 뛴 거리를 물어보았으므로 거리를 미지수로 놓는다.

A사원이 회사에서 카페까지 걸어간 거리를 $x$km, 뛴 거리를 $y$km라고 하자. 회사에서 카페까지의 거리는 2.5km이므로 걸어간 거리 $x$km와 뛴 거리 $y$km를 합하면 2.5km이다.

$x+y=2.5$ … ㉠

A사원이 회사에서 카페까지 24분이 걸렸으므로 걸어간 시간$\left(\dfrac{x}{4}\text{ 시간}\right)$과 뛰어간 시간$\left(\dfrac{y}{10}\text{ 시간}\right)$을 합치면 24분이다. 이때 속력은 시간 단위이므로 분으로 바꾸어 계산한다.

$\dfrac{x}{4}\times 60+\dfrac{y}{10}\times 60=24 \rightarrow 5x+2y=8$ … ㉡

㉡-2㉠을 하여 ㉠과 ㉡을 연립하면 $x=1$이고, 구한 x의 값을 ㉠에 대입하면 $y=1.5$이다.

따라서 A사원이 뛴 거리는 $y$km이므로 1.5km이다.

1. 미지수를 정할 때에는 문제에서 묻는 것을 정확하게 파악해야 한다.
2. 속력과 시간의 단위를 처음에 정리하여 계산하면 계산 실수 없이 풀이할 수 있다.
   - 1시간=60분=3,600초
   - 1km=1,000m=100,000cm

온라인 풀이 Tip

온라인 인적성검사는 필기구를 사용할 수 없으므로 문제를 풀 때 필요한 정보를 다음과 같이 머릿속으로 정리하는 연습을 해야 한다. 처음에는 쉽지 않기 때문에 꾸준한 연습과 문제 유형에 익숙해질 수 있도록 다양한 문제를 풀어봐야 한다.

걸은 속력 : 4km/h
뛴 속력 : 10km/h
총 걸린 시간 : 24분
총 거리 : 2.5km
뛴 거리는 몇 km?

주어진 정보

걸어간 거리를 $x$km, 뛴 거리를 $y$km 가정

$x+y=2.5$

$$\frac{x}{4} \times 60 + \frac{y}{10} \times 60 = 24$$

$\rightarrow 5x+2y=8$

$x=1$, $\underline{y=1.5}$

문제 풀이

02 | 농도

| 유형분석 |

- 출제되는 응용수리 2문제 중 1문제에 속할 가능성이 높은 유형이다.
- $(\text{농도}) = \dfrac{(\text{용질의 양})}{(\text{용액의 양})} \times 100$ 공식을 활용한 문제이다.

  $(\text{용질의 양}) = \dfrac{(\text{농도})}{100} \times (\text{용액의 양})$

  다음과 같이 주어진 정보를 한눈에 알아볼 수 있도록 표를 그리면 식을 세우기 쉽다.

구분	용액 1	용액 2	...
용질의 양			
용액의 양			
농도			

- (소금물의 양)=(물의 양)+(소금의 양)이라는 것에 유의하고, 더해지거나 없어진 것을 미지수로 두고 풀이한다.
- 타 기업의 온라인 시험에서도 자주 출제되는 유형이다.

소금물 500g이 있다. 이 소금물에 농도가 3%인 소금물 200g을 온전히 섞었더니 소금물의 농도는 7%가 되었다. 500g의 소금물에 녹아 있던 소금은 몇 g인가?

① 31g

② 37g

③ 43g

④ 49g

⑤ 55g

정답 ③

문제에서 구하고자 하는 500g의 소금물에 녹아 있던 소금의 양을 미지수로 놓는다.

500g의 소금물에 녹아 있던 소금의 양을 xg이라고 하자.

소금물 500g에 농도 3%인 소금물 200g을 섞었을 때 소금물의 농도가 주어졌으므로 농도를 기준으로 식을 세울 수 있다. 식을 세우기 전에 주어진 정보를 바탕으로 표를 그리면 식을 세우기 훨씬 쉬워진다.

구분	섞기 전	섞을 소금물	섞은 후
소금(g)	x	6	$x+6$
소금+물(g)	500	200	500+200
농도(%)	구할 필요 없음	3	7

섞은 후의 정보를 가지고 식을 구하면 다음과 같다.

$$\frac{x+6}{500+200} \times 100 = 7$$

$\rightarrow (x+6) \times 100 = 7 \times (500+200)$

$\rightarrow (x+6) \times 100 = 4,900$

$\rightarrow 100x + 600 = 4,900$

$\rightarrow 100x = 4,300$

$\therefore x = 43$

따라서 500g의 소금물에 녹아 있던 소금의 양은 xg이므로 43g이다.

30초 컷 풀이 Tip

간소화

숫자의 크기를 최대한 간소화해야 한다. 특히, 농도의 경우 분수와 정수가 같이 제시되고, 최근에는 비율을 활용한 문제가 많이 출제되고 있으므로 통분이나 약분을 통해 수를 간소화시켜 계산 실수를 줄일 수 있도록 한다.

주의사항

항상 미지수를 구해서 그 값을 계산하여 풀이해야 하는 것은 아니다. 문제에서 원하는 값은 정확한 미지수를 구하지 않아도 풀이과정에서 답이 제시되는 경우가 있으므로 문제에서 묻는 것을 명확히 해야 한다.

섞은 소금물 풀이 방법

1. 정보 정리

   주어진 정보를 각 소금물 단위로 정리한다. 각 소금물에서 2가지 정보가 주어졌다면 계산으로 나머지 정보를 찾는다.

2. 미지수 설정

   각 소금물에서 2가지 이상의 정보가 없다면 그중 한 가지 정보를 미지수로 설정한다. 나머지 모르는 정보도 앞서 설정한 미지수로 표현해놓는다.

3. 식 세우기

   섞기 전과 섞은 후의 소금의 양, 소금물의 양을 이용하여 식을 세운다.

03 | 일의 양

| 유형분석 |

- 전체 일의 양을 1로 두고 풀이하는 유형이다.
- 분이나 초 단위 계산이 가장 어려운 유형으로 출제되고 있다.
- (일률)$=\dfrac{(작업량)}{(작업기간)}$

  (작업기간)$=\dfrac{(작업량)}{(일률)}$

  (작업량)$=$(일률)$\times$(작업기간)

한 공장에서는 기계 2대를 운용하고 있다. 이 공장의 전체 작업을 수행할 때 A기계로는 12시간이 걸리며, B기계로는 18시간이 걸린다. 이미 절반의 작업이 수행된 상태에서, A기계로 4시간 동안 작업하다가 이후로는 A, B 두 기계를 모두 동원해 작업을 수행했다면 남은 절반의 작업을 완료하는 데 소요되는 총 시간은?

① 5시간
② 5시간 12분
③ 5시간 20분
④ 5시간 30분
⑤ 5시간 40분

정답 ②

전체 일의 양을 1이라고 하자. A기계가 한 시간 동안 작업할 수 있는 일의 양은 $\dfrac{1}{12}$이고, B기계가 한 시간 동안 작업할 수 있는 일의 양은 $\dfrac{1}{18}$이다.

이미 절반의 작업이 진행되었으므로 남은 일의 양은 $1-\dfrac{1}{2}=\dfrac{1}{2}$이다. 이 중 A기계로 4시간 동안 작업을 진행했으므로 A기계와 B기계가 함께 작업해야 하는 일의 양은 $\dfrac{1}{2}-\left(\dfrac{1}{12}\times4\right)=\dfrac{1}{6}$이다.

따라서 남은 $\dfrac{1}{6}$을 수행하는 데 걸리는 시간은 $\dfrac{\dfrac{1}{6}}{\left(\dfrac{1}{12}+\dfrac{1}{18}\right)}=\dfrac{\dfrac{1}{6}}{\dfrac{5}{36}}=\dfrac{6}{5}$시간, 즉 총 5시간 12분이다.

30초 컷 풀이 Tip

1. 전체의 값을 모르는 상태에서 비율을 묻는 문제의 경우 전체를 1이라고 하면 쉽게 풀이할 수 있다.

　[예] K가 1개의 빵을 만드는 데 3시간이 걸린다. 1개의 빵을 만드는 일의 양을 1이라고 하면 K는 한 시간에 $\frac{1}{3}$ 만큼의 빵을 만든다.

2. 난이도가 있는 일의 양 문제를 접근할 때 전체 일의 양을 막대 그림으로 표현하면서 풀이하면 한눈에 파악할 수 있다.

[예]

$\frac{1}{2}$ 수행됨	A기계로 4시간 동안 작업	A, B 두 기계를 모두 동원해 작업

온라인 풀이 Tip

문제를 보자마자 기계별로 단위 시간당 일의 양부터 기억하고 시작한다. 그리고 남은 일의 양과 동원되는 기계는 몇 대인지를 확인하며 풀이한다.

구분	A기계	B기계
시간당 일의 양	$\frac{1}{12}$	$\frac{1}{18}$

　　　　　　　　　　　　　　　　　　　　　　　주어진 정보

* 절반 작업됨 & A기계 4시간 작업 & A, B 두 기계를 모두 사용

남은 절반의 작업 소요 시간?

- -

A기계 4시간 작업 후 남은 일의 양 : $\frac{1}{2}-\left(\frac{1}{12}\times4\right)=\frac{1}{6}$

$\rightarrow \dfrac{\frac{1}{6}}{\left(\frac{1}{12}+\frac{1}{18}\right)}=\dfrac{\frac{1}{6}}{\frac{5}{36}}=\dfrac{6}{5}$

$\therefore 4+\dfrac{6}{5}$

　　　　　　　　　　　　　　　　　　　　　　　문제 풀이

04 | 추론 · 분석

| 유형분석 |

- 자료를 보고 해석하거나 추론한 내용을 고르는 문제가 출제된다.
- 증감 추이, 증감률, 증감폭 등의 간단한 계산이 포함되어 있다.
- %, %p 등의 차이점을 알고 적용할 수 있어야 한다.
  %(퍼센트) : 어떤 양이 전체(100)에 대해서 얼마를 차지하는가를 나타내는 단위
  %p(퍼센트 포인트) : %로 나타낸 수치가 이전 수치와 비교했을 때 증가하거나 감소한 양

다음은 지방자치단체 재정력 지수에 대한 자료이다. 이에 대한 설명으로 가장 적절한 것은?

〈지방자치단체 재정력 지수〉

구분	2020년	2021년	2022년	평균
서울	1.106	1.088	1.010	1.068
부산	0.942	0.922	0.878	0.914
대구	0.896	0.860	0.810	0.855
인천	1.105	0.984	1.011	1.033
광주	0.772	0.737	0.681	0.730
대전	0.874	0.873	0.867	0.871
울산	0.843	0.837	0.832	0.837
경기	1.004	1.065	1.032	1.034
강원	0.417	0.407	0.458	0.427
충북	0.462	0.446	0.492	0.467
충남	0.581	0.693	0.675	0.650
전북	0.379	0.391	0.404	0.393
전남	0.319	0.330	0.320	0.323

※ 매년 지방자치단체의 기준 재정수입액이 기준 재정수요액에 미치지 않는 경우, 중앙정부는 그 부족만큼의 지방교부세를 당해 연도에 지급함
※ (재정력 지수)=(기준 재정수입액)÷(기준 재정수요액)

① 3년간 지방교부세를 지원받은 적이 없는 지방자치단체는 서울, 인천, 경기 3곳이다.
② 2022년의 서울 재정력 지수 대비 전북 재정력 지수의 비율은 30% 미만이다.
③ 3년간 재정력 지수가 지속적으로 상승한 지방자치단체는 전북이 유일하다.
④ 3년간 지방교부세를 가장 많이 지원받은 지방자치단체는 전남이다.
⑤ 3년간 대전과 울산의 기준 재정수입액이 매년 서로 동일하다면 기준 재정수요액은 대전이 울산보다 항상 많다.

정답 ③

3년간 재정력 지수가 지속적으로 상승한 지방자치단체는 전북이 유일하다고 하였으므로 우선 전북부터 재정력 지수가 지속적으로 상승하였는지 확인한다. 전북은 3년간 재정력 지수가 지속적으로 상승하였으므로 나머지 지방자치단체 중 3년간 재정력 지수가 상승하는 지방자치단체가 있는지 파악하여 전북이 유일한지를 확인한다. 3년간이므로 2020년 대비 2021년에 상승한 지방만 2021년 대비 2022년에 상승했는지 확인한다.

구분	2020년 대비 2021년	2021년 대비 2022년
서울	하락	–
부산	하락	–
대구	하락	–
인천	하락	–
광주	하락	–
대전	하락	–
울산	하락	–
경기	상승	하락
강원	하락	–
충북	하락	–
충남	상승	하락
전북	상승	상승
전남	상승	하락

오답분석

① 기준 재정수입액이 수요액보다 작으면 정부의 지원을 받는데 기준 재정수입액이 수요액보다 작으면 재정력지수는 1 미만이다. 인천의 경우 2021년에 재정력 지수가 1 미만이므로 정부의 지원을 받은 적이 있다.

② 2022년의 서울 재정력 지수 대비 전북 재정력 지수의 비율은 $\frac{0.404}{1.010} \times 100 = 40\%$로 30% 이상이다.

④ 재정력 지수는 액수에 대한 비율을 나타낸 값이므로 절대적인 액수를 파악할 수 없다.

⑤ 기준 재정수입액이 동일하면 재정력 지수가 클수록 기준 재정수요액이 적다. 따라서 대전은 울산보다 기준 재정수요액이 항상 적다.

30초 컷 풀이 Tip

- 간단한 선택지부터 해결하기
  계산이 필요 없거나 생각하지 않아도 되는 선택지를 먼저 해결한다.
  예 ③은 제시된 수치의 증감 추이를 판단하는 문제이므로 가장 먼저 풀이 가능하다.
- 옳은 것 / 옳지 않은 것 헷갈리지 않게 표시하기
  자료해석은 옳은 것 또는 옳지 않은 것을 찾는 문제가 출제된다. 문제마다 매번 바뀌므로 이를 확인하는 것은 매우 중요하다. 따라서 선택지에 표시할 때에도 선택지가 옳지 않은 내용이라서 'X' 표시를 했는지, 옳은 내용이지만 문제가 옳지 않은 것을 찾는 문제라 'X' 표시를 했는지 헷갈리지 않도록 표시 방법을 정해야 한다.
- 제시된 자료를 통해 계산할 수 있는 값인지 확인하기
  제시된 자료만으로 계산할 수 없는 값을 묻는 선택지인지 먼저 판단해야 한다. 문제를 읽고 바로 계산부터 하면 함정에 빠지기 쉽다.

온라인 풀이 Tip

오프라인 시험에서는 종이에 중요한 부분을 표시할 수 있지만, 온라인 시험에서는 표시할 방법이 없어 필요한 여러 정보를 눈으로 확인해야 한다. 따라서 마우스 포인터와 손가락으로 표시하는 행동은 자료해석 유형을 풀이할 때 많은 도움이 되므로 이를 활용하여 풀이한다. 단, 화면을 실제로 가리킬 때 가까운 위치의 보기가 선택될 수 있다. 오답 시에는 감점이 있으므로, 실제로 화면을 짚지는 않도록 유의해야 한다.

자료에서 가장 큰 값 찾기
자료를 위에서 아래로 또는 왼쪽에서 오른쪽으로 훑으면서 지금까지 확인한 숫자 중 가장 큰 값을 손가락으로 가리킨다. 자료가 많으면 줄이 헷갈릴 수 있으므로 마우스 포인터로 줄을 따라가며 읽는다.

05 | 자료변환

유형분석

- 제시된 표나 그래프의 수치를 그래프로 바르게 변환한 것을 묻는 유형이다.
- 복잡한 표가 제시되지 않으므로 수의 크기만을 판단하여 풀이할 수 있다.
- 정확한 수치가 제시되지 않을 수 있으므로 그래프의 높낮이나 넓이를 판단하여 풀이해야 한다.
- 제시된 표나 그래프의 수치를 계산하여 변환하는 유형도 출제될 수 있다.

다음은 연도별 치킨전문점의 개 · 폐업점 수에 관한 자료이다. 이를 바르게 나타낸 그래프는?

〈연도별 개 · 폐업점 수〉

(단위 : 개)

구분	개업점 수	폐업점 수	구분	개업점 수	폐업점 수
2011년	3,449	1,965	2017년	3,252	2,873
2012년	3,155	2,121	2018년	3,457	2,745
2013년	4,173	1,988	2019년	3,620	2,159
2014년	4,219	2,465	2020년	3,244	3,021
2015년	3,689	2,658	2021년	3,515	2,863
2016년	3,887	2,785	2022년	3,502	2,758

①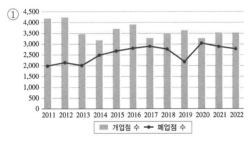

②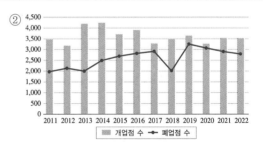

③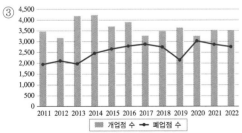

④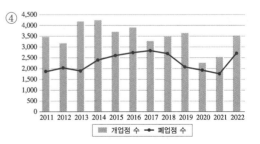

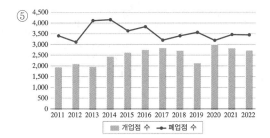

⑤

정답 ③

제시된 자료의 개업점 수와 폐업점 수의 증감 추이를 나타내면 다음과 같다.

구분	2011년	2012년	2013년	2014년	2015년	2016년	2017년	2018년	2019년	2020년	2021년	2022년
개업점 수	–	감소	증가	증가	감소	증가	감소	증가	증가	감소	증가	감소
폐업점 수	–	증가	감소	증가	증가	증가	증가	감소	감소	증가	감소	감소

이와 일치하는 추이를 보이고 있는 ③의 그래프가 적절하다.

오답분석

① 2011 ~ 2012년 개업점 수가 자료보다 높고, 2013 ~ 2014년 개업점 수는 낮다.

② 2018년 폐업점 수는 자료보다 낮고, 2019년의 폐업점 수는 높다.

④ 2020 ~ 2021년 개업점 수와 폐업점 수가 자료보다 낮다.

⑤ 2011 ~ 2022년 개업점 수와 폐업점 수가 바뀌었다.

■ 30초 컷 풀이 Tip

1. 수치를 일일이 확인하는 것보다 해당 풀이처럼 증감 추이를 먼저 판단해서 선택지를 1차적으로 거르고 나머지 선택지 중 그래프 모양이 크게 차이 나는 곳의 수치를 확인하면 빠르게 풀이할 수 있다.
2. 막대그래프가 자료로 제시되는 경우 막대의 가운데 부분을 연결하면 꺾은선 그래프가 된다.

06 | 수추리

유형분석

- 제시된 자료의 규칙을 바탕으로 미래의 값을 추론하는 유형이다.
- 등차수열이나 등비수열, log, 지수 등의 수학적인 지식을 묻기도 한다.

주요 수열 종류

구분	설명
등차수열	앞의 항에 일정한 수를 더해 이루어지는 수열
등비수열	앞의 항에 일정한 수를 곱해 이루어지는 수열
계차수열	수열의 인접하는 두 항의 차로 이루어진 수열
피보나치수열	앞의 두 항의 합이 그 다음 항의 수가 되는 수열
건너뛰기 수열	1. 두 개 이상의 수열이 일정한 간격을 두고 번갈아가며 나타나는 수열
	2. 두 개 이상의 규칙이 일정한 간격을 두고 번갈아가며 적용되는 수열
군수열	일정한 규칙성으로 몇 항씩 묶어 나눈 수열

K제약회사에서는 유산균을 배양하는 효소를 개발 중이다. 이 효소와 유산균이 만났을 때 다음과 같이 유산균의 수가 변화하고 있다면 효소의 양이 12g일 때 남아있는 유산균의 수는?

효소의 양(g)	1	2	3	4	5
유산균의 수(억 마리)	120	246	372	498	624

① 1,212억 마리
② 1,346억 마리
③ 1,480억 마리
④ 1,506억 마리
⑤ 1,648억 마리

정답 ④

1. 규칙 파악

문제에서 효소와 유산균이 만났을 때 유산균의 수가 변화한다고 하였으므로 효소의 양과 유산균의 수의 변화는 관련이 있는 것을 알 수 있다. 효소의 수는 한 개씩 늘어나고 있고 그에 따른 유산균의 수는 계속 증가하고 있다. 수열 문제에 접근할 때 가장 먼저 등차수열이나 등비수열이 아닌지 확인해야 한다. 이 문제에서 유산균의 수는 공차가 126인 등차수열임을 알 수 있다.

2. 계산

수추리 문제를 풀 때, 식을 세워서 계산하는 방법이 가장 빠르고 정확하지만 공식이 기억나지 않는다면 머뭇거리지 말고 직접 계산을 해야 한다.

이 문제 역시 효소의 양이 12g일 때 유산균의 수를 물었으므로 공식이 생각나지 않는다면 직접 계산으로 풀이할 수 있다. 하지만 시험 보기 전까지 식을 세워보는 연습을 하여 실전에서 빠르게 풀 수 있도록 다음과 같이 2가지의 풀이 방법을 제시하였다.

㉠ 직접 계산하기

효소의 양(g)	5	6	7	8	9	10	11	12
유산균의 수(억 마리)	624 →	750 →	876 →	1,002 →	1,128 →	1,254 →	1,380 →	1,506
	+126	+126	+126	+126	+126	+126	+126	

㉡ 식 세워 계산하기

식을 세우기 전에 미지수를 지정한다. 효소의 양이 ng일 때 유산균의 수를 a_n억 마리라고 하자.

등차수열의 공식이 $a_n =$(첫 항)+(공차)×$(n-1)$임을 활용한다.

유산균의 수는 매일 126억 마리씩 증가하고 있다. 등차수열 공식에 의해 $a_n = 120 + 126(n-1) = 126n - 6$이다.

따라서 효소의 양이 12g일 때의 유산균의 수는 $a_{12} = 126 \times 12 - 6 = 1,512 - 6 = 1,506$억 마리이다.

30초 컷 풀이 Tip

자료해석의 수추리는 복잡한 규칙을 묻지 않고, 지나치게 큰 n(미래)의 값을 묻지 않는다. 등차수열이나 등비수열 등이 출제되었을 때, 공식이 생각나지 않는다면 써서 나열하는 것이 문제 풀이 시간을 단축할 수 있는 방법이다.

01 | 유형점검

정답 및 해설 p.002

01　응용수리

Easy

01 농도 8%의 소금물 24g에 4% 소금물 몇 g을 넣으면 5% 소금물이 되겠는가?

① 12g

② 24g

③ 36g

④ 48g

⑤ 72g

02 가로, 세로의 길이가 각각 30cm, 20cm인 직사각형이 있다. 가로의 길이를 줄여서 직사각형의 넓이를 $\frac{1}{3}$ 이하로 줄이고자 할 때, 가로를 최소 몇 cm 이상 줄여야 하는가?

① 10cm

② 20cm

③ 30cm

④ 40cm

⑤ 50cm

Hard

03 지하철 환승구간에서 0.6m/s로 움직이는 무빙워크가 반대방향으로 2대가 설치되어 있다. A씨는 0.8m/s로 무빙워크 위를 걸어가고, B씨는 반대방향인 무빙워크를 타고 걸어가고 있다. A씨와 B씨가 같은 지점에서 서로 반대방향으로 걸어갈 경우 B씨가 무빙워크를 타고 걸어갈 때와 타지 않고 걸어갈 때의 30초 후 A씨와 B씨의 멀어진 거리 차이는?(단, 각자 무빙워크와 같은 방향으로 걸어가고 있다)

① 15m

② 16m

③ 17m

④ 18m

⑤ 19m

04 욕조에 A탱크로 물을 채웠을 때 18분에 75%를 채울 수 있다. 욕조의 물을 전부 뺀 후, 15분간 A탱크로 물을 채우다 B탱크로 채울 때 B탱크로만 물을 채우는 데 걸리는 시간은?(단, B탱크는 A탱크보다 1.5배 빠르게 물을 채운다)

① 2분   ② 3분
③ 4분   ④ 5분
⑤ 6분

05 A는 0.8km의 거리를 12분 만에 걸어간 후 36km/h 속력의 버스에 탑승해 8분 동안 이동하여 목적지에 도착했다. 다음날 A가 자전거를 이용해 같은 시간 동안 같은 경로로 이동할 때의 평균 속력은?

① 1.80km/분   ② 1.00km/분
③ 0.50km/분   ④ 0.28km/분
⑤ 0.15km/분

06 K사는 작년에 직원이 총 45명이었다. 올해는 작년보다 안경을 쓴 사람은 20%, 안경을 쓰지 않은 사람은 40% 증가하여 총 58명이 되었다. 퇴사한 직원은 없다고 할 때 올해 입사한 사람 중 안경을 쓴 사람의 수는?

① 5명   ② 10명
③ 15명   ④ 20명
⑤ 25명

Hard

07 서울 지사에 근무하는 A와 B는 X와 Y경로를 이용하여 부산 지사로 외근을 갈 예정이다. X경로를 이용하여 이동을 하면 A가 B보다 1시간 늦게 도착한다. A는 X경로로 이동하고 B는 X경로보다 160km 긴 Y경로로 이동하면 A가 B보다 1시간 빨리 도착한다. 이때 B의 속력은?

① 40km/h
② 50km/h
③ 60km/h
④ 70km/h
⑤ 80km/h

08 회의에 참석하기 위해 김부장은 박대리보다 회사에서 30분 먼저 출발했다. 김부장은 회의장소까지 도보로 시속 3km로 걷고, 박대리는 시속 4km로 걸어가고 있을 때, 박대리가 김부장을 따라잡을 때까지 걸리는 시간은 몇 분인가?(단, 걸리는 시간은 박대리가 출발한 후부터이다)

① 180분
② 90분
③ 80분
④ 70분
⑤ 60분

Easy

09 K사의 올해 신입사원 수는 작년에 비해 남자는 50% 증가하고, 여자는 40% 감소하여 60명이다. 작년의 전체 신입사원 수가 55명이었을 때, 올해 입사한 여자 신입사원 수는?

① 11명
② 12명
③ 13명
④ 14명
⑤ 15명

10 집에서 회사까지의 거리는 1.8km이다. O사원은 운동을 위해 회사까지 걷거나 자전거를 타고 출근하기로 했다. 전체 거리의 25%는 3km/h의 속력으로 걷고, 나머지 거리는 30km/h의 속력으로 자전거를 이용해서 회사에 도착했다. 출근하는 데 걸린 시간은?

① 10분 46초   ② 10분 52초

③ 11분 20초   ④ 11분 42초

⑤ 12분 10초

11 농도가 15%인 소금물을 5% 증발시킨 후 농도가 30%인 소금물 200g을 섞어서 농도가 20%인 소금물을 만들었다. 증발 전 농도가 15%인 소금물의 양은 얼마인가?

① 350g   ② 400g

③ 450g   ④ 500g

⑤ 550g

12 어떤 프로젝트를 A사원이 혼자서 진행하면 시작부터 끝내기까지 총 4시간이 걸린다고 한다. A사원과 B사원이 함께 프로젝트 업무를 2시간 동안 진행하다가, B사원이 급한 업무가 생겨 퇴근한 후 A사원 혼자 40분을 더 일하여 마무리 지었다. B사원이 혼자 프로젝트를 진행했을 때 걸리는 시간은?

① 4시간   ② 5시간

③ 6시간   ④ 7시간

⑤ 8시간

13 어떤 두 소행성 간의 거리는 150km이다. 이 두 소행성이 서로를 향하여 각각 초속 10km와 5km로 접근한다면, 둘은 몇 초 후에 충돌하겠는가?

① 5초   ② 10초

③ 15초   ④ 20초

⑤ 25초

14 농도 10% 소금물과 농도 8% 소금물을 섞어서 농도 9.2%의 소금물을 만들었다. 농도 8% 소금물이 40g이라면 농도 10% 소금물의 양은 얼마인가?

① 50g ② 54g

③ 60g ④ 64g

⑤ 70g

15 사고 난 차를 견인하기 위해 A와 B, 두 견인업체에서 견인차를 보내려고 한다. 사고지점은 B업체보다 A업체와 40km 더 가깝고, A업체의 견인차가 시속 63km의 일정한 속력으로 달리면 40분 만에 사고지점에 도착한다. B업체에서 보낸 견인차가 A업체의 견인차보다 늦게 도착하지 않으려면 B업체의 견인차가 내야 하는 최소 속력은?

① 119km/h ② 120km/h

③ 121km/h ④ 122km/h

⑤ 123km/h

16 400명의 사람들을 대상으로 A, B, C물건에 대한 선호도를 조사했더니 A를 좋아하는 사람은 280명, B를 좋아하는 사람은 160명, C를 좋아하는 사람은 200명이었고, 아무것도 좋아하지 않는 사람은 30명이었다. 세 가지 물건 중 두 가지만 좋다고 답한 사람의 수는 110명이라고 할 때, 세 물건을 모두 좋아하는 사람은 몇 명인가?(단, 투표는 중복투표이다)

① 40명 ② 50명

③ 60명 ④ 70명

⑤ 80명

17 K학원에 초급반 A, B, C, 고급반 가, 나, 다 수업이 있다. 6개 수업을 순차적으로 개설하려고 할 때, 고급반 수업은 이어서 개설되고, 초급반 수업은 이어서 개설되지 않는 경우의 수는?

① 12가지   ② 24가지

③ 36가지   ④ 72가지

⑤ 144가지

Easy

18 총 500m 거리의 산책로에 50m 간격으로 가로등을 설치하고, 100m 간격으로는 벤치를 설치할 때, 가로등과 벤치 개수의 합은 몇 개인가?(단, 시작과 끝 지점에는 모두 설치한다)

① 15개   ② 16개

③ 17개   ④ 18개

⑤ 19개

Easy

19 길이가 800m인 다리에 기차가 진입하는 순간부터 다리를 완전히 벗어날 때까지 걸린 시간은 36초였다. 기차의 속력은 몇 km/h인가?(단, 기차의 길이는 100m이다)

① 70km/h   ② 75km/h

③ 80km/h   ④ 85km/h

⑤ 90km/h

Easy

20 해선이가 학교로 출발한 지 5분 후, 동생이 따라 나왔다. 동생은 매분 100m의 속력으로 걷고 해선이는 매분 80m의 속력으로 걷는다면, 두 사람은 동생이 출발한 뒤 몇 분 후에 만나는가?

① 15분   ② 20분

③ 25분   ④ 30분

⑤ 35분

01 다음은 국가 및 연도별 주택용 전기요금과 월간 전기사용량을 나타낸 자료이다. 이에 대한 설명으로 적절하지 않은 것은?

〈국가 및 연도별 주택용 전기요금〉

(단위 : 원/kWh)

구분	2020년	2021년	2022년
한국	200	192	187
미국	138	132	128
프랑스	248	246	250
일본	268	278	277

〈국가 및 연도별 월간 주택용 전기사용량〉

(단위 : kWh/가구)

구분	2020년	2021년	2022년
한국	320	335	369
미국	364	378	397
프랑스	355	366	365
일본	362	341	357

※ (가구당 월간 전기요금)=(주택용 전기요금)×(월간 주택용 전기사용량)

① 2021년에 주택용 전기요금이 가장 높은 국가의 같은 해 월간 주택용 전기사용량은 두 번째로 적다.

② 2020 ~ 2022년 주택용 전기요금이 가장 낮은 국가의 주택용 월간 전기사용량은 네 국가 중 가장 많다.

③ 한국의 2020년 가구당 월간 전기요금이 2021년보다 높다.

④ 프랑스의 2021년 월간 주택용 전기사용량은 같은 해 일본의 월간 주택용 전기사용량보다 5% 이상 많다.

⑤ 2020 ~ 2022년 한국의 주택용 전기요금과 월간 주택용 전기사용량의 증감추이는 반대이다.

02 다음은 OECD 주요 국가별 삶의 만족도 및 관련 지표를 나타낸 자료이다. 이에 대한 설명으로 적절하지 않은 것은?

<OECD 주요 국가별 삶의 만족도 및 관련 지표>

(단위 : 점, %, 시간)

구분	삶의 만족도	장시간 근로자 비율	여가·개인 돌봄시간
덴마크	7.6	2.1	16.1
아이슬란드	7.5	13.7	14.6
호주	7.4	14.2	14.4
멕시코	7.4	28.8	13.9
미국	7.0	11.4	14.3
영국	6.9	12.3	14.8
프랑스	6.7	8.7	15.3
이탈리아	6.0	5.4	15.0
일본	6.0	22.6	14.9
한국	6.0	28.1	14.9
에스토니아	5.4	3.6	15.1
포르투갈	5.2	9.3	15.0
헝가리	4.9	2.7	15.0

※ 장시간 근로자 비율은 전체 근로자 중 주 50시간 이상 근무한 근로자의 비율임

① 삶의 만족도가 가장 높은 국가는 장시간 근로자 비율이 가장 낮다.
② 한국의 장시간 근로자 비율은 삶의 만족도가 가장 낮은 국가의 장시간 근로자 비율의 10배 이상이다.
③ 삶의 만족도가 한국보다 낮은 국가들의 장시간 근로자 비율의 평균은 이탈리아의 장시간 근로자 비율보다 높다.
④ 여가·개인 돌봄시간이 가장 긴 국가와 가장 짧은 국가의 삶의 만족도 차이는 0.3점 이하이다.
⑤ 장시간 근로자 비율이 미국보다 낮은 국가의 여가·개인 돌봄시간은 모두 미국의 여가·개인 돌봄시간보다 길다.

03 다음은 청소년이 고민하는 문제에 대해 조사한 그래프이다. 다음 중 13 ~ 18세 청소년이 가장 많이 고민하는 문제와 19 ~ 24세가 두 번째로 많이 고민하고 있는 문제를 바르게 나열한 것은?

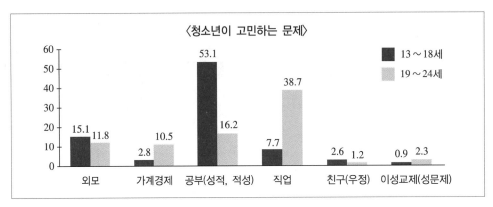

① 직업, 직업
② 직업, 공부
③ 외모, 직업
④ 공부, 공부
⑤ 공부, 외모

04 다음은 출생연대별로 드러난 개인주의 가치성향을 조사한 결과이다. 이에 대한 해석으로 가장 적절한 것은?

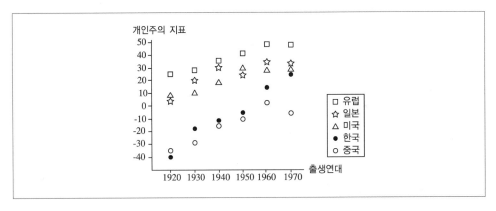

① 세대별로 가치관의 차이는 한국보다 유럽이 큰 편이다.
② 한국을 제외하고는 나이와 개인주의 가치관이 항상 반비례하고 있다.
③ 중국의 1960년대생과 1970년대생은 비슷한 개인주의 성향을 보인다.
④ 전체 인구를 보면 대체로 유럽, 일본, 미국이 한국, 중국보다 개인주의 성향이 더 강하다.
⑤ 일본의 세대별 개인주의의 차이가 가장 크다.

05 다음 2개의 음식점에 대한 만족도를 5개 부문으로 나누어 한 평가로 적절하지 않은 것은?

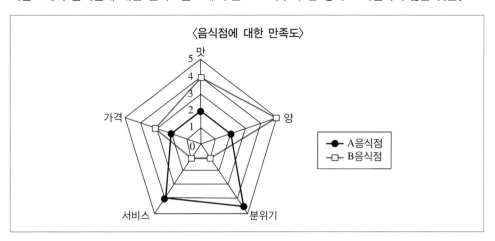

① A음식점은 2개 부문에서 B음식점을 능가한다.

② 맛 부문에서 만족도가 더 높은 음식점은 B음식점이다.

③ A와 B음식점 간 가장 큰 차이를 보이는 부문은 서비스이다.

④ B음식점은 가격보다 맛과 양 부문에서 상대적 만족도가 더 높다.

⑤ B음식점은 3개 부문에서 A음식점을 능가한다.

06 다음은 지역별 의료인력 분포 현황을 나타낸 것이다. 이에 대한 해석으로 적절하지 않은 것은?

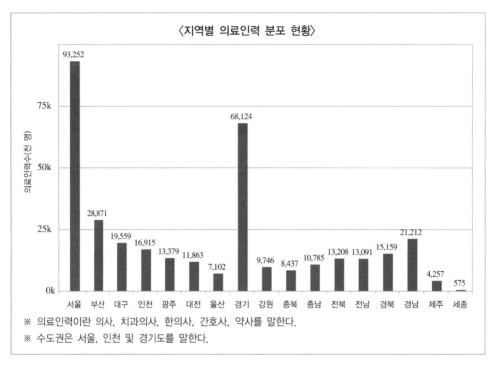

〈지역별 의료인력 분포 현황〉

※ 의료인력이란 의사, 치과의사, 한의사, 간호사, 약사를 말한다.
※ 수도권은 서울, 인천 및 경기도를 말한다.

① 의료인력은 수도권에 편중된 불균형상태를 보이고 있다.
② 수도권에서 경기가 차지하는 비중은 인천이 차지하는 비중의 4배 미만이다.
③ 서울과 경기를 제외한 나머지 지역 중 의료인력수가 가장 많은 지역과 가장 적은 지역의 차는 경남의 의료인력수보다 크다.
④ 의료인력수가 많을수록 의료인력 비중이 고르다고 말할 수 없다.
⑤ 의료인력수가 두 번째로 적은 지역은 도서지역이다.

07 다음 상수도 구역에 따라 수질 오염정도를 나타낸 이에 대한 해석으로 가장 적절한 것은?

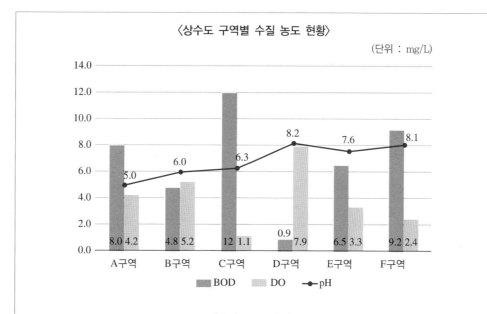

〈상수도 구역별 수질 농도 현황〉

(단위 : mg/L)

〈수질 등급 기준〉

등급	매우 좋음	좋음	약간 좋음	보통	약간 나쁨	나쁨	매우 나쁨
	1a	1b	2	3	4	5	6
DO(mg/L)	7.5 이상	5.0 이상			2.0 이상		2.0 미만
BOD(mg/L)	1 이하	2 이하	3 이하	5 이하	8 이하	10 이하	10 초과
pH	6.5 ~ 8.5				6.0 ~ 8.5		

※ DO, BOD, pH의 수치를 모두 충족하는 등급으로 결정된다.
※ DO는 용존산소량, BOD는 생화학적 산소요구량을 말한다.

① BOD농도가 5mg/L 이하인 상수도 구역 중 3등급은 하나이다.

② pH가 가장 높은 구역의 등급은 '매우 좋음'이다.

③ 상수도 구역에서 등급이 '약간 나쁨' 또는 '나쁨'인 구역은 두 곳이다.

④ 수질 기준은 DO와 BOD의 농도가 높을수록 좋은 등급을 받는다.

⑤ 수소이온농도가 낮을수록 수질 등급은 '매우 좋음'에 가까워진다.

08 다음은 연도별 및 연령대별 흡연율 관련 자료이다. 이를 나타낸 그래프로 적절하지 않은 것은?

〈연도별 · 연령대별 흡연율〉

(단위 : %)

구분	연령대				
	20대	30대	40대	50대	60대 이상
2013년	28.4	24.8	27.4	20.0	16.2
2014년	21.5	31.4	29.9	18.7	18.4
2015년	18.9	27.0	27.2	19.4	17.6
2016년	28.0	30.1	27.9	15.6	2.7
2017년	30.0	27.5	22.4	16.3	9.1
2018년	24.2	25.2	19.3	14.9	18.4
2019년	13.1	25.4	22.5	15.6	16.5
2020년	22.2	16.1	18.2	13.2	15.8
2021년	11.6	25.4	13.4	13.9	13.9
2022년	14.0	22.2	18.8	11.6	9.4

① 40대, 50대 연도별 흡연율

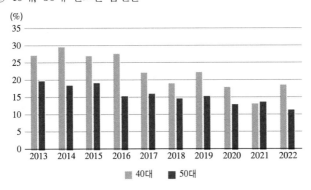

② 2019 ~ 2022년 연령대별 흡연율

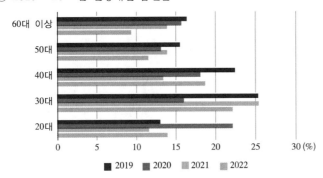

③ 2017 ~ 2022년 60대 이상 연도별 흡연율

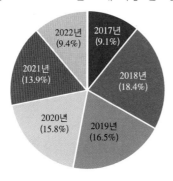

④ 20대, 30대 연도별 흡연율

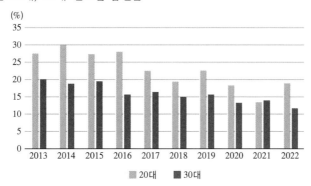

⑤ 2022년 연령대별 흡연율

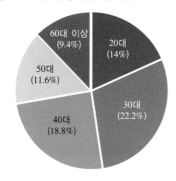

Hard

01   오각형 모서리의 숫자들이 일정한 규칙에 따라 다음과 같이 증가한다고 할 때, 여섯 번째 오각형 모서리의 숫자들의 합은?

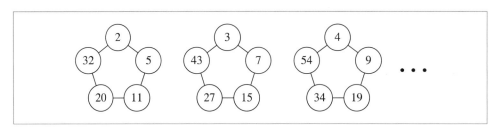

① 175

② 185

③ 195

④ 205

⑤ 215

※ 다음은 일정한 규칙에 따라 수를 나열한 것이다. 빈칸에 들어갈 알맞은 수를 고르시오. [2~3]

Easy

02

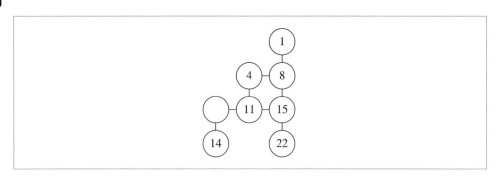

① 6

② 7

③ 8

④ 9

⑤ 10

03

	10	2	8	5	6	8
		20		19	19	

① 15 ② 19

③ 21 ④ 29

⑤ 38

04

일정한 규칙으로 수를 나열할 때, 빈칸에 들어갈 알맞은 숫자는?

| ( ) | 3 | 1 | 8 | −7 | 71 | −22 |

① −3 ② 0

③ 2 ④ 3

⑤ 4

Hard

05

K연구소에서 식물 배양세포의 증식이 얼마나 빠른지 알기 위해 두 가지 세포의 증식속도를 측정해 보았다. A세포는 한 개당 하루에 4개로 분열되며, B세포는 한 개당 하루에 3개로 분열된다. A세포 한 개와 B세포 두 개가 있을 때, 두 세포의 개수가 250개 이상씩 되려면 각각 며칠이 지나야 하는 가?(단, $\log 2 = 0.30$, $\log 3 = 0.48$, $\log 10 = 1$로 계산한다)

	A세포	B세포			A세포	B세포
①	5일	4일		②	5일	5일
③	4일	4일		④	4일	5일
⑤	4일	6일				

CHAPTER 02

언어

합격 Cheat Key

| 영역 소개 |

언어 영역은 크게 독해, 배열하기, 빈칸추론 등으로 나눌 수 있다. 이 중 독해의 비중이 압도적으로 높은 편인데, 독해는 내용 일치·불일치, 주제 찾기, 추론하기 등으로 구성되어 있다. 주어진 제한 시간 동안 지문을 다 읽지 못한 채로 다음 문제로 넘어갈 수가 있고, 보기를 선택하자마자 빠르게 다음 문제를 풀어야 할 수도 있으므로 최대한 많은 문제를 풀어 보면서 글의 주제와 흐름을 파악하여 정확하게 답을 고르는 연습을 해야 한다.

| 유형 소개 |

1 독해

제시문의 전체적인 맥락을 읽고 파악하는 문제로 구성되어 있으며, 특히 추론하기와 비판하기가 높은 비율로 출제되고 있다.

┌ 학습 포인트 ┐
- 경제·경영·철학·역사·예술·과학 등 다양한 분야와 관련된 글이 제시된다.
- 독해의 경우 단기간의 공부로 성적을 올릴 수 있는 부분이 아니므로 평소에 꾸준히 연습해야 한다.
- 추론하기와 비판하기의 경우 제시문을 바탕으로 정확한 근거를 판단하여 풀이하면 오답을 피할 수 있다.

2 문장배열

주어진 문장을 논리적 순서에 맞게 나열하는 문제로, 〈보기〉에 주어진 문장을 제시문에서 적절한 자리에 배치하는 문제 유형 등이 있다.

┤ 학습 포인트 ├

- 매년 꾸준히 출제되고 있는 문제 유형으로 언어영역의 10%를 차지하고 있다. 어려운 편에 속하지 않으므로 고득점을 목표로 한다면 절대 놓쳐서는 안되는 유형이다.
- 문장과 문장을 연결하는 접속어의 쓰임에 대해 알고 있으면 빠른 시간 내에 문제를 풀 수 있다.
- 문장 속에 나타나는 지시어는 해당 문장의 앞에 어떤 내용이 오는지에 대한 힌트가 되므로 이에 집중한다.

3 빈칸추론

문맥의 흐름에 맞는 적절한 문장을 찾는 유형으로, 이전 시험에서는 앞뒤 문장으로 추론이 가능했으나 이제는 글의 전체적인 맥락을 알지 못하면 풀 수 없게 출제되고 있으므로 글의 중심 내용을 빠르게 이해해야 한다.

┤ 학습 포인트 ├

- 제시문을 처음부터 끝까지 다 읽지 않고 빈칸의 앞뒤 문장만으로 그 사이에 들어갈 내용을 유추하는 연습을 해야 한다.
- 선택지를 읽으며 빈칸에 들어갈 답을 고른 후 해설과 비교한다. 확실하게 정답을 선택한 경우를 제외하고, 놓친 부분을 다시 한 번 확인하는 습관을 들인다.

02 | 이론점검

01 논리구조

논리구조에서는 주로 단락과 문장 간의 관계나 글 전체의 논리적 구조를 정확히 파악했는지를 묻는다. 글의 순서를 바르게 나열하는 유형이 출제되고 있다. 제시문의 전체적인 흐름을 바탕으로 각 문단의 특징, 단락 간의 역할 등을 논리적으로 구조화할 수 있는 능력을 길러야 한다.

1. 문장과 문장 간의 관계

① 상세화 관계 : 주지 → 구체적 설명(비교, 대조, 유추, 분류, 분석, 인용, 예시, 비유, 부연, 상술 등)
② 문제(제기)와 해결 관계 : 한 문장이 문제를 제기하고, 다른 문장이 그 해결책을 제시하는 관계(과제 제시 → 해결 방안, 문제 제기 → 해답 제시)
③ 선후 관계 : 한 문장이 먼저 발생한 내용을 담고, 다음 문장이 나중에 발생한 내용을 담고 있는 관계
④ 원인과 결과 관계 : 한 문장이 원인이 되고, 다른 문장이 그 결과가 되는 관계(원인 제시 → 결과 제시, 결과 제시 → 원인 제시)
⑤ 주장과 근거 관계 : 한 문장이 필자가 말하고자 하는 바(주지)가 되고, 다른 문장이 그 문장의 증거 (근거)가 되는 관계(주장 제시 → 근거 제시, 의견 제안 → 의견 설명)
⑥ 전제와 결론 관계 : 앞 문장에서 조건이나 가정을 제시하고, 뒤 문장에서 이에 따른 결론을 제시하는 관계

2. 문장의 연결 방식

① 순접 : 원인과 결과, 부연 설명 등의 문장 연결에 쓰임
　예 그래서, 그리고, 그러므로 등
② 역접 : 앞글의 내용을 전면적 또는 부분적으로 부정
　예 그러나, 그렇지만, 그래도, 하지만 등
③ 대등·병렬 : 앞뒤 문장의 대비와 반복에 의한 접속
　예 및, 혹은, 또는, 이에 반하여 등
④ 보충·첨가 : 앞글의 내용을 보다 강조하거나 부족한 부분을 보충하기 위해 다른 말을 덧붙이는 문맥
　예 단, 곧, 즉, 더욱이, 게다가, 왜냐하면 등
⑤ 화제 전환 : 앞글과는 다른 새로운 내용을 이야기하기 위한 문맥
⑥ 비유·예시 : 앞글에 대해 비유적으로 다시 말하거나 구체적인 예를 보임
　예 예를 들면, 예컨대, 마치 등

3. 원리 접근법

앞뒤 문장의 중심 의미 파악	→	앞뒤 문장의 중심 내용이 어떤 관계인지 파악	→	문장 간의 접속어, 지시어의 의미와 기능	→	문장의 의미와 관계성 파악
각 문장의 의미를 어떤 관계로 연결해서 글을 전개하는지 파악해야 한다.		지문 안의 모든 문장은 서로 논리적 관계성이 있다.		접속어와 지시어를 음미하는 것은 독해의 길잡이 역할을 한다.		문단의 중심 내용을 알기 위한 기본 분석 과정이다.

02 논리적 이해

1. 전제의 추론

전제의 추론은 원칙적으로 주어진 내용의 이면에 내포되어 있는 이미 옳다고 인정된 사실을 유추하는 유형이다.
① 먼저 주장이 무엇인지 명확하게 파악해야 한다.
② 주장이 성립하기 위해서 논리적으로 필요한 요건이 무엇인지 생각해 본다.
③ 선택지 중 주장과 논리적으로 인과 관계를 형성할 수 있는 조건을 찾아낸다.

2. 결론의 추론

주어진 내용을 명확히 이해한 다음, 이를 근거로 이끌어 낼 수 있는 올바른 결론이나 관련 사항을 논리적인 관점에서 찾는 문제 유형이다. 이와 같은 문제는 평상시 비판적이고 논리적인 관점으로 글을 읽는 연습을 충분히 해두어야 유리하다고 볼 수 있다.

3. 주제의 추론

주제와 관련된 추론 문제는 적성검사에서 자주 출제되는 유형으로서, 글의 표제, 부제, 주제, 주장, 의도를 파악하는 형태의 문제와 같은 유형이다. 이러한 유형의 문제는 주제를 글의 첫 문단이나 마지막 문단을 통해서 찾을 수 있으며, 그렇지 않더라도 문단의 병렬·대등 관계를 파악하면 쉽게 찾을 수 있다.
여러 문단에서 공통된 주제를 추론할 때는, 각각의 제시문을 먼저 요약한 뒤, 핵심 키워드를 찾은 다음, 이를 토대로 주제문을 가려내어 하나의 주제를 유추하면 된다. 따라서 평소에 제시문을 읽고, 핵심 키워드를 찾아 문장을 구성하는 연습을 많이 해두어야 한다. 또한 겉으로 드러난 주제나 정보를 찾는 데 그치지 않고 글 속에 숨겨진 의도나 정보를 찾기 위해 꼼꼼히 관찰하는 태도가 필요하다.

01 사실적 독해

| 유형분석 |

- 글의 내용과 선택지가 일치·불일치하는지를 묻는 유형이다.
- 제시문에 있는 내용을 그대로 선택지에 제시하거나 다른 표현으로 돌려서 제시한다.
- 오답의 근거가 명확한 선택지를 답으로 고른다.

다음 글의 내용으로 가장 적절한 것은?

멋이라는 것도 일상생활의 단조로움이나 생활의 압박에서 해방되려는 노력의 하나일 것이다. 끊임없이 일상의 복장, 그 복장이 주는 압박감에서 벗어나기 위해 옷을 잘 차려 입는 사람은 그래서 멋쟁이이다. 또는 삶을 공리적 계산으로서가 아니라 즐김의 대상으로 볼 수 있게 해 주는 활동, 가령 서도(書道)라든가 다도(茶道)라든가 꽃꽂이라든가 하는 일을 과외로 즐길 줄 아는 사람을 우리는 생활의 멋을 아는 사람이라고 말한다. 그러나 그렇다고 해서 값비싸고 화려한 복장, 어떠한 종류의 스타일과 수련을 전제하는 활동만이 멋을 나타내는 것이 아니다. 경우에 따라서는 털털한 옷차림, 겉으로 내세울 것이 없는 소탈한 생활 태도가 멋있게 생각될 수도 있다. 기준적인 것에 변화를 더하는 것이 중요한 것이다. 그러나 기준으로부터의 편차가 너무 커서는 안 된다. 혐오감을 불러일으킬 정도의 몸가짐, 몸짓 또는 생활 태도는 멋이 있는 것으로 생각되지 않는다. 편차는 어디까지나 기준에 의해서만 존재하는 것이다.

① 다양한 종류의 옷을 가지고 있는 사람은 멋쟁이이다.
② 값비싸고 화려한 복장을 하는 사람은 공리적 계산을 하는 사람이다.
③ 소탈한 생활 태도를 갖는 것이 가장 중요하다.
④ 꽃꽂이를 과외로 즐길 줄 아는 사람은 생활의 멋을 아는 사람이다.
⑤ 차는 종류별로 즐길 줄 알아야 진정한 멋을 아는 사람이다.

정답 ④

'서도(書道)라든가 다도(茶道)라든가 꽃꽂이라든가 하는 일을 과외로 즐길 줄 아는 사람을 우리는 생활의 멋을 아는 사람이라고 말한다.'의 문장을 통해 알 수 있다.

오답분석

①·⑤ 언급되지 않은 내용이다.
② 값비싸고 화려한 복장을 한 사람이라고 해서 공리적 계산을 하는 사람은 아니다.
③ 소탈한 생활 태도는 경우에 따라 멋있게 생각될 수 있을 뿐, 가장 중요한 것은 아니다.

30초 컷 풀이 Tip

선택지를 보고 글에 자주 등장하는 키워드가 무엇인지를 파악한 후 제시문을 읽는다.

02 | 추론적 독해

| 유형분석 |

- 글의 내용을 바탕으로 논리적으로 추론할 수 있는지를 묻는 유형이다.
- 글의 전체적인 내용과 세부적인 내용을 정확하게 알고 있어야 풀 수 있는 유형이다.
- 독해 유형 중 난이도가 높은 편에 속한다.
- 오답의 근거가 명확한 선택지를 답으로 고른다.

다음 중 이 글의 집필 의도를 바르게 제시한 것은?

미술가가 얻어내려고 하는 효과가 어떤 것인지는 결코 예견할 수 없기 때문에 이러한 종류의 규칙을 설정하기는 불가능하며, 또한 이것이 진리이다. 미술가는 일단 옳다는 생각이 들면 전혀 조화되지 않는 것까지 시도하기를 원할지 모른다. 하나의 그림이나 조각이 어떻게 되어 있어야 제대로 된 것인지 말해 줄 수 있는 규칙이 없기 때문에 우리가 어떤 작품을 걸작품이라고 느끼더라도 그 이유를 정확한 말로 표현한다는 것은 거의 불가능하다. 그러나 그렇다고 어느 작품이나 다 마찬가지라거나, 사람들이 취미에 대해 논할 수 없다는 뜻은 아니다. 만일 그러한 논의가 별 의미가 없는 것이라 하더라도 그러한 논의들은 우리에게 그림을 더 보도록 만들고, 우리가 그림을 더 많이 볼수록 전에는 발견하지 못했던 점들을 깨달을 수 있게 된다. 그림을 보면서 각 시대의 미술가들이 이룩하려 했던 조화에 대한 감각을 발전시키고, 이러한 조화들에 의해 우리의 느낌이 풍부해질수록 우리는 더욱 그림 감상을 즐기게 될 것이다. 취미에 관한 문제는 논의의 여지가 없다는 오래된 경구는 진실이겠지만, 이로 인해 '취미는 개발될 수 있다.'는 사실이 숨겨져서는 안 된다. 예컨대 차를 마셔 버릇하지 않은 사람들은 여러 가지 차를 혼합해서 만드는 차와 다른 종류의 차가 똑같은 맛을 낸다고 느낄지 모른다. 그러나 만일 그들이 여가(餘暇)와 기회가 있어 그러한 맛의 차이를 찾아내려 한다면 그들은 자기가 좋아하는 혼합된 차의 종류를 정확하게 식별해 낼 수 있는 진정한 감식가가 될 수 있을 것이다.

① 미의 표현 방식을 설명하기 위해　　　　　② 미술에 대한 관심을 불러일으키기 위해
③ 미술 교육이 나아갈 방향을 제시하기 위해　④ 미술 작품 감상의 올바른 태도를 제시하기 위해
⑤ 미술을 통해 얻는 효과를 이해시키기 위해

정답 ④

제시문은 미술 작품을 올바르게 감상하기 위해 우리가 지녀야 할 태도에 대해 언급하고 있다. 글쓴이는 작품을 올바르게 이해하기 위해서는 기존의 편협한 사고방식이나 태도에 얽매이지 말고 나름대로의 날카로운 안목과 감수성을 길러야 함을 강조하고 있다.

30초 컷 풀이 Tip

1. 제시문에 대한 내용이 지나치게 한 편으로 치우친 선택지는 소거한다.
2. 글의 구조를 파악하고 핵심적인 키워드를 표시하여 다시 봐야 할 때도 빠르게 찾을 수 있도록 한다.

03 | 비판적 독해

| 유형분석 |

- 어떠한 견해에 대하여 적절한 반응을 보이거나 타당한 비판을 하는 유형이다.
- 글의 전체적인 주제를 정확히 이해하는 것이 중요하다.
- 특정한 문장에 의해 한쪽으로 치우친 판단을 하지 않는 것이 중요하다.

다음 글의 주장에 대한 비판으로 적절하지 않은 것은?

> 동물실험이란 교육, 시험, 연구 및 생물학적 제제의 생산 등 과학적 목적을 위해 동물을 대상으로 실시하는 실험 또는 그 과학적 절차를 말한다. 전 세계적으로 매년 약 6억 마리의 동물들이 실험에 쓰이고 있다고 추정되며, 대부분의 동물들은 실험이 끝난 뒤 안락사를 시킨다.
>
> 동물실험은 대개 인체실험의 전 단계로 이루어지는데, 검증되지 않은 물질을 바로 사람에게 주입하여 발생하는 위험을 줄일 수 있다는 점에서 필수적인 실험이라고 말할 수 있다. 물론 살아있는 생물을 대상으로 하는 실험이기 때문에 대체(Replacement), 감소(Reduction), 개선(Refinement)으로 요약되는 3R 원칙에 입각하여 실험하는 것이 당연하다. 굳이 다른 방법이 있다면 그 방법을 채택할 것이며, 희생이 되는 동물의 수를 최대한 줄이고, 필수적인 실험 조건 외에는 자극을 주지 않아야 한다.
>
> 하지만 그럼에도 보다 안전한 결과를 도출해내기 위한 동물실험은 필요악이며, 이러한 필수적인 의약실험조차 금지하려 한다는 것은 기술 발전 속도를 늦춰 약이 필요한 누군가의 고통을 감수하자는 이기적인 주장과 같다고 할 수 있다.

① 3R 원칙과 같은 윤리적 강령이 법적인 통제력을 지니지 않은 이상 실제로 얼마나 엄격하게 지켜질 것인지는 알 수 없다.

② 화장품 업체들의 동물실험과 같은 사례를 통해, 생명과 큰 연관이 없는 실험은 필요악이라고 주장할 수 없다.

③ 아무리 엄격하게 통제된 실험이라고 해도 동물 입장에서 바라본 실험이 비윤리적이며 생명체의 존엄성을 훼손하는 행위라는 사실을 벗어날 수는 없다.

④ 과거와 달리 현대에서는 인공 조직을 배양하여 실험의 대상으로 삼을 수 있으므로 동물실험 자체를 대체하는 것이 가능하다.

⑤ 동물실험에서 안전성을 검증받은 이후 인체에 피해를 준 약물의 사례가 존재한다.

정답 ②

제시문에서 필자는 3R 원칙을 강조하며 최저한의 필수적인 동물실험이 필요악임을 주장하고 있다. 특히 '보다 안전한 결과를 도출해내기 위한 동물실험은 필요악이며, 이러한 필수적인 의약실험조차 금지하려 한다는 것은 기술 발전 속도를 늦춰 약이 필요한 누군가의 고통을 감수하자는 이기적인 주장'이라는 대목을 통해 약이 필요한 이들을 위한 의약실험에 초점을 맞추고 있음을 확인할 수 있다. 따라서 ②의 주장처럼 생명과 큰 관련이 없는 동물실험을 비판의 근거로 삼는 것은 적절하지 않다.

대표유형

04 | 빈칸추론

| 유형분석 |

- 제시문을 읽고 빈칸에 들어갈 알맞은 선택지를 찾는 유형이다.
- 빈칸의 앞뒤 문장을 통해 추론하는 것이 빠르게 푸는 방법이라고 알려져 있지만, 최근에는 제시문 전체의 내용을 모르면 풀이하기 어려운 문제가 출제되고 있다.

다음 글의 빈칸에 들어갈 내용으로 가장 적절한 것은?

일반적으로 물체, 객체를 의미하는 프랑스어 '오브제'는 라틴어에서 유래된 단어로, 어원적으로는 '앞으로 던져진 것'을 의미한다. 미술에서 대개 인간이라는 '주체'와 대조적인 '객체'로서의 대상을 지칭할 때 사용되는 오브제가 미술사 전면에 나타나게 된 것은 입체주의 이후이다.

20세기 초 입체파 화가들이 화면에 나타나는 공간을 자연의 모방이 아닌 독립된 공간으로 인식하기 시작하면서 회화는 재현미술로서의 단순한 성격을 벗어나기 시작한다. 즉, '미술은 그 자체가 실재이다. 또한 그것은 객관세계의 계시 혹은 창조이지 그것의 반영이 아니다.'라는 세잔의 사고에 의하여 공간의 개방화가 시작된 것이다. 이는 평면에 실제 사물이 부착되는 콜라주 양식의 탄생과 함께 일상의 평범한 재료들이 회화와 자연스레 연결되는 예술과 비예술의 결합으로 차츰 변화하게 된다.

이러한 오브제의 변화는 다다이즘과 쉬르리얼리즘에서 '일용의 기성품과 자연물 등을 원래의 그 기능이나 있어야 할 장소에서 분리하고, 그대로 독립된 작품으로서 제시하여 일상적 의미와는 다른 상징적·환상적인 의미를 부여하는' 것으로 일반화된다. 그리고 동시에, 기존 입체주의에서 단순한 보조수단에 머물렀던 오브제를 캔버스와 대리석의 대체하는 확실한 표현방법으로 완성시켰다.

이후 오브제는 그저 예술가가 지칭하는 것만으로도 우리의 일상생활과 환경 그 자체가 곧 예술작품이 될 수 있음을 주장한다. _____ 거기에서 더 나아가 오브제는 일상의 오브제를 다양하게 전환시켜 다양성과 대중성을 내포하고, 오브제의 진정성과 상징성을 제거하는 팝아트에서 다시 한 번 새롭게 변화하기에 이른다.

① 무너진 베를린 장벽의 조각을 시내 한복판에 장식함으로써 예술과 비예술이 결합한 것이다.

② 화려하게 채색된 소변기를 통해 일상성에 환상적인 의미를 부여한 것이다.

③ 평범한 세면대일지라도 예술가에 의해 오브제로 정해진다면 일상성을 간직한 미술과 일치되는 것이다.

④ 폐타이어나 망가진 금관악기 등으로 제작된 자동차를 통해 일상의 비일상화를 나타낸 것이다.

⑤ 기존의 수프 통조림을 실크 스크린으로 동일하게 인쇄하여 손쉽게 대량생산되는 일상성을 풍자하는 것이다.

제시문은 오브제의 정의와 변화 과정에 대한 글이다. 네 번째 문단의 빈칸 앞에서는 예술가의 선택에 의해 기성품 그 본연의 모습으로 예술작품이 되는 오브제를, 빈칸 이후에는 나아가 진정성과 상징성이 제거된 팝아트에서의 오브제 기법에 대하여 서술하고 있다. 즉, 빈칸에는 예술가의 선택에 의해 기성품 본연의 모습으로 오브제가 되는 ③의 사례가 오는 것이 가장 적절하다.

30초 컷 풀이 Tip

제시문의 전체적인 내용을 우선적으로 판단하고 글의 흐름과 맞지 않는 선택지를 먼저 제거하고, 빈칸의 앞뒤 문장에 있는 키워드와 지시어, 접속어 사이의 관계를 판단한다.

05 | 문장 · 문단 배열

| 유형분석 |

- 문단 및 문장의 전체적인 흐름을 파악하고 이에 맞춰 순서대로 나열하는 유형이다.
- 각 문장의 지시어나 접속어에 주의해야 한다.

다음 문장을 논리적 순서대로 바르게 나열한 것은?

(가) 본성 대 양육 논쟁은 앞으로 치열하게 전개될 소지가 많다. 하지만 유전과 환경이 인간의 행동에 어느 정도 영향을 미치는가를 따지는 일은 멀리서 들려오는 북소리가 북에 의한 것인지, 아니면 연주자에 의한 것인지를 분석하는 것처럼 부질없는 것인지 모른다. 본성과 양육 다 인간 행동에 필수적인 요인이므로.

(나) 20세기 들어 공산주의와 나치주의의 출현으로 본성 대 양육 논쟁이 극단으로 치달았다. 공산주의의 사회 개조론은 양육을, 나치즘의 생물학적 결정론은 본성을 옹호하는 이데올로기이기 때문이다. 히틀러의 유대인 대량 학살에 충격을 받은 과학자들은 환경 결정론에 손을 들어 줄 수밖에 없었다. 본성과 양육 논쟁에서 양육 쪽이 일방적인 승리를 거두게 된 것이다.

(다) 이러한 추세는 1958년 미국 언어학자 노엄 촘스키에 의해 극적으로 반전되기 시작했다. 촘스키가 치켜 든 선천론의 깃발은 진화 심리학자들이 승계했다. 진화 심리학은 사람의 마음을 생물학적 적응의 산물로 간주한다. 1992년 심리학자인 레다 코스미데스와 인류학자인 존 투비 부부가 함께 저술한 『적응하는 마음』이 출간된 것을 계기로 진화 심리학은 하나의 독립된 연구 분야가 됐다. 말하자면 윌리엄 제임스의 본능에 대한 개념이 1세기 만에 새 모습으로 부활한 셈이다.

(라) 더욱이 1990년부터 인간 게놈 프로젝트가 시작됨에 따라 본성과 양육 논쟁에서 저울추가 본성 쪽으로 기울면서 생물학적 결정론이 더욱 강화되었다. 그러나 2001년 유전자 수가 예상보다 적은 3만여 개로 밝혀지면서 본성보다는 양육이 중요하다는 목소리가 커지기 시작했다. 이를 계기로 본성 대 양육 논쟁이 재연되기에 이르렀다.

① (가) - (나) - (다) - (라)　　② (가) - (나) - (라) - (다)

③ (가) - (다) - (나) - (라)　　④ (나) - (다) - (라) - (가)

⑤ (나) - (라) - (다) - (가)

정답 ④

'본성 대 양육 논쟁'이라는 화제를 제기하는 (나)문단이 첫 번째에 배치되어야 하며, (다)문단의 '이러한 추세'가 가리키는 것이 (나)문단에서 언급한 '양육 쪽이 일방적인 승리를 거두게 된 것'이므로, (나) - (다) 순서로 이어지는 것이 자연스럽다. 또한 (라)문단의 첫 번째 문장, '더욱이'는 앞 내용과 연결되는 내용을 덧붙여 앞뒤 문장을 이어주는 말이므로 (다)의 뒤에 이어져야 하며, 본성과 양육 논쟁의 가열을 전망하면서 본성과 양육 모두 인간 행동에 필수적인 요인임을 밝히고 있는 (가)문단이 가장 마지막에 배치되는 것이 적절하다.

30초 컷 풀이 Tip

글의 내용에서 반대하거나 부정하는 내용은 주로 뒤편에 위치한다.

06 | 문장삽입

| 유형분석 |

- 주어진 문장을 제시문의 적절한 위치에 배치하는 유형이다.
- 글을 배치했을 때, 흐름이 어색하지 않은지를 확인해야 한다.

다음 글의 빈칸에 들어갈 말을 〈보기〉에서 골라 순서에 맞게 나열한 것은?

언젠가부터 우리 바다 속에 해파리나 불가사리와 같이 특정한 종들만이 크게 번창하고 있다는 우려의 말이 들린다. 한마디로 다양성이 크게 줄었다는 이야기다. 척박한 환경에서는 몇몇 특별한 종들만이 득세한다는 점에서 자연 생태계와 우리 사회는 닮은 것 같다. 어떤 특정 집단이나 개인들에게 앞으로 어려워질 경제 상황은 새로운 기회가 될지도 모른다.

___(가)___ 왜냐하면 자원과 에너지 측면에서 보더라도 이들 몇몇 집단들만 존재하는 세계에서는 이들이 쓰다 남은 물자와 이용하지 못한 에너지는 고스란히 버려질 수밖에 없고 따라서 효율성이 극히 낮기 때문이다. 다양성 확보는 사회 집단의 생존과도 무관하지 않다. 조류 독감이 발생할 때마다 해당 양계장은 물론 그 주변 양계장의 닭까지 모조리 폐사시켜야 하는 참혹한 현실을 본다. 단 한 마리의 닭이 조류 독감에 걸려도 그렇게 많은 닭들을 죽여야 하는 이유는 인공적인 교배로 인해 이들 모두가 똑같은 유전자를 가졌기 때문이다. ___(나)___

이처럼 다양성의 확보는 자원의 효율적 사용과 사회 안정에 중요하지만 많은 비용이 들기도 한다. 예를 들어 출산 휴가를 주고, 노약자를 배려하고, 장애인에게 보조 공학 기기와 접근성을 제공하는 것을 비롯해 다문화 가정, 외국인 노동자를 위한 행정 제도 개선 등은 결코 공짜가 아니다. ___(다)___

> **보기**
>
> ㉠ 따라서 다양한 유전 형질을 확보하는 길만이 재앙의 확산을 막고 피해를 줄이는 길이다.
> ㉡ 하지만 이는 사회 전체로 볼 때 그다지 바람직한 현상이 아니다.
> ㉢ 그럼에도 불구하고 다양성 확보가 중요한 이유는 우리가 미처 깨닫고 있지 못하는 넓은 이해와 사랑에 대한 기회를 사회 구성원 모두에게 제공하기 때문이다.

① ㉠, ㉡, ㉢　　　　　　　　　　　② ㉠, ㉢, ㉡

③ ㉡, ㉢, ㉠　　　　　　　　　　　④ ㉡, ㉠, ㉢

⑤ ㉢, ㉠, ㉡

정답 ④

- (가) : 빈칸 앞 문단은 어려워질 경제 상황이 특정인들에게는 새로운 기회가 될 수도 있다는 내용, 뒤 문장은 특정인에게만 유리한 상황이 비효율적이라는 부정적인 내용이 위치하고 있다. 따라서 ⓒ이 가장 적절하다.
- (나) : 빈칸을 제외한 문단의 내용이 집단 차원에서의 다양성 확보의 중요성을 주장하고, 그 근거로 반대 경우의 피해 사례를 제시하고 있으므로 ⑤이 가장 적절하다.
- (다) : 빈칸을 제외한 문단의 내용이 유전자 다양성 확보 시의 단점에 대한 내용이므로, '그럼에도 불구하고 다양성 확보가 중요한 이유'로 글을 마무리 하는 ⓒ이 가장 적절하다.

30초 컷 풀이 Tip

이미 제시문이 나열되어 있는 상태이므로 오히려 난이도는 쉬운 편에 속하는 문제이다. 〈보기〉에 제시된 내용을 먼저 읽고, 빈칸 앞뒤 문장의 핵심 키워드와 접속어를 찾는다.

02 | 유형점검

정답 및 해설 p.008

01 독해

※ 다음 글의 내용으로 적절하지 않은 것을 고르시오. [1~4]

01

> 현재 전해지는 조선시대의 목가구는 대부분 조선 후기의 것들로 단단한 소나무, 느티나무, 은행나무 등의 곧은결을 기둥이나 쇠목으로 이용하고, 오동나무, 느티나무, 먹감나무 등의 늘결을 판재로 사용하여 자연스런 나뭇결의 재질을 살렸다. 또한 대나무 혹은 엇갈리거나 소용돌이 무늬를 이룬 뿌리 부근의 목재 등을 활용하여 자연스러운 장식이 되도록 하였다.
>
> 조선시대의 목가구는 대부분 한옥의 온돌에서 사용되었기에 온도와 습도 변화에 따른 변형을 최대한 방지할 수 있는 방법이 필요하였다. 그래서 단단하고 가느다란 기둥재로 면을 나누고, 기둥재에 홈을 파서 판재를 끼워 넣는 특수한 짜임과 이음의 방법을 사용하였으며, 꼭 필요한 부위에만 접착제와 대나무 못을 사용하여 목재가 수축·팽창하더라도 뒤틀림과 휘어짐이 최소화될 수 있도록 하였다. 조선시대 목가구의 대표적 특징으로 언급되는 '간결한 선'과 '명확한 면 분할'은 이러한 짜임과 이음의 방법에 기초한 것이다. 짜임과 이음은 조선시대 목가구 제작에 필수적인 방법으로, 겉으로 드러나는 아름다움은 물론 보이지 않는 내부의 구조까지 고려한 격조 높은 기법이었다.
>
> 한편 물건을 편리하게 사용할 수 있게 해주며, 목재의 결합부위나 모서리에 힘을 보강하는 금속 장석은 장식의 역할도 했지만 기능상 반드시 필요하거나 나무의 질감을 강조하려는 의도에서 사용되어, 조선 시대 목가구의 절제되고 간결한 특징을 잘 살리고 있다.

① 조선시대 목가구는 온도와 습도 변화에 따른 변형을 방지할 방법이 필요했다.
② 금속 장석은 장식의 역할도 했지만, 기능상 필요에 의해서도 사용되었다.
③ 나무의 곧은결을 기둥이나 쇠목으로 이용하고, 늘결을 판재로 사용하였다.
④ 접착제와 대나무 못을 사용하면 목재의 수축과 팽창이 발생하지 않게 된다.
⑤ 목재의 결합부위나 모서리에 힘을 보강하기 위해 금속 장석을 사용하였다.

02

점자블록으로도 불리는 시각장애인 유도블록은 블록 표면에 돌기를 양각하여 시각장애인이 발바닥이나 지팡이의 촉감으로 위치나 방향을 알 수 있도록 유도한다. 횡단보도나 버스정류장 등의 공공장소에 설치되며, 블록의 형태는 발바닥의 촉감, 일반 보행자와의 관계 등 다양한 요인에 따라 결정된다.

점자블록은 크게 위치 표시용의 점형블록과 방향 표시용의 선형블록 두 종류로 나뉜다. 먼저 점형블록은 횡단지점, 대기지점, 목적지점, 보행 동선의 분기점 등의 위치를 표시하거나 위험 지점을 알리는 역할을 한다. 보통 30cm(가로)×30cm(세로)×6cm(높이)의 콘크리트제 사각 형태가 많이 쓰이며, 양각된 돌기의 수는 외부용 콘크리트 블록의 경우 36개, 내부용의 경우 64개가 적절하다. 일반적인 위치 감지용으로 점형블록을 설치할 경우 가로 폭은 대상 시설의 폭만큼 설치하며, 세로 폭은 보도의 폭을 고려하여 30 ~ 90cm 범위 안에서 설치한다.

다음으로 선형블록은 방향 유도용으로 보행 동선의 분기점, 대기지점, 횡단지점에 설치된 점형블록과 연계하여 목적 방향으로 일정한 거리까지 설치한다. 정확한 방향을 알 수 있도록 하는 데 목적이 있으며, 보행 동선을 확보·유지하는 역할을 한다. 양각된 돌출선은 윗면은 평면이 주로 쓰이고, 돌출선의 양 끝은 둥글게 처리한 것이 많다. 선형블록은 시각장애인이 안전하고 장애물이 없는 도로를 따라 이동할 수 있도록 설치하는데, 이때 블록의 돌출선은 유도 대상 시설의 방향과 평행해야 한다.

① 선형블록은 보행 동선의 분기점에 설치한다.
② 횡단지점의 위치를 표시하기 위해서는 점형블록을 설치한다.
③ 외부에는 양각된 돌기의 수가 36개인 점형블록을 설치한다.
④ 선형블록은 돌출선의 방향이 유도 대상 시설과 평행하도록 설치한다.
⑤ 점형블록을 횡단보도 앞에 설치하는 경우 세로 방향으로 4개 이상 설치하지 않는다.

Easy

03

'저장강박증'은 물건의 사용 여부와 관계없이 버리지 못하고 저장해 두는 강박장애의 일종이다. 미래에 필요할 것이라고 생각해서 물건이나 음식을 버리지 못하고 쌓아 두거나, 어떤 사람은 동물을 지나치게 많이 기르기도 한다. 저장강박증이 있는 사람들은 물건을 버리지 않고 모으지만 애정이 없기 때문에 관리는 하지 않는다. 다만 물건이 모아져 있는 상태에서 일시적인 편안함을 느낄 뿐이다. 그러나 결과적으로는 불안증과 강박증, 폭력성을 더욱 가중하는 결과를 낳게 된다.

저장강박증은 치료가 쉽지 않다. 아직까지 정확하게 밝혀진 원인이 없고, 무엇보다 이 사람들의 대부분은 자가 병식이 없다. 때문에 대부분 치료를 원하지 않거나 가족들의 강요에 의해 병원을 찾는다. 그러나 자연적으로 좋아지기 어려우므로 반드시 초기에 치료를 진행해야 한다.

① 저장강박증은 물건을 버리지 못하는 강박장애이다.
② 저장강박증이 있는 사람은 동물을 지나치게 많이 기르기도 한다.
③ 저장강박증이 있는 사람은 물건의 애착을 느껴서 버리지 못한다.
④ 저장강박증의 정확한 원인은 아직 밝혀지지 않았다.
⑤ 저장강박증이 있는 사람들은 스스로 병에 대한 문제를 느끼지 못한다.

04

수소와 산소는 H_2와 O_2의 분자 상태로 존재한다. 수소와 산소가 화합해서 물 분자가 되려면 이 두 분자가 충돌해야 하는데, 충돌하는 횟수가 많으면 많을수록 물 분자가 생기는 확률은 높아진다. 또한 반응하기 위해서는 분자가 원자로 분해되어야 한다. 좀 더 정확히 말한다면, 각각의 분자가 산소 원자끼리 그리고 수소 원자끼리의 결합력이 약해져야 한다. 높은 온도는 분자 간의 충돌 횟수를 증가시킬 뿐 아니라 분자를 강하게 진동시켜 분자의 결합력을 약하게 한다. 그리하여 수소와 산소는 이전까지 결합하고 있던 자신과 동일한 원자와 떨어져, 산소 원자 하나에 수소 원자 두 개가 결합한 물(H_2O)이라는 새로운 화합물이 되는 것이다.

① 수소 분자와 산소 분자가 충돌해야 물 분자가 생긴다.
② 수소 분자와 산소 분자가 원자로 분해되어야 반응을 할 수 있다.
③ 높은 온도는 분자를 강하게 진동시켜 결합력을 약하게 한다.
④ 산소 분자와 수소 분자가 각각 물(H_2O)이라는 새로운 화합물이 된다.
⑤ 산소 분자와 수소 분자의 충돌 횟수가 많아지면 물 분자가 될 확률이 높다.

※ 다음 글의 내용으로 가장 적절한 것을 고르시오. [5~7]

05

사회 진화론은 다윈의 생물 진화론을 개인과 집단에 적용시킨 사회 이론이다. 사회 진화론의 중심 개념은 19세기에 등장한 '생존경쟁'과 '적자생존'인데, 이 두 개념의 적용 범위가 개인인가 집단인가에 따라 자유방임주의와 결합하기도 하고 민족주의나 제국주의와 결합하기도 하였다. 1860년대 대표적인 사회 진화론자인 스펜서는 인간 사회의 생활은 개인 간의 '생존경쟁'이며, 그 경쟁은 '적자생존'에 의해 지배된다고 주장하였다. 19세기 말 키드, 피어슨 등은 인종이나 민족, 국가 등의 집단 단위로 '생존경쟁'과 '적자생존'을 적용하여 우월한 집단이 열등한 집단을 지배하는 것은 자연법칙이라고 주장함으로써 인종 차별이나 제국주의를 정당화하였다. 일본에서는 19세기 말 문명개화론자들이 사회 진화론을 수용하였다.
이들은 '생존경쟁'과 '적자생존'을 국가와 민족 단위에 적용하여 '약육강식'·'우승열패'의 논리를 바탕으로 서구식 근대 문명국가 건설과 군국주의를 역설하였다.

① 사회 진화론은 생물 진화론을 바탕으로 개인에게만 적용시킨 사회 이론이다.
② 사회 진화론은 19세기 이전에는 존재하지 않았다.
③ '생존경쟁'과 '적자생존'의 개념이 개인의 범위에 적용되면 민족주의와 결합한다.
④ 키드, 피어슨 등의 주장은 사회 진화론의 개념을 집단 단위에 적용한 결과이다.
⑤ 문명개화론자들은 생물 진화론을 수용하였다.

보름달 중에 가장 크게 보이는 보름달을 슈퍼문이라고 한다. 이때 보름달이 크게 보이는 이유는 달이 평소보다 지구에 가까이 있기 때문이다. 슈퍼문이 되려면 보름달이 되는 시점과 달이 지구에 가장 가까워지는 시점이 일치하여야 한다. 달의 공전 궤도가 완벽한 원이라면 지구에서 달까지의 거리가 항상 똑같을 것이다. 하지만 실제로는 타원 궤도여서 달이 지구에 가까워지거나 멀어지는 현상이 생긴다. 유독 달만 그런 것은 아니고 태양계의 모든 행성이 태양을 중심으로 타원 궤도로 돈다. 이것이 바로 그 유명한 케플러의 행성운동 제1법칙이다.

지구와 달의 평균 거리는 약 38만km인 반면 슈퍼문일 때는 그 거리가 35만 7,000km 정도로 가까워진다. 달의 반지름은 약 1,737km이므로, 지구와 달의 거리가 평균 정도일 때 지구에서 보름달을 바라보는 시각도*는 0.52도 정도인 반면, 슈퍼문일 때는 시각도가 0.56도로 커진다. 반대로 보름달이 가장 작게 보일 때, 다시 말해 보름달이 지구에서 제일 멀 때는 그 거리가 약 40만km여서 보름달을 보는 시각도가 0.49도로 작아진다.

밀물과 썰물이 생기는 원인은 지구에 작용하는 달과 태양의 중력 때문인데, 달이 태양보다는 지구에 훨씬 더 가깝기 때문에 더 큰 영향을 미친다. 달이 지구에 가까워지면 평소 달이 지구를 당기는 힘보다 더 강하게 지구를 당긴다. 그리고 달의 중력이 더 강하게 작용하면, 달을 향한 쪽의 해수면은 평상시보다 더 높아진다. 실제 우리나라에서도 슈퍼문일 때 제주도 등 해안가에 바닷물이 평소보다 더 높게 밀려 들어와서 일부 지역이 침수 피해를 겪기도 했다.

한편 달의 중력 때문에 높아진 해수면이 지구와 함께 자전을 하다보면 지구의 자전을 방해하게 된다. 일종의 브레이크가 걸리는 셈이다. 이 때문에 지구의 자전 속도가 느려지게 되고 그 결과 하루의 길이에 미세하게 차이가 생긴다. 실제 연구 결과에 따르면 100만 년에 17초 정도씩 길어지는 효과가 생긴다고 한다.

* 시각도 : 물체의 양끝에서 눈의 결합점을 향하여 그은 두 선이 이루는 각을 의미한다.

① 지구에서 태양까지의 거리는 1년 동안 항상 일정하다.
② 해수면의 높이는 지구와 달의 거리와 관계가 없다.
③ 달이 지구에서 멀어지면 궤도에서 벗어나지 않기 위해 평소보다 더 강하게 지구를 잡아당긴다.
④ 지구와 달의 거리가 36만km 정도인 경우, 지구에서 보름달을 바라보는 시각도는 0.49도보다 크다.
⑤ 달의 중력 때문에 지구가 자전하는 속도는 점점 빨라지고 있다.

근대 산업 문명은 사람들의 정신을 병들게 하고, 끊임없이 이기심을 자극하여, 금전과 물건의 노예로 타락시킬 뿐만 아니라, 내면적인 평화와 명상의 생활을 불가능하게 만든다. 그로 인하여 유럽의 노동 계급과 빈민에게 사회는 지옥이 되고, 비서구 지역의 수많은 민중은 제국주의의 침탈 밑에서 허덕이게 되었다. 여기에서 간디 사상 속 물레가 갖는 상징적인 의미가 드러난다. 간디는 모든 인도 사람들이 매일 한두 시간만이라도 물레질을 할 것을 권유하였다. 물레질의 가치는 경제적 필요 이상의 것이라고 생각한 것이다.

물레는 무엇보다 인간의 노역에 도움을 주면서 결코 인간을 소외시키지 않는 인간적 규모의 기계의 전형이다. 간디는 기계 자체에 대해 반대한 적은 없지만, 거대 기계에는 필연적으로 복잡하고 위계적인 사회 조직, 지배와 피지배의 구조, 도시화, 낭비적 소비가 수반된다는 것을 주목했다. 생산 수단이 민중 자신의 손에 있을 때 비로소 착취 구조가 종식되는 반면, 복잡하고 거대한 기계는 그 자체로 비인간화와 억압의 구조를 강화하기 때문이다.

간디는 산업화의 확대, 또는 경제 성장이 참다운 인간의 행복에 기여한다고는 결코 생각할 수 없었다. 간디가 구상했던 이상적인 사회는 자기 충족적인 소농촌 공동체를 기본 단위로 하면서 궁극적으로는 중앙 집권적인 국가 기구의 소멸과 더불어 마을 민주주의에 의한 자치가 실현되는 공간이다. 거기에서는 인간을 도외시한 이윤 추구도, 물건과 권력에 대한 맹목적인 탐욕도 있을 수가 없다. 이것은 비폭력과 사랑과 유대 속에 어울려 살 때에 사람은 가장 행복하고 자기완성이 가능하다고 믿는 사상에 매우 적합한 정치 공동체라 할 수 있다.

물레는 간디에게 그러한 공동체의 건설에 필요한 인간 심성 교육에 알맞은 수단이기도 하였다. 물레질과 같은 단순하지만 생산적인 작업의 경험은 정신노동과 육체노동의 분리 위에 기초하는 모든 불평등 사상의 문화적·심리적 토대의 소멸에 기여할 것이다.

① 거대 기계는 억압의 구조를 제거해 준다.
② 간디는 기계 자체를 반대하였다.
③ 근대 산업 문명은 인간의 내면적 평화를 가져왔다.
④ 간디는 경제 성장이 인간의 행복에 기여한다고 생각했다.
⑤ 물레는 노역에 도움을 주면서 인간을 소외시키지 않는다.

08 다음 글을 읽고 〈보기〉의 내용으로 적절한 것을 고르면?

> 과거에는 일반 시민들이 사회 문제에 관한 정보를 얻을 수 있는 수단이 거의 없었다. 따라서 일반 시민들은 신문과 같은 전통적 언론을 통해 정보를 얻었고 전통적 언론은 주요 사회 문제에 대한 여론을 형성하는 데 강한 영향을 끼쳤다. 지금도 신문에서 물가 상승 문제를 반복해서 보도하면 일반 시민들은 이를 중요하다고 생각하고, 그와 관련된 여론도 활성화된다.
>
> 이처럼 전통적 언론이 여론을 형성하는 것을 '의제설정기능'이라고 한다. 하지만 막강한 정보원으로 인터넷이 등장한 이후 전통적 언론의 영향력은 약화되고 있다. 그리고 인터넷을 통한 상호작용매체인 소셜 네트워킹 서비스(이하 SNS)가 등장한 이후에는 그러한 경향이 더욱 강화되고 있다. 일반 시민들이 SNS를 통해 문제를 제기하고, 많은 사람들이 그 문제에 대해 중요하다고 생각하면 역으로 전통적 언론에서 뒤늦게 그 문제에 대해 보도하는 현상이 생기게 된 것이다. 이러한 현상을 일반 시민이 의제설정을 주도한다는 점에서 '역의제설정 현상'이라고 한다.

> **보기**
>
> ㉠ 현대의 전통적 언론은 의제설정기능을 전혀 수행하지 못하고 있다.
> ㉡ SNS는 일반 시민이 의제설정을 주도하는 것을 가능하게 했다.
> ㉢ 현대 언론은 과거 언론에 비해 의제설정기능의 역할이 강하다.
> ㉣ SNS로 인해 의제설정 현상이 강해지고 있다.

① ㉡   ② ㉢

③ ㉠, ㉡   ④ ㉠, ㉣

⑤ ㉢, ㉣

1986년부터 2년에 걸쳐 조사된 백제 시대의 공산성에서는 원형의 인공 연못이 발굴되었다. 일반적으로 연못을 조성하는 방법은 지면을 깊게 파고 그 가장자리에 자연석으로 경계면을 쌓아 만드는 것이다. 발굴될 당시에는 '500년에 백제의 동성왕이 공산성 안에 못을 파 놀이터로 삼았으며'라는 『삼국사기』의 기록에 근거하여 공산성의 원형 연못도 이러한 방식으로 만들어진 것으로 추정하였다. 그러나 2004년 탄성파 굴절법으로 연못 지반의 특성을 조사하는 과정에서 공산성 원형 연못의 조성 방식이 일반적인 방식과는 차이가 있음을 알게 되었다.

탄성파 굴절법은 인공 지진파를 이용하여 지하에 매장되어 있는 석유, 가스와 같은 광물 자원을 탐사하기 위한 것이었는데, 궁궐터나 절터 등 문화재를 발굴하는 방법으로도 활용되고 있다. 탐사를 위해서는 먼저 해머 등으로 인공 지진파를 발생시켜야 한다. 인공 지진파는 지표와 지하를 이동하여 지표에 설치된 여러 수진기에 기록이 되는데, 이때 지표를 따라 수진기에 도달하는 직접파와 지하의 매질의 특성에 따라 서로 다르게 도착하는 굴절파로 나뉜다. 직접파는 진원지에서 출발하여 일정한 시간이 지나 수진기에 도착한다. 이와 달리 굴절파는 지하의 깊이와는 상관없이, 구성하고 있는 매질의 성격에 따라 이동하는 속도가 달라지는데 강도가 강한 매질을 통과한 굴절파일수록 빨라지게 된다. 따라서 직접파가 기준이 되어 굴절파들의 도착 속도를 비교하면 지하를 구성하고 있는 지반의 특성을 알 수 있게 되는 것이다. 이런 방법으로 탐사한 결과인 표준 암반 기준에 의하면 굴절파의 속도가 200 ~ 700m/s는 다져지지 않은 풍화토층, 700 ~ 1,200m/s는 인공적인 힘에 의해 다져진 인공 다짐층, 1,200 ~ 1,900m/s의 경우는 보통암인 기반암으로 분류하고 있다.

공산성의 원형 연못 주변을 탐사한 결과, 공산성의 지반은 대략적으로 3층으로 구성되어 있음이 밝혀졌다. 첫 번째 층은 굴절파가 약 300m/s 속도를 가진 2m 두께의 풍화토층, 중간층은 약 900m/s 속도를 보인 4m 두께의 인공 다짐층이며 최하부층은 2,500m/s의 속도와 약 7 ~ 10m의 범위를 보여주는 기반암임을 알 수 있었다. 따라서 오랜 세월의 흐름으로 자연히 쌓인 풍화토를 제외한다면 공산성 연못에는 인공적으로 만든 기초 지반이 형성되어 있을 가능성이 제기된 것이다. 다시 말해 공산성 원형 연못은 지면을 파서 연못을 조성한 것으로 보기보다는 일반적인 건축물을 지을 때와 같이 기반암 위에 인공적인 다짐층을 형성하고 그 위에 연못을 조성하는 쌓아 올림의 방식으로 만들어졌을 것으로 파악된다.

※ 매질 : 파동을 매개하는 물질

① 인공 지진파는 직접파와 굴절파로 나뉜다.
② 역사적 자료를 통해 유적지 조성 방식을 추측할 수 있다.
③ 탄성파 굴절법으로 액체와 기체의 광물도 탐사할 수 있다.
④ 탄성파 굴절법의 굴절파는 지하로 깊이 내려갈수록 속도가 빨라진다.
⑤ 탄성파 굴절법 탐사를 위해서는 인공 지진을 만드는 장비가 필요하다.

10 평소 환경에 관심이 많은 A씨는 인터넷에서 아래와 같은 글을 보았다. A씨가 글을 읽고 이해한 것으로 가장 적절한 것은?

마스크를 낀 사람들이 더 이상 낯설지 않다. "알프스나 남극 공기를 포장해 파는 시대가 오는 게 아니냐."는 농담을 가볍게 웃어넘기기 힘든 상황이 됐다. 황사·미세먼지·초미세먼지·오존·자외선 등 한 번 외출할 때마다 꼼꼼히 챙겨야 할 것들이 한둘이 아니다. 중국과 인접한 우리나라의 환경오염 피해는 더욱 심각한 상황이다. 지난 4월 3일 서울의 공기품질은 최악을 기록한 인도 델리에 이어 불명예 2위를 차지했다.

또렷한 환경오염은 급격한 기후 변화의 촉매제가 되고 있다. 지난 1912년 이후 지구의 연평균 온도는 꾸준히 상승해 평균 0.75℃가 올랐다. 우리나라는 세계적으로 유래를 찾아보기 어려울 만큼 연평균 온도가 100여 년간 1.8℃나 상승했으며, 이는 지구 평균치의 2배를 웃도는 수치이다. 기온 상승은 다양한 부작용을 낳고 있다. 1991년부터 2010년까지 20여 년간 폭염일수는 8.2일에서 10.5일로 늘어났고, 열대야지수는 5.4일에서 12.5일로 증가했다. 1920년대에 비해 1990년대 겨울은 한 달이 짧아졌다. 이러한 이상 기온은 우리 농어촌에 악영향을 끼칠 수 밖에 없다.

기후 변화와 더불어, 세계 인구의 폭발적 증가는 식량난 사태로 이어지고 있다. 일부 저개발 국가에서는 굶주림이 일반화되고 있다. 올해 4월을 기준으로 전 세계 인구수는 74억 9,400만 명을 넘어섰다. 인류 역사상 가장 많은 인류가 지구에 살고 있는 셈이다. 이 추세대로라면 오는 2050년에는 97억 2,500만 명을 넘어설 것으로 전망된다. 한정된 식량 자원과 급증하는 지구촌 인구수 앞에 결과는 불을 보듯 뻔하다. 곧 글로벌 식량위기가 가시화될 전망이다.

우리나라는 식량의 75% 이상을 해외에서 조달하고 있다. 이는 국제 식량가격의 급등이 식량안보 위협으로 이어질 수도 있음을 뜻한다. 미 국방성은 '수백만 명이 사망하는 전쟁이나 자연재해보다 기후 변화가 가까운 미래에 더 심각한 재앙을 초래할 수 있다.'는 내용의 보고서를 발표하였다. 이뿐 아니라 식량이 부족한 상황에서 식량의 질적 문제도 해결해야 할 과제이다. 삶의 질을 중시하면서 친환경적인 안전 먹거리에 대한 관심과 수요는 증가하고 있지만, 급변하는 기후 변화와 부족한 식량자원은 식량의 저질화로 이어질 가능성을 높이고 있다. 일손 부족 등으로 인해 친환경 먹거리 생산의 대량화 역시 쉽지 않은 상황이다.

① 기후 변화는 환경오염의 촉매제가 되어 우리 농어촌에 악영향을 끼치고 있다.
② 알프스나 남극에서 공기를 포장해 파는 시대가 도래하였다.
③ 세계인구의 폭발적인 증가는 저개발 국가의 책임이 크다.
④ 우리나라의 식량자급률의 특성상 기후 변화가 계속된다면 식량난이 심각해질 것이다.
⑤ 기후 변화와 부족한 식량 자원은 식량의 고질화로 이어질 가능성을 높일 것이다.

※ 다음 글을 통해 알 수 있는 내용으로 가장 적절한 것을 고르시오. [11~12]

11

'춤을 춘다. 아니, 차라리 곡예를 부린다는 표현이 더 어울린다. 정상적인 사람이 저렇게 움직일 수는 없다. 하지만 그 절박한 상황에서도 그는 온갖 문제들을 한꺼번에 해결한다. 왜소하고 어정쩡하고 어딘가 덜 떨어진 인물임에도 그는 언제나 최후의 승자가 된다.'

이는 할리우드 '슬랩스틱 코미디'의 전형적인 전개 방식이다. 여기서 그는 찰리 채플린일 수도 있고, 버스터 키튼일 수도 있다. 겉으로 보기에 그들은 볼품없는 남자지만 숨겨진 능력의 소유자이며, 무엇보다 선하고 정의롭다. 평범한, 동시에 위대한 영웅이 탄생하는 것이다. 할리우드의 영광은 바로 그들과 함께 시작되었다. 물론 요즘 할리우드 영화는 예전과 같이 천편일률(千篇一律)적이라고 할 수 없다. 하지만 그 뿌리에는 슬랩스틱 코미디가 있고 지금의 할리우드 영화는 그에 대한 일종의 확대 재생산이라 할 수 있다.

이와 같이 출발한 할리우드 영화는 1920년대를 넘어서면서 오늘날과 같은 모델이 형성되었다. 할리우드는 영화를 생산함에 있어 포드자동차의 분업과 체계화된 노동방식을 차용했다. 새로운 이야기를 만들기보다는 이야기를 표준화하여 그때그때 상황에 맞추어 솜씨 좋게 조합하는 방식을 취하는 것이다. 그 결과로서 서부극, 공포물, 드라마, 멜로물, 형사물 등의 장르 영화가 탄생한 것이다. 이로써 할리우드는 영화를 생산하는 '공장'이 되었고 상업적으로 성공을 거두었다.

영화의 예술성과 관련하여 두 가지 시각이 있다. 할리우드 영화는 짜임새 있는 이야기 구조, 하나의 극점을 향해 순차적으로 나아가는 사건 진행, 분명한 결말, 영웅적인 등장인물 등을 제시하며 나름대로 상당한 내적 완성도를 얻고 있다. 그러나 영화의 가치는 엉성한 줄거리와 구성 방식에서도 발견할 수 있다. 〈누벨바그〉를 비롯한 유럽의 실험적 영화들이 이에 속한다. 문제가 있다면 많은 관객들이 이들 영화를 즐길 만큼 영화의 예술성에 큰 가치를 두지 않는다는 사실이다.

바로 그 증거가 1950년대까지 계속된 할리우드 영화의 승승장구로 이어졌다. 대중은 영화의 첫 용도를 '재담꾼'으로 설정했던 것이다. 그러나 동시에 할리우드 영화는 고착된 관습과 매너리즘에 빠졌다. 그때 할리우드에 새로운 출구를 제시한 것이 장 뤽고다르 등이 주축이 되었던 프랑스의 〈누벨바그〉였다. 할리우드는 '외부의 것'을 들여와 발전의 자양분으로 삼았던 것이다.

엄밀히 말해 오늘날 대부분의 영화는, 국적과 상관없이 사실상 모두 할리우드 영화의 강력한 영향 하에 있다. 할리우드가 만들어놓은 생산의 법칙, 분배의 법칙, 재생산의 법칙을 충실히 따라가고 있다. 단순한 '발명품'이었던 영화가 이제는 이렇듯 일상 깊숙이 침투하여 삶의 일부가 되도록 한 것은 분명 할리우드의 공적이라 할 수 있다.

※ 슬랩스틱 코미디 : 무성영화 시대에 인기를 끈 코미디의 한 형태
※ 누벨바그 : '새로운 물결'이라는 뜻으로 전(前) 세대 영화와 단절을 외치며 새로운 스타일의 화면을 만들었던 영화 운동

① 초기 영화의 영향에서 탈피하여 예술성을 얻으려는 노력이 필요하다.
② 영화의 가치는 얼마만큼 대중들에게 영향력을 미치는가에 달려 있다.
③ 상업적 성공에 안주하지 말고 새로움을 위한 끊임없는 시도가 필요하다.
④ 대중적 인기를 지속해서 얻으려면 과학기술을 적절하게 이용할 필요가 있다.
⑤ 오락적 성격만을 강조하는 것은 영화 예술에 대한 편견을 가져올 수 있으므로 지양해야 한다.

12 상업 광고는 기업은 물론이고 소비자에게도 요긴하다. 기업은 마케팅 활동의 주요한 수단으로 광고를 적극적으로 이용하여 기업과 상품의 인지도를 높이려 한다. 소비자는 소비 생활에 필요한 상품의 성능, 가격, 판매 조건 등의 정보를 광고에서 얻으려 한다. 광고를 통해 기업과 소비자가 모두 이익을 얻는다면 이를 규제할 필요는 없을 것이다. 그러나 광고에서 기업과 소비자의 이익이 상충하는 경우도 있고 광고가 사회 전체에 폐해를 낳는 경우도 있어, 다양한 규제 방식이 모색되었다.

이때 문제가 된 것은 과연 광고로 인한 피해를 책임질 당사자로서 누구를 상정할 것인가였다. 초기에는 '소비자 책임 부담 원칙'에 따라 광고 정보를 활용한 소비자의 구매 행위에 대해 소비자가 책임을 져야 한다고 보았다. 여기에는 광고 정보가 정직한 것인지와는 상관없이 소비자는 이성적으로 이를 판단하여 구매할 수 있어야 한다는 전제가 있었다. 그래서 기업은 광고에 의존하여 물건을 구매한 소비자가 입은 피해에 대하여 책임을 지지 않았고, 광고의 기만성에 대한 입증 책임도 소비자에게 있었다.

책임 주체로 기업을 상정하여 '기업 책임 부담 원칙'이 부상하게 된 배경은 복합적이다. 시장의 독과점 상황이 광범위해지면서 소비자의 자유로운 선택이 어려워졌고, 상품에 응용된 과학 기술이 복잡해지고 첨단화되면서 상품 정보에 대한 소비자의 정확한 이해도 기대하기 어려워졌다. 또한 다른 상품 광고와의 차별화를 위해 통념에 어긋나는 표현이나 장면도 자주 활용되었다. 그리하여 경제적, 사회·문화적 측면에서 광고로부터 소비자를 보호해야 한다는 당위를 바탕으로 기업이 광고에 대해 책임을 져야 한다는 공감대가 확산되었다.

오늘날 행해지고 있는 여러 광고 규제는 이런 공감대에서 나온 것인데, 이는 크게 보아 법적 규제와 자율 규제로 나눌 수 있다. 구체적인 법 조항을 통해 광고를 규제하는 법적 규제는 광고 또한 사회적 활동의 일환이라는 점에 근거한다. 특히 자본주의 사회에서는 기업이 시장 점유율을 높여 다른 기업과의 경쟁에서 승리하기 위하여 사실에 반하는 광고나 소비자를 현혹하는 광고를 할 가능성이 높다. 법적 규제는 허위 광고나 기만 광고 등을 불공정 경쟁의 수단으로 간주하여 정부 기관이 규제를 가하는 것이다.

자율 규제는 법적 규제에 대한 기업의 대응책으로 등장했다. 법적 규제가 광고의 역기능에 따른 피해를 막기 위한 강제적 조치라면, 자율 규제는 광고의 순기능을 극대화하기 위한 자율적 조치이다. 광고에 대한 기업의 책임감에서 비롯된 자율 규제는 법적 규제를 보완하는 효과가 있다.

① 광고 주체의 자율 규제가 잘 작동될수록 광고에 대한 법적 규제의 역할도 커진다.

② 기업의 이익과 소비자의 이익이 상충하는 정도가 클수록 법적 규제와 자율 규제의 필요성이 약화된다.

③ 시장 독과점 상황이 심각해지면서 기업 책임 부담 원칙이 약화되고 소비자 책임부담 원칙이 부각되었다.

④ 첨단 기술을 강조한 상품의 광고일수록 소비자가 광고 내용을 정확히 이해하지 못한 채 상품을 구매할 가능성이 커진다.

⑤ 광고의 기만성을 입증할 책임을 소비자에게 돌리는 경우, 그 이유는 소비자에게 이성적 판단 능력이 있다는 전제를 받아들이지 않기 때문이다.

13 다음 중 글의 내용으로 적절하지 않은 것은?

시간 예술이라고 지칭되는 음악에서 템포의 완급은 대단히 중요하다. 동일곡이지만 템포의 기준을 어떻게 잡아서 재현해 내느냐에 따라서 그 음악의 악상은 달라진다. 그런데 이처럼 중요한 템포의 인지 감각도 문화권에 따라, 혹은 민족에 따라서 상이할 수 있으니, 동일한 속도의 음악을 듣고도 누구는 빠르게 느끼는 데 비해서 누구는 느린 것으로 인지하는 것이다. 결국 문화권에 따라서 템포의 인지 감각이 다를 수도 있다는 사실은 바꿔 말해서 서로 문화적 배경이 다르면 사람에 따라 적절하다고 생각하는 모데라토의 템포도 큰 차이가 있을 수 있다는 말과 같다.

한국의 전통 음악은 서양 고전 음악에 비해서 비교적 속도가 느린 것이 분명하다. 대표적 정악곡(正樂曲)인 '수제천(壽齊天)'이나 '상령산(上靈山)' 등의 음악을 들어보면 수긍할 것이다. 또한 이 같은 구체적인 음악의 예가 아니더라도 국악의 첫인상을 일단 '느리다'고 간주해 버리는 일반의 통념을 보더라도 전래의 한국 음악이 보편적인 서구 음악에 비해서 느린 것은 틀림없다고 하겠다.

그런데 한국의 전통 음악이 서구 음악에 비해서 상대적으로 속도가 느린 이유는 무엇일까? 이에 대한 해답도 여러 가지 문화적 혹은 민족적인 특질과 연결해서 생각할 때 결코 간단한 문제가 아니겠지만, 여기서는 일단 템포의 계량적 단위인 박(beat)의 준거를 어디에 두느냐에 따라서 템포 관념의 차등이 생겼다는 가설하에 설명을 하기로 한다.

한국의 전통 문화를 보면 그 저변의 잠재의식 속에는 호흡을 중시하는 징후가 역력함을 알 수 있는데, 이 점은 심장의 고동을 중시하는 서양과는 상당히 다른 특성이다. 우리의 문화 속에는 호흡에 얽힌 생활 용어가 한두 가지가 아니다. 숨을 한 번 내쉬고 들이마시는 동안을 하나의 시간 단위로 설정하여 일식간(一息間) 혹은 이식간(二息間)이니 하는 양식척(量息尺)을 써 왔다. 그리고 감정이 격양되었을 때는 긴 호흡을 해서 감정을 누그러뜨리거나 건강을 위해 단전 호흡법을 수련한다. 이것은 모두 호흡을 중시하고 호흡에 뿌리를 둔 문화 양식의 예들이다. 더욱이 심장의 정지를 사망으로 단정하는 서양과는 달리 우리의 경우에는 '숨이 끊어졌다.'는 말로 유명을 달리했음을 표현한다. 이와 같이 확실히 호흡의 문제는 모든 생리 현상에서부터 문화 현상에 이르기까지 우리의 의식 저변에 두루 퍼져있는 민족의 공통적 문화소가 아닐 수 없다.

이와 같은 동서양 간의 상호 이질적인 의식 성향을 염두에 두고 각자의 음악을 관찰해 보면, 서양의 템포 개념은 맥박, 곧 심장의 고동에 기준을 두고 있으며, 우리의 그것은 호흡의 주기, 즉 폐부의 운동에 뿌리를 두고 있음을 알 수 있다. 서양의 경우 박자의 단위인 박을 비트(beat), 혹은 펄스(pulse)라고 한다. 펄스라는 말이 곧 인체의 맥박을 의미하듯이 서양음악은 원초적으로 심장을 기준으로 출발한 것이다. 이에 비해 한국의 전통 음악은 모음 변화를 일으켜 가면서까지 길게 끌며 호흡의 리듬을 타고 있음을 볼 때, 근원적으로 호흡에 뿌리를 둔 음악임을 알 수 있다. 결국 한국음악에서 안온한 마음을 느낄 수 있는 모데라토의 기준 속도는, 1분간의 심장 박동 수와 호흡의 주기와의 차이처럼, 서양 음악의 그것에 비하면 무려 3배쯤 느린 것임을 알 수 있다.

① 각 민족의 문화에는 민족의식이 반영되어 있다.
② 서양 음악은 심장 박동 수를 박자의 준거로 삼았다.
③ 템포의 완급을 바꾸어도 동일곡의 악상은 변하지 않는다.
④ 우리 음악은 서양 음악에 비해 상대적으로 느리다.
⑤ 우리 음악의 박자는 호흡 주기에 뿌리를 두고 있다.

14 다음 글의 핵심 내용으로 가장 적절한 것은?

BMO 금속 및 광업 관련 리서치 보고서에 따르면 최근 가격 강세를 지속해 온 알루미늄, 구리, 니켈 등 산업금속들의 4분기 중 공급부족 심화와 가격 상승세가 전망된다. 산업금속이란 산업에 필수적으로 사용되는 금속들을 말하는데, 앞서 제시한 알루미늄, 구리, 니켈뿐만 아니라 비교적 단단한 금속에 속하는 은이나 금 등도 모두 산업에 많이 사용될 수 있는 금속이므로 산업금속의 카테고리에 속한다고 할 수 있다. 이러한 산업금속은 물품을 생산하는 기계의 부품으로서 필요하기도 하고, 전자제품 등의 소재로 쓰이기도 하기 때문에 특정 분야의 산업이 활성화되면 특정 금속의 가격이 뛰거나 심각한 공급난을 겪기도 한다.

지난 4일 금융투자업계에 따르면 최근 전세계적인 경제 회복 조짐과 함께 탈 탄소 트렌드, 즉 '그린 열풍'에 따른 수요 증가로 산업금속 가격이 초강세이다. 런던금속거래소에서 발표한 자료에 따르면 올해 들어 지난달까지 알루미늄은 20.7%, 구리는 47.8%, 니켈은 15.9% 각 가격이 상승했다. 자료에서도 알 수 있듯이 구리 수요를 필두로 알루미늄, 니켈 등 전반적인 산업금속 섹터의 수요량이 증가하였다. 이는 전기자동차 산업의 확충과 관련이 있다. 전기자동차의 핵심적인 부품인 배터리를 만드는 데 구리와 니켈이 사용되기 때문이다. 이때, 배터리 소재 중 니켈의 비중을 높이면 배터리의 용량을 키울 수 있으나 배터리의 안정성이 저하된다. 기존의 전기자동차 배터리는 니켈의 사용량이 높았기 때문에 더욱 안정성 문제가 제기되어 왔다. 그래서 연구 끝에 적정량의 구리를 배합하는 것이 배터리 성능과 안정성을 모두 향상시키기 위해서 중요하다는 것을 밝혀내었다. 구리가 전기자동차 산업의 핵심 금속인 셈이다.

이처럼 전기자동차와 배터리 등 친환경 산업에 필수적인 금속들의 수요는 증가하는 반면, 세계 각국의 환경 규제 강화로 인해 금속의 생산은 오히려 감소하고 있기 때문에 산업금속에 대한 공급난과 가격 인상이 우려되고 있다.

① 전기자동차의 배터리 성능을 향상하는 기술
② 세계적인 '그린 열풍' 현상 발생의 원인
③ 필수적인 산업금속 공급난으로 인한 문제
④ 전기자동차 산업 확충에 따른 산업금속 수요의 증가
⑤ 탈 탄소 산업의 대표 주자인 전기자동차 산업

15 다음 중 글의 내용으로 가장 적절한 것은?

미국 로체스터대 교수 겸 노화연구센터 공동책임자인 베라 고부노바는 KAIST 글로벌전략연구소가 '포스트 코로나, 포스트 휴먼 – 의료·바이오 혁명'을 주제로 개최한 제3차 온라인 국제포럼에서 "대다수 포유동물보다 긴 수명을 가진 박쥐는 바이러스를 체내에 보유하고 있으면서도 염증 반응이 일어나지 않는다."며 "박쥐의 염증 억제 전략을 생물학적으로 이해하면 코로나19는 물론 자가면역 질환 등 다양한 염증 질환 치료제에 활용할 수 있을 것"이라고 말했다.

박쥐는 밀도가 높은 군집 생활을 한다. 또한, 포유류 중 유일하게 날개를 지닌 생물로서 뛰어난 비행 능력과 비행 중에도 고온의 체온을 유지하는 것 등의 능력으로 먼 거리까지 무리를 지어 날아다니기 때문에 쉽게 질병에 노출되기도 한다. 그럼에도 오랜 기간 지구상에 존재하며 바이러스에 대항하는 면역 기능이 발달된 것으로 추정된다. 박쥐는 에볼라나 코로나바이러스에 감염돼도 염증 반응이 일어나지 않기 때문에 대표적인 바이러스 숙주로 지목되고 있다.

고부노바 교수는 "인간이 도시에 모여 산 것도, 비행기를 타고 돌아다닌 것도 사실상 약 100년 정도로 오래되지 않아 박쥐만큼 바이러스 대항 능력이 강하지 않다."며 "박쥐처럼 약 6,000 ~ 7,000만 년에 걸쳐 진화할 수도 없다."고 설명했다. 그러면서 "박쥐 연구를 통해 박쥐의 면역체계를 이해하고 바이러스에 따른 다양한 염증 반응 치료제를 개발하는 전략이 필요하다."고 강조했다.

고부노바 교수는 "이 같은 비교생물학을 통해 노화를 억제하고 퇴행성 질환에 대응하기 위한 방법을 찾을 수 있다."며 "안전성이 확인된 연구 결과물들을 임상에 적용해 더욱 발전해 나가는 것이 필요하다."고 밝혔다.

① 박쥐의 수명은 긴 편이지만 평균적인 포유류 생물의 수명보다는 짧다.
② 박쥐는 날개가 있는 유일한 포유류지만 짧은 거리만 날아서 이동이 가능하다.
③ 박쥐는 현재까지도 바이러스에 취약한 생물이지만 긴 기간 지구상에 존재할 수 있었다.
④ 박쥐가 많은 바이러스를 보유하고 있는 것은 무리생활과 더불어 수명과도 관련이 있다.
⑤ 박쥐의 면역은 인간에 직접 적용할 수 없기에 연구가 무의미하다.

16 다음 중 그리스 수학에 대한 내용으로 가장 적절한 것은?

PART 1

'20세기 최고의 수학자'로 불리는 프랑스의 장피에르 세르 명예교수는 경북 포항시 효자동에 위치한 포스텍 수리과학관 3층 교수 휴게실에서 '수학이 우리에게 왜 필요한가.'를 묻는 첫 질문에 이같이 대답했다.

"교수님은 평생 수학의 즐거움, 학문(공부)하는 기쁨에 빠져 있었죠. 후회는 없나요? 수학자가 안 됐으면 어떤 인생을 살았을까요?"

"내가 굉장히 좋아했던 선배 수학자가 있었어요. 지금은 돌아가셨죠. 그분은 라틴어와 그리스어 등 언어에 굉장히 뛰어났습니다. 그만큼 재능이 풍부했지만 본인은 수학 외엔 다른 일을 안 하셨어요. 나보다 스무 살 위의 앙드레 베유 같은 이는 뛰어난 수학적 재능을 타고 태어났습니다. 하지만 나는 수학적 재능은 없는 대신 호기심이 많았습니다. 누가 써놓은 걸 이해하려 하기보다 새로운 걸 발견하는 데 관심이 있었죠. 남이 이미 해놓은 것에는 별로 흥미가 없었어요. 수학 논문들도 재미있어 보이는 것만 골라서 읽었으니까요."

"학문이란 과거의 거인들로부터 받은 선물을 미래의 아이들에게 전달하는 일이라고 누군가 이야기 했습니다. 그 비유에 대해 어떻게 생각하세요?"

"학자의 첫 번째 임무는 새로운 것을 발견하려는 진리의 추구입니다. 전달(교육)은 그다음이죠. 우리는 발견한 진리를 혼자만 알고 있을 게 아니라, 출판(Publish : 넓은 의미의 '보급'에 해당하는 원로학자의 비유)해서 퍼트릴 의무는 갖고 있습니다."

장피에르 교수는 고대부터 이어져 온 고대 그리스 수학자의 정신을 잘 나타내고 있다고 볼 수 있다. 그가 생각하는 학자에 대한 입장처럼 고대 그리스 수학자들에게 수학과 과학은 사람들에게 새로운 진리를 알려주고 놀라움을 주는 것이었다. 이때의 수학자들에게 수학이라는 학문은 순수한 앎의 기쁨을 깨닫게 해 주는 것이었다. 그래서 고대 그리스에서는 수학을 연구하는 다양한 학파가 등장했을 뿐만 아니라 많은 사람의 연구를 통해 짧은 시간에 폭발적인 혁신을 이룩할 수 있었다.

① 그리스 수학을 연구하는 학파는 그리 많지 않았다.
② 그리스의 수학자들은 학문적 성취보다는 교육을 통해 후대를 양성하는 것에 집중했다.
③ 그리스 수학은 장기간에 걸쳐 점진적으로 발전하였다.
④ 고대 수학자들에게 수학은 새로운 사실을 발견하는 순수한 학문적 기쁨이었다.
⑤ 그리스 수학은 도형 위주로 특히 폭발적인 발전을 했다.

※ 다음 문단을 논리적 순서대로 바르게 나열한 것을 고르시오. **[1~4]**

01

(가) 나무를 가꾸기 위해서는 처음부터 여러 가지를 고려해 보아야 한다. 심을 나무의 생육조건, 나무의 형태, 성목이 되었을 때의 크기, 꽃과 단풍의 색, 식재지역의 기후와 토양 등을 종합적으로 생각하고 심어야 한다. 나무의 생육조건은 저마다 다르기 때문에 지역의 환경조건에 적합한 나무를 선별하여 환경에 적응하도록 해야 한다. 동백나무와 석류, 홍가시나무는 남부지방에 키우기 적합한 나무로 알려져 있지만 지구온난화로 남부수종의 생육한계선이 많이 북상하여 중부지방에서도 재배가 가능한 나무도 있다. 부산의 도로 중앙분리대에서 보았던 잎이 붉은 홍가시나무는 여주의 시골집 마당 양지바른 곳에서 3년째 잘 적응하고 있다.

(나) 더불어 나무의 특성을 외면하고 주관적인 해석에 따라 심었다가는 훗날 낭패를 보기 쉽다. 물을 좋아하는 수국 곁에 물을 싫어하는 소나무를 심었다면 둘 중 하나는 살기 어려운 환경이 조성된다. 나무를 심고 가꾸기 위해서는 전체적인 밑그림을 그려보고 생태적 특징을 살펴본 후에 심는 것이 바람직하다.

(다) 나무들이 밀집해있으면 나무들끼리의 경쟁은 물론 바람길과 햇빛의 방해로 성장은 고사하고 병충해에 시달리기 쉽다. 또한 나무들은 성장속도가 다르기 때문에 항상 다 자란 나무의 모습을 상상하며 나무들 사이의 공간 확보를 염두에 두어야 한다. 그러나 묘목을 심고 보니 듬성듬성한 공간을 메꾸기 위하여 자꾸 나무를 심게 되는 실수를 저지른다.

(라) 식재계획의 시작은 장기적인 안목으로 적재적소의 원칙을 염두에 두고 나무를 선정해야 한다. 식물은 햇빛, 물, 바람의 조화를 이루면 잘 산다고 하지 않는가. 그래서 나무의 특성 중에서 햇볕을 좋아하는지 그늘을 좋아하는지, 물을 좋아하는지 여부를 살펴보는 것이 중요하다. 어린 묘목을 심을 경우 실수하는 것은 나무가 자랐을 때의 생육공간을 생각하지 않고 촘촘하게 심는 것이다.

① (가) – (라) – (다) – (나)
② (가) – (나) – (다) – (라)
③ (가) – (라) – (나) – (다)
④ (가) – (나) – (라) – (다)
⑤ (가) – (다) – (나) – (라)

02

(가) 많은 전통적 인식론자는 임의의 명제에 대해 우리가 세 가지 믿음의 태도 중 하나만을 가질 수 있다고 본다.

(나) 반면 베이즈주의자는 믿음은 정도의 문제라고 본다. 가령 각 인식 주체는 '내일 눈이 온다.'가 참이라는 것에 대하여 가장 강한 믿음의 정도에서 가장 약한 믿음의 정도까지 가질 수 있다.

(다) 이처럼 베이즈주의자는 믿음의 정도를 믿음의 태도에 포함함으로써 많은 전통적 인식론자들과 달리 믿음의 태도를 풍부하게 표현한다.

(라) 가령 '내일 눈이 온다.'는 명제를 참이라고 믿거나, 거짓이라고 믿거나, 참이라 믿지도 않고 거짓이라 믿지도 않을 수 있다.

① (가) – (나) – (라) – (다)   ② (가) – (라) – (다) – (나)
③ (가) – (다) – (나) – (라)   ④ (가) – (라) – (나) – (다)
⑤ (나) – (가) – (다) – (라)

Hard
03

(가) 2018년 정부 통계에 따르면, 우리 연안 생태계 중 갯벌의 면적은 산림의 약 4%에 불과하지만 연간 이산화탄소 흡수량은 산림의 약 37%이며 흡수 속도는 수십 배에 달합니다.

(나) 연안 생태계는 대기 중 이산화탄소 흡수에 탁월합니다. 물론 연안 생태계가 이산화탄소를 얼마나 흡수할 수 있겠냐고 말하는 분도 계실 것입니다. 하지만 연안 생태계를 구성하는 갯벌과 염습지의 염생 식물, 식물성 플랑크톤 등은 광합성을 통해 대기 중 이산화탄소를 흡수하는데, 산림보다 이산화탄소 흡수 능력이 뛰어납니다.

(다) 2019년 통계에 따르면 우리나라의 이산화탄소 배출량은 세계 11위에 해당하는 높은 수준입니다. 그동안 우리나라는 이산화탄소 배출을 줄이려 노력하고, 대기 중 이산화탄소 흡수를 위한 산림 조성에 힘써 왔습니다. 그런데 우리가 놓치고 있는 이산화탄소 흡수원이 있습니다. 바로 연안 생태계입니다.

(라) 또한 연안 생태계는 탄소의 저장에도 효과적입니다. 연안의 염생 식물과 식물성 플랑크톤은 이산화탄소를 흡수하여 갯벌과 염습지에 탄소를 저장하는데 이 탄소를 블루카본이라 합니다. 산림은 탄소를 수백 년간 저장할 수 있지만 연안은 블루카본을 수천 년간 저장할 수 있습니다. 연안 생태계가 훼손되면 블루카본이 공기 중에 노출되어 이산화탄소 등이 대기 중으로 방출됩니다. 그러므로 블루카본이 온전히 저장되어 있도록 연안 생태계를 보호해야 합니다.

① (가) – (나) – (다) – (라)   ② (다) – (가) – (나) – (라)
③ (다) – (나) – (가) – (라)   ④ (다) – (라) – (나) – (가)
⑤ (나) – (다) – (가) – (라)

(가) 이러한 과정에서 문제는 압축 정도가 제한된다는 것이다. 만일 기화된 가솔린에 너무 큰 압력을 가하면 멋대로 점화되어 버리는데 이것이 엔진의 노킹 현상이다.

(나) 이전에 오토가 발명한 가솔린 엔진의 효율은 당시에 무척 떨어졌으며, 널리 사용된 증기 기관의 효율 역시 10%에 불과했고 가동 비용도 많이 드는 단점이 있었다.

(다) 이처럼 디젤 기관은 연료의 품질에 민감하지 않고, 연료의 소비 면에서도 경제성이 뛰어나 오늘날 자동차 엔진용으로 확고한 자리를 잡았다.

(라) 환경론자들이 걱정하는 디젤 엔진의 분진 배출 역시 필터 기술이 발전하면서 점차 극복되고 있다.

(마) 이와 달리 디젤 엔진의 기본 원리는 실린더 안으로 공기만을 흡입하여 피스톤으로 강하게 압축시킨 다음 그 압축 공기에 연료를 분사시켜 저절로 점화되도록 하는 것이다.

(바) 독일의 발명가 루돌프 디젤이 새로운 엔진에 대한 아이디어를 내고 특허를 얻은 것은 1892년의 일이었다.

(사) 또 디젤 엔진은 압축 과정에서 연료가 혼합되지 않았기 때문에 가솔린 엔진보다 훨씬 더 높은 25 : 1 정도의 압축 비율을 사용할 수 있다. 압축 비율이 높다는 것은 그만큼 효율이 높다는 것을 의미한다.

(아) 보통의 가솔린 엔진은 기화기에서 공기와 연료를 먼저 혼합하고, 그 혼합 기체를 실린더 속으로 흡입하여 압축한 후, 점화 플러그로 스파크를 일으켜 동력을 얻는다.

① (가) - (라) - (다) - (아) - (나) - (사) - (마) - (바)
② (다) - (라) - (아) - (가) - (마) - (나) - (바) - (사)
③ (마) - (다) - (아) - (나) - (가) - (바) - (라) - (사)
④ (바) - (아) - (가) - (나) - (다) - (사) - (마) - (라)
⑤ (바) - (나) - (아) - (가) - (마) - (사) - (다) - (라)

※ 다음 제시된 단락을 읽고, 이어질 단락을 논리적 순서대로 바르게 나열한 것을 고르시오. [5~9]

05

ESS(에너지 저장 시스템)란 장치 혹은 물리적 매체를 이용하여 에너지를 저장하는 것을 말한다.

(가) 또한 피크 수요 시점의 전력 부하를 조절해 발전 설비에 대한 과잉 투자를 막아주며, 돌발적인 정전 시에도 안정적으로 전력을 공급할 수 있도록 해준다. 즉, 불규칙한 수요와 공급을 조절하고 수시로 변화하는 주파수를 조정해 전력망의 신뢰도를 향상시킬 수 있도록 해준다는 것이다.

(나) 이러한 ESS가 관심 받고 있는 이유는 스마트 그리드에서 중요하게 쓰이기 때문이다. 이것을 이용하면 원하는 시간에 생산하기 어려운 태양광, 풍력 등의 신재생에너지를 미리 저장했다가 필요한 시간대에 사용할 수 있기 때문이다.

(다) 이로 인해 일본과 미국은 이미 과거부터 ESS에 대해 적극적으로 지원한 바 있으며, 우리나라 또한 2011년부터 2020년을 목표로 연구 개발 및 설비 투자를 정부 지원 하에 추진하고 있다.

(라) 또, 이 에너지를 저장하는데 쓰이는 장치를 축압기라고 하고, 일반적으로 수백 kWh이상의 전력을 저장할 수 있으며 저장방식에 따라 크게 물리적 에너지저장과 화학적 에너지저장으로 구분할 수 있다.

① (나) – (가) – (다) – (라)
② (나) – (가) – (라) – (다)
③ (라) – (가) – (나) – (다)
④ (라) – (나) – (가) – (다)
⑤ (라) – (나) – (다) – (가)

Hard

06

케인즈학파에서는 시장에서 임금이나 물가 등의 가격 변수가 완전히 탄력적으로 작용하지는 않기 때문에 경기적 실업은 자연스럽게 해소될 수 없다고 주장한다.

(가) 그래서 경기 침체에 의해 물가가 하락하더라도 화폐환상현상으로 인해 노동자들은 명목임금의 하락을 받아들이지 않게 되고, 결국 명목임금은 경기적 실업이 발생하기 이전의 수준과 비슷하게 유지된다. 이는 기업에서 노동의 수요량을 늘리지 못하는 결과로 이어지게 되고 실업은 지속된다. 따라서 케인즈학파에서는 정부가 정책을 통해 노동의 수요를 늘리는 등의 경기적 실업을 감소시킬 수 있는 적극적인 역할을 해야 한다고 주장한다.

(나) 이에 대해 케인즈학파에서는 여러 가지 이유를 제시하는데 그중 하나가 화폐환상현상이다. 화폐환상현상이란 경기 침체로 인해 물가가 하락하고 이에 영향을 받아 명목임금이 하락하였을 때의 실질임금이, 명목임금의 하락 이전과 동일하다는 것을 노동자가 인식하지 못하는 현상을 의미한다.

(다) 즉 명목임금이 변하지 않은 상태에서 경기 침체로 인한 물가 하락으로 실질임금이 상승하더라도, 고전학파에서 말하는 것처럼 명목임금이 탄력적으로 하락하는 현상은 일어나기 어렵다고 본 것이다.

① (가) – (나) – (다)
② (다) – (나) – (가)
③ (가) – (다) – (나)
④ (다) – (가) – (나)
⑤ (나) – (가) – (다)

07

DNA는 이미 1896년에 스위스의 생물학자 프리드리히 미셔가 발견했지만, 대다수 과학자는 1952년까지는 DNA에 별로 관심을 보이지 않았다. 미셔는 고름이 배인 붕대에 끈적끈적한 회색 물질이 남을 때까지 알코올과 돼지 위액을 쏟아 부은 끝에 DNA를 발견했다. 그것을 시험한 미셔는 DNA가 생물학에서 아주 중요한 물질로 밝혀질 것이라고 선언했다. 그러나 불행하게도 화학 분석 결과, 그 물질 속에 인이 다량 함유된 것으로 드러났다. 그 당시 생화학 분야에서는 오로지 단백질에만 관심을 보였는데, 단백질에는 인이 전혀 포함돼 있지 않으므로 DNA는 분자 세계의 충수처럼 일종의 퇴화 물질로 간주하였다.

(가) 그래서 유전학자인 알프레드 허시와 마사 체이스는 방사성 동위원소 추적자를 사용해 바이러스에서 인이 풍부한 DNA의 인과, 황이 풍부한 단백질의 황을 추적해 보았다. 이 방법으로 바이러스가 침투한 세포들을 조사한 결과, 방사성 인은 세포에 주입되어 전달됐지만 황이 포함된 단백질은 그렇지 않은 것으로 드러났다.

(나) 그러나 그 유전 정보가 바이러스의 DNA에 들어 있는지 단백질에 들어 있는지는 아무도 몰랐다.

(다) 따라서 유전 정보의 전달자는 단백질이 될 수 없으며 전달자는 DNA인 것으로 밝혀졌다.

(라) 1952년에 바이러스를 대상으로 한 극적인 실험이 그러한 편견을 바꾸어 놓았다. 바이러스는 다른 세포에 무임승차하여 피를 빠는 모기와는 반대로 세포 속에 악당 유전 정보를 주입한다.

① (가) – (다) – (나) – (라) 　　　　② (가) – (라) – (나) – (다)

③ (나) – (가) – (다) – (라) 　　　　④ (나) – (다) – (가) – (라)

⑤ (라) – (나) – (가) – (다)

08

우리는 어떤 범죄를 같이 저지른 사람을 흔히 '공범'이라고 부른다. 우리가 쓰는 공범의 의미는 법학적으로는 '광의의 공범'으로서, 조금 더 개념분화를 철저하게 시키면 공범은 직접정범을 제외한 정범과 협의의 공범으로 나뉜다.

(가) 앞서 본 정범과 달리 협의의 공범은 정범성의 표지가 결여된 형태로서, 우리의 판례와 학설은 공범의 성립을 위해서는 정범이 있어야 한다는 공범종속성설의 취지에 따르고, 더하여 다수설은 본인이 참여한 범죄의 정범의 행위가 구성요건에 해당하고 위법성이 인정되어야 한다는 제한적 종속형식을 취하고 있다.

(나) 직접정범을 제외한 정범에는 공동정범과 간접정범이 있다. 공동정범은 2인 이상이 공동으로 범행한 경우이며, 간접정범은 타인을 생명 있는 도구로 이용하여 간접적으로 범죄를 성립한 행위이다.

(다) 공동정범의 성립을 위해 통설에서는 공동의사와 기능적 행위지배가 필요하다고 한다. 반면에 간접정범의 성립을 위해서는, 어느 행위로 인하여 처벌되지 않는 자 또는 과실범으로 처벌하는 자를 교사 또는 방조하여 범죄행위의 결과를 발생케 하여야 하는데, 여기서 통설에 따르면 의사지배가 필요하다.

(라) 따라서 협의의 공범의 유형인 교사범과 종범 혹은 방조범의 경우, 정범이 구성요건에 해당하지 않고 위법성 또한 없다면 처벌될 수 없으며, 이에 대해서 우리 형법은 특별한 예로 실패한 교사·효과 없는 교사 등의 규정을 두고 있다.

① (나) – (다) – (라) – (가) ② (다) – (라) – (가) – (나)
③ (나) – (라) – (다) – (가) ④ (나) – (다) – (가) – (라)
⑤ (다) – (라) – (나) – (가)

09 역사적으로 볼 때 기본권은 인권 사상에서 유래되었지만, 개념상으로 인권과 기본권은 구별된다.

(가) 기본권 중에는 생래적 권리가 헌법에 수용된 것도 있지만, 헌법에 의해서 비로소 형성되거나 구체화된다고 생각되는 청구권적 기본권, 참정권, 환경권 등도 있으므로 엄격한 의미에서 인권과 기본권은 동일한 것으로 볼 수 없다.

(나) 인권은 인간의 권리, 즉 인간이 인간이기 때문에 당연히 갖는다고 생각되는 생래적(生來的)·천부적(天賦的) 권리를 말하며, 기본권은 헌법이 보장하는 국민의 기본적인 권리를 의미한다.

(다) 그런데 이러한 주관적 공권으로서의 권리는 어떠한 성질의 것이냐에 따라서 자연권설, 실정권설, 통합가치설 등으로 견해가 나뉘고 있다.

(라) 기본권은 일반적으로 주관적 공권(公權)으로서의 성격을 가진다. 이는 기본권이 기본권의 주체인 개인이 자기 자신을 위하여 가지는 현실적이고 구체적인 권리이기 때문에 국가 권력을 직접적으로 구속하고, 따라서 개인은 국가에 대하여 작위(作爲)나 부작위(不作爲)*를 요청할 수 있으며 헌법 질서를 형성하고 개선해 나갈 수 있다는 것을 뜻한다.

* 작위, 부작위 : '작위'는 의식적으로 한 적극적인 행위나 동작이고, '부작위'는 마땅히 해야 할 일을 의식적으로 하지 않는 일

① (가) – (나) – (다) – (라)   ② (나) – (가) – (라) – (다)
③ (나) – (다) – (라) – (가)   ④ (다) – (가) – (나) – (라)
⑤ (라) – (나) – (가) – (다)

10

___(가)___ 자연계는 무기적인 환경과 생물적인 환경이 상호 연관되어 있으며 그것은 생태계로 불리는 한 시스템을 이루고 있음이 밝혀진 이래, 이 언론은 자연을 이해하기 위한 가장 기본이 되는 것으로 받아들여지고 있다. ___(나)___ 그동안 인류는 더 윤택한 삶을 누리기 위하여 산업을 일으키고 도시를 건설하며 문명을 이룩해왔다. ___(다)___ 이로써 우리의 삶은 매우 윤택해졌으나 우리의 생활환경은 오히려 훼손되고 있으며 환경오염으로 인한 공해가 누적되고 있고, 우리 생활에서 없어서는 안 될 각종 자원도 바닥이 날 위기에 놓이게 되었다. ___(라)___ 따라서 우리는 낭비되는 자원, 그리고 날로 황폐해져 가는 자연에 대하여 우리가 해야 할 시급한 임무가 무엇인지를 깨닫고, 이를 실천하기 위해 우리 모두의 지혜와 노력을 모아야만 한다. ___(마)___

> **보기**
>
> 만약 우리가 이 위기를 슬기롭게 극복해내지 못한다면 인류는 머지않아 파멸에 이르게 될 것이다.

① (가) 　　　　　② (나)
③ (다) 　　　　　④ (라)
⑤ (마)

11

밥상에 오르는 곡물이나 채소가 국내산이라고 하면 보통 그 종자도 우리나라의 것으로 생각하기 쉽다. ___(가)___ 하지만 실상은 벼, 보리, 배추 등을 제외한 많은 작물의 종자를 수입하고 있어 그 자급률이 매우 낮다고 한다. ___(나)___ 또한, 청양고추 종자는 우리나라에서 개발했음에도 현재는 외국 기업이 그 소유권을 가지고 있다. ___(다)___ 국내 채소 종자 시장의 경우 종자 매출액의 50%가량을 외국 기업이 차지하고 있다는 조사 결과도 있다. ___(라)___ 이런 상황이 지속될 경우, 우리 종자를 심고 키우기 어려워질 것이고 종자를 수입하거나 로열티를 지급하는 데 지금보다 훨씬 많은 비용이 들어가는 상황도 발생할 수 있다. ___(마)___ 또한, 전문가들은 세계 인구의 지속적인 증가와 기상 이변 등으로 곡물 수급이 불안정하고, 국제 곡물 가격이 상승하는 상황을 고려할 때, 결국에는 종자 문제가 식량 안보에 위협 요인으로 작용할 수 있다고 지적한다.

> **보기**
>
> 양파, 토마토, 배 등의 종자 자급률은 약 16%, 포도는 약 1%에 불과하다.

① (가) 　　　　　② (나)
③ (다) 　　　　　④ (라)
⑤ (마)

12

  (가) 알렉산더 그레이엄 벨은 전화를 처음 발명한 사람으로 알려져 있다. 1876년 2월 14일 벨은 설계도와 설명서를 바탕으로 전화에 대한 특허를 신청했고, 같은 날 그레이도 전화에 대한 특허 신청서를 제출했다. 1876년 3월 7일 미국 특허청은 벨에게 전화에 대한 특허를 부여했다.   (나) 하지만 벨이 특허를 받은 이후 누가 먼저 전화를 발명했는지에 대해 치열한 소송전이 이어졌다. 여기에는 그레이를 비롯하여 안토니오 무치 등 많은 사람이 관련돼 있었다. 특히 무치는 1871년 전화에 대한 임시 특허를 신청하였지만, 돈이 없어 정식 특허로 신청하지 못했다. 2002년 미국 하원의회에서는 무치가 10달러의 돈만 있었다면 벨에게 특허가 부여되지 않았을 것이라며 무치의 업적을 인정하기도 했다.   (다) 그레이와 벨의 특허 소송에서도 벨은 모두 무혐의 처분을 받았고, 1887년 재판에서 전화의 최초 발명자는 벨이라는 판결이 났다. 그레이가 전화의 가능성을 처음 인지한 것은 사실이지만, 전화를 완성하기 위한 후속 조치를 취하지 않았다는 것이었다.   (라) 사실 19세기 중엽은 전화 발명으로 무르익은 시기였고, 전화 발명에 많은 사람이 도전했다고 볼 수 있다. 한 개인이 전화를 발명했다기보다 여러 사람이 전화 탄생에 기여했다는 이야기로 이어질 수 있다. 하지만 결국 최초의 공식 특허를 받은 사람은 벨이며, 벨이 만들어낸 전화 시스템은 지금도 세계 통신망에 단단히 뿌리를 내리고 있다.   (마)

보기

그러나 벨의 특허와 관련된 수많은 소송은 무치의 죽음, 벨의 특허권 만료와 함께 종료되었다.

① (가)   ② (나)

③ (다)   ④ (라)

⑤ (마)

13

글을 잘 짓는 사람은 병법을 잘 알고 있는 것이로다. 글자는 말하자면 군사요, 뜻은 말하자면 장수에 해당한다. 제목은 적국이요, 전거(典據)로 삼을 지식은 전장(戰場)의 보루(堡壘)와 같다. 글자를 묶어서 구로 만들고 구를 합해서 문장을 이루는 것은 대열을 짓고 진을 짜는 것과 같으며, 운을 가다듬어 소리를 내고 수사로써 빛을 내는 것은 북과 종을 울리고 깃발을 펄럭이는 것과 같은 것이다.

　(가)　 전투를 잘하는 사람에게는 버릴 군사가 없고 글을 잘 짓는 사람에게는 쓰지 못할 글자가 없다. 만약에 적당한 장수만 얻는다면 괭이, 자루, 막대기만 든 농군이 날래고 사나운 군사가 될 수 있다. 　(나)　 마찬가지로 나름대로 이치를 담고만 있다면 집안에서 나누는 일상 대화도 교과서에 실을 수 있고 아이들 노래와 속담도 훌륭한 고전의 사전에 넣을 수 있다. 　(다)　 그러므로 글이 정교하지 못한 것이 글자의 탓은 아니다.

글 지을 줄 모르는 사람이 속으로 아무런 요량도 없이 갑자기 글 제목을 만났다고 하자. 겁결에 산 위의 풀과 나무에 지레 걸려 넘어지듯 눈앞의 붓과 먹이 다 결딴나고, 머릿속에 기억하고 외우던 문자조차 쓸모없이 흩어져서 남는 것이 없으리라. 그래서 글을 짓는 사람의 걱정은 언제나 제풀에 갈팡질팡 길을 잃고 요령(要領)을 잡지 못하는 데 있는 것이다. 　(라)　

길을 잃어버리고 나면 한 글자도 어떻게 쓸 줄 모르는 채 더디고 까다로움만을 고되게 여기게 되고, 글의 전체 핵심을 잡지 못하면 겹겹으로 꼼꼼히 둘러싸 놓고서도 글이 허술하게 된다. 　(마)　 한 마디의 말만 가지고도 요점을 찌르며 나가면 마치 적의 아성(牙城)으로 감쪽같이 쳐들어가는 격이요, 단 한 구절의 말만 가지고도 핵심을 끌어낸다면 마치 적의 힘이 다 할 때를 기다렸다가 드디어 그 진지를 함락시키는 것과 같다. 글 짓는 묘리(妙理)는 바로 이와 같아야 최상이라 할 수 있다.

> **보기**
>
> 비유해 말하자면 아무리 맹장이라도 군대가 한 번 제 길을 잃어버릴 때에는 최후의 운명을 면치 못하며, 적의 움직임을 파악하지 못하면 아무리 물샐 틈 없이 포위한 때에라도 적이 빠져 도망칠 틈이 있는 것과 같다.

① (가)　　　　　　　　　　② (나)
③ (다)　　　　　　　　　　④ (라)
⑤ (마)

14

그럼 이제부터 제형에 따른 특징과 복용 시 주의점을 알아보겠습니다. 먼저 산제나 액제는 복용해야 하는 용량에 맞게 미세하게 조절이 가능합니다. 그리고 정제나 캡슐제에 비해 노인이나 소아가 약을 삼키기 쉽고 약효도 빠르게 나타납니다. ___(가)___ 캡슐제는 캡슐로 약물을 감싸서 자극이 강한 약물을 복용할 때 생기는 불편을 줄일 수 있고, 정제로 만들면 약효가 떨어질 수 있는 경우에 사용되어 약효를 유지할 수 있습니다. ___(나)___ 하지만 캡슐제는 캡슐이 목구멍이나 식도에 달라붙을 수 있기 때문에 충분한 양의 물과 함께 복용해야 합니다. ___(다)___

그리고 정제는 일정한 형태로 압축되어 있어 산제나 액제에 비해 보관이 간편하고 정량을 복용하기 쉽습니다. 이러한 정제는 약물의 성분이 빠르게 방출되는 속방정과 서서히 지속적으로 방출되는 서방정으로 구분할 수 있습니다. ___(라)___ 서방정은 오랜 시간 일정하게 약의 효과를 유지할 수 있어 복용 횟수를 줄일 수 있습니다. 그런데 서방정은 함부로 쪼개거나 씹어서 먹으면 안 됩니다. 왜냐하면 약물의 방출 속도가 달라져 부작용의 위험이 커질 수 있기 때문입니다.

오늘 강연 내용은 유익하셨나요? 이번 강연이 약에 대한 이해를 높일 수 있는 계기가 되었으면 합니다. 또한 약과 관련해 더 궁금한 내용이 있다면 '온라인 의약 도서관'을 통해 찾아보실 수 있습니다. ___(마)___ 마지막으로 상세한 복약 정보는 꼭 의사나 약사에게 확인하시기 바랍니다. 경청해 주셔서 감사합니다.

> **보기**
>
> 하지만 이 둘은 정제에 비해 변질되기 쉬우므로 특히 보관에 주의해야 하고 복용 전 변질 여부를 잘 확인해야 합니다.

① (가) ② (나)
③ (다) ④ (라)
⑤ (마)

15

컴퓨터는 0 또는 1로 표시되는 비트를 최소 단위로 삼아 내부적으로 데이터를 표시한다. 컴퓨터가 한 번에 처리하는 비트 수는 정해져 있는데, 이를 워드라고 한다. 예를 들어 64비트의 컴퓨터는 64개의 비트를 1워드로 처리한다.   (가)   4비트를 1워드로 처리하는 컴퓨터에서 양의 정수를 표현하는 경우, 4비트 중 가장 왼쪽 자리인 최상위 비트는 0으로 표시하여 양수를 나타내고 나머지 3개의 비트로 정수의 절댓값을 나타낸다.   (나)
0111의 경우 가장 왼쪽 자리인 '0'은 양수를 표시하고 나머지 '111'은 정수의 절댓값 7을 이진수로 나타낸 것으로, +7을 표현하게 된다. 이때 최상위 비트를 제외한 나머지 비트를 데이터 비트라고 한다.   (다)
그런데 음의 정수를 표현하는 경우에는 최상위 비트를 1로 표시한다. −3을 표현한다면 −3의 절댓값 3을 이진수로 나타낸 011에 최상위 비트 1을 덧붙이면 된다.   (라)   이러한 음수 표현 방식을 '부호화 절댓값'이라고 한다. 그러나 부호화 절댓값은 연산이 부정확하다. 예를 들어 7−3을 계산한다면 7+(−3)인 0111+1011로 표현된다. 컴퓨터에서는 0과 1만 사용하기 때문에 1에 1을 더하면 바로 윗자리 숫자가 올라가 10으로 표현된다. 따라서 0111에 1011을 더하면 10010이 된다.   (마)   하지만 부호화 절댓값에서는 오버플로를 처리하는 별도의 규칙이 없기 때문에 계산 값이 부정확하다. 또한 0000 또는 1000이 0을 나타내어 표현의 일관성과 저장 공간의 효율성이 떨어진다.

> **보기**
>
> 10010은 4비트 컴퓨터가 처리하는 1워드를 초과하게 된 것으로, 이러한 현상을 오버플로라 한다.

① (가)   ② (나)
③ (다)   ④ (라)
⑤ (마)

※ 다음 글의 빈칸에 들어갈 내용으로 가장 적절한 것을 고르시오. **[1~12]**

01

과학은 한 형태의 자연에 대한 지식이라는 사실 그 자체만으로도 한없이 귀중하고, 과학적 기술이 인류에게 가져온 지금까지의 혜택은 아무리 부정하려 해도 부정될 수 없다. 앞으로도 보다 많고 보다 정확한 과학 지식과 고도로 개발된 과학적 기술이 필요하다. 그러나 문제의 핵심은 생태학적이고 예술적인 자연관, 즉 존재 일반에 대한 넓고 새로운 시각, 포괄적인 맥락에서 과학적 지식과 기술의 의미에 눈을 뜨고 그러한 지식과 기술을 활용함에 있다. 그렇지 않고 오늘날과 같은 추세로 그러한 지식과 기술을 당장의 욕망을 위해서 인간 중심적으로 개발하고 이용한다면 그 효과가 당장에는 인간에게 만족스럽다 해도 머지않아 자연의 파괴뿐만 아니라 인간적 삶의 파괴, 그리고 궁극적으로는 인간 자신의 멸망을 초래하고 말 것이다. 한마디로 지금 우리에게 필요한 것은 과학적 비전과 과학적 기술의 의미를 보다 포괄적인 의미에서 이해하는 작업이다. 이러한 작업을 _____라 불러도 적절할 것 같다.

① 예술의 다양화　　　　　　　　② 예술의 기술화
③ 과학의 예술화　　　　　　　　④ 과학의 현실화
⑤ 예술의 과학화

Easy

02

질병(疾病)이란 유기체의 신체적, 정신적 기능이 비정상으로 된 상태를 일컫는다. 인간에게 있어 질병이란 넓은 의미에서는 극도의 고통을 비롯하여 스트레스, 사회적인 문제, 신체기관의 기능 장애와 죽음까지를 포괄하며, 넓게는 개인에서 벗어나 사회적으로 큰 맥락에서 이해되기도 한다.
하지만 다분히 진화 생물학적 관점에서, 질병은 인간의 몸 안에서 일어나는 정교하고도 합리적인 자기조절 과정이다. 질병은 정상적인 기능을 할 수 없는 상태임과 동시에, 진화의 역사 속에서 획득한 자기 치료 과정이 _____이기도 하다. 가령, 기침을 하고, 열이 나고, 통증을 느끼고, 염증이 생기는 것 따위는 자기 조절과 방어 시스템이 작동하는 과정인 것이다.

① 문제를 일으킨 상태
② 비일상적인 특이 상태
③ 정상적으로 가동하고 있는 상태
④ 인구의 개체 변이를 도모하는 상태
⑤ 보다 새로운 정보를 습득하려는 상태

Easy

03

아파트에서는 부엌이나 안방이나 화장실이나 거실이 다 같은 높이의 평면 위에 있다. 그것보다 밑에 또는 위에 있는 것은 다른 사람의 아파트이다. 좀 심한 표현을 쓴다면 아파트에서는 모든 것이 평면적이다. 깊이가 없는 것이다. 사물은 아파트에서 그 부피를 잃고 평면 위에 선으로 존재하는 그림과 같이 되어 버린다. 모든 것은 한 평면 위에 나열되어 있다. 그래서 한눈에 들어오게 되어있다. 아파트에는 사람이나 물건이나 다 같이 자신을 숨길 데가 없다.

땅집에서는 사정이 전혀 딴판이다. 땅집에서는 모든 것이 자기 나름의 두께와 깊이를 가지고 있다. 같은 물건이라도 그것이 다락방에 있을 때와 안방에 있을 때와 부엌에 있을 때는 거의 다르다. 아니, 집 자체가 인간과 마찬가지의 두께와 깊이를 가지고 있다. 집이 아름다운 이유는 _____ 다락방은 의식이며 지하실은 무의식이다.

① 세상을 조망할 수 있기 때문이다.

② 인간을 닮았기 때문이다.

③ 안정을 뜻하기 때문이다.

④ 어딘가로 떠날 수 있기 때문이다.

⑤ 휴식과 안락을 제공하기 때문이다.

04

발전은 항상 변화를 내포하고 있다. 그러나 모든 형태의 변화가 전부 발전에 해당되는 것은 아니다. 이를테면 교통신호등이 빨강에서 파랑으로, 파랑에서 빨강으로 바뀌는 변화를 발전으로 생각할 수는 없다.

_____ 즉, 좀 더 구체적으로 말해, 사태의 진전 과정에서 나중에 나타나는 것은 적어도 그 이전 단계에 내재적으로나마 존재했던 것의 전개에 해당한다는 것이다. 이렇게 볼 때, 발전은 선적(線的)인 특성을 가지고 있다. 순전한 반복의 과정으로 보이는 것을 발전이라고 규정하지 않는 이유는 그 때문이다.

반복과정에서는 최후에 명백히 나타나는 것이 처음에 존재했던 것과 거의 다르지 않다. 그러나 또 한편으로 우리는 비록 반복의 경우라도 때때로 그 과정 중의 특정 단계를 따로 떼 그것을 발견이라고 생각하기도 한다. 즉, 전체 과정에서 어떤 종류의 질이 그 시기에 특정의 수준까지 진전된 경우이다.

① 발전은 어떤 특정한 방향으로 일어나는 변화라는 의미를 내포하고 있다.

② 변화는 특정한 방향으로 발전하는 것을 의미한다.

③ 발전은 불특정 방향으로 일어나는 변모라는 의미이다.

④ 발전은 어떤 특정한 방향으로 일어나는 변화라는 의미로 사용된다.

⑤ 변화는 어떤 특정한 방향으로 일어나는 발전이라는 의미로 사용된다.

05

민주주의의 목적은 다수가 폭군이나 소수의 자의적인 권력행사를 통제하는 데 있다. 민주주의의 이상은 모든 자의적인 권력을 억제하는 것으로 이해되었는데 이것이 오늘날에는 자의적 권력을 정당화하기 위한 장치로 변화되었다. 이렇게 변화된 민주주의는 민주주의 그 자체를 목적으로 만들려는 이념이다. 이것은 법의 원천과 국가권력의 원천이 주권자 다수의 의지에 있기 때문에 국민의 참여와 표결 절차를 통하여 다수가 결정한 법과 정부의 활동이라면 그 자체로 정당성을 갖는다는 것이다. 즉, 유권자 다수가 원하는 것이면 무엇이든 실현할 수 있다는 말이다.

이런 민주주의는 '무제한적 민주주의'이다. 어떤 제약도 없는 민주주의라는 의미이다. 이런 민주주의는 자유주의와 부합할 수가 없다. 그것은 다수의 독재이고 이런 점에서 전체주의와 유사하다. 폭군의 권력이든, 다수의 권력이든, 군주의 권력이든, 위험한 것은 권력 행사의 무제한성이다. 중요한 것은 이러한 권력을 제한하는 일이다.

민주주의 그 자체를 수단이 아니라 목적으로 여기고 다수의 의지를 중시한다면, 그것은 다수의 독재를 초래하고, 그것은 전체주의만큼이나 위험하다. 민주주의 존재 그 자체가 언제나 개인의 자유에 대한 전망을 밝게 해준다는 보장은 없다. 개인의 자유와 권리를 보장하지 못하는 민주주의는 본래의 민주주의가 아니다. 본래의 민주주의는 _____

① 다수의 의견을 수렴하여 이를 그대로 정책에 반영해야 한다.

② 서로 다른 목적의 충돌로 인한 사회적 불안을 해소할 수 있어야 한다.

③ 다수 의견보다는 소수 의견을 채택하면서 진정한 자유주의의 실현에 기여해야 한다.

④ 무제한적 민주주의를 과도기적으로 거치며 개인의 자유와 권리 보장에 기여해야 한다.

⑤ 민주적 절차 준수에 그치지 않고 과도한 권력을 실질적으로 견제할 수 있어야 한다.

06

> 어떻게 그 공이 세 가지가 있다고 말하는가. 그 하나는 직통(直通)이요 다른 하나는 합통(合通)이요 또 다른 하나는 추통(推通)이다. 직통(直通)이라는 것은 많은 여러 물건을 일일이 취하되 순수하고 섞이지 않는 것이다. 합통(合通)이라는 것은 두 물건을 화합하여 아울러서 거두되 그렇고 그렇지 않은 것을 분별한다. 추통(推通)이라는 것은 이 물건으로써 전 물건에 합하고 또 다른 물건에 유추하는 것이다. 직통(直通)은 모두 참되고 오류가 없으니 하나의 사물이 스스로 하나의 사물이 되기 때문이다. 합통(合通)과 추통(推通)은 참도 있고 오류도 있으니 이것으로써 저것에 합하고, 맞는 것도 있고 맞지 않은 것도 있다. ＿＿＿＿＿＿＿＿＿＿＿＿＿＿ 더욱 많으면 맞지 않은 경우가 있기 때문이다.
>
> — 최한기, 『기학』

① 이것으로 저것에 합하는 것은 참이고, 이것으로 저것을 분별하는 것은 거짓이니

② 이것으로써 저것에 합하고 또 다른 것을 유추하는 데는 위험이 더욱 많으니

③ 이것으로써 저것에 합하는 것은 맞지 않는 것보다 맞는 것이 더욱 많으니

④ 무릇 추통은 다만 사람만이 가능하고 유추하는 데는 위험이 더욱 적으니

⑤ 무릇 추통은 다만 사람은 가능하지만 금수는 추통을 하지 못하니

07

> 힐링(Healing)은 사회적 압박과 스트레스 등으로 손상된 몸과 마음을 치유하는 방법을 포괄적으로 일컫는 말이다. 우리보다 먼저 힐링이 정착된 서구에서는 질병 치유의 대체 요법 또는 영적·심리적 치료 요법 등을 지칭하고 있다. 국내에서도 최근 힐링과 관련된 갖가지 상품이 유행하고 있다. 간단한 인터넷 검색을 통해 수천 가지의 상품을 확인할 수 있을 정도다. 종교적 명상, 자연 요법, 운동 요법 등 다양한 형태의 힐링 상품이 존재한다. 심지어 고가의 힐링 여행이나 힐링 주택 등의 상품도 나오고 있다. 그러나 ＿＿＿＿＿＿＿＿＿＿＿＿＿ 우선 명상이나 기도 등을 통해 내면에 눈뜨고, 필라테스나 요가를 통해 육체적 건강을 회복하여 자신감을 얻는 것부터 출발할 수 있다.

① 힐링이 먼저 정착된 서구의 힐링 상품들을 참고해야 할 것이다.

② 많은 돈을 들이지 않고서도 쉽게 할 수 있는 일부터 찾는 것이 좋을 것이다.

③ 이러한 상품들의 값이 터무니없이 비싸다고 느껴지지는 않을 것이다.

④ 자신을 진정으로 사랑하는 법을 알아야 할 것이다.

⑤ 혼자만 할 수 있는 힐링 상품을 찾는 것보다는 다른 사람과 함께 하는 힐링 상품을 찾는 것이 좋을 것이다.

08

우리는 도시의 세계에 살고 있다. 2010년에 인류 역사상 처음으로 세계 전체에서 도시 인구수가 농촌 인구수를 넘어섰다. 이제 우리는 도시가 없는 세계를 상상하기 힘들며, 세계 최초의 도시들을 탄생시킨 근본적인 변화가 무엇이었는지를 상상하는 것도 쉽지 않다.

인류는 약 1만 년 전부터 5천 년 전까지 도시가 아닌 작은 농촌 마을에서 살았다. 이 시기 농촌 마을의 인구는 대부분 약 2천 명 정도였다. 약 5천 년 전부터 이라크 남부, 이집트, 파키스탄, 인도 북서부에서 1만 명 정도의 사람이 모여 사는 도시가 출현하였다. 이런 세계 최초의 도시들을 탄생시킨 원인은 무엇인가? 이 질문에 대해서 몇몇 사람들은 약 1만 년 전부터 5천 년 전 사이에 일어난 농업의 발전에 의해서 농촌의 인구가 점차적으로 증가해 도시가 되었다고 말한다. 과연 농촌의 인구는 점차적으로 증가했는가? 고고학적 연구는 그렇지 않다고 말해주는 듯하다. 농업 기술의 발전에 의해서 마을이 점차적으로 거대화되었다면, 거주 인구가 2천 명과 1만 명 사이인 마을들이 빈번하게 발견되어야 한다. 그러나 2천 명이 넘는 인구를 수용한 마을은 거의 발견되지 않았다. 이 점은 약 5천 년 전 즈음 마을의 거주 인구가 비약적으로 증가했다는 것을 보여준다.

무엇 때문에 이런 거주 인구의 비약적인 변화가 가능했는가? 이 질문에 대한 답은 사회적 제도의 발명에서 찾을 수 있다. _____ 따라서 거주 인구가 비약적으로 증가하기 위해서는 사람들을 조직하고, 이웃들 간의 분쟁을 해소하는 것과 같은 문제들을 해결하는 사회적 제도의 발명이 필수적이다. 이런 이유에서 도시의 발생은 사회적 제도의 발명에 영향을 받았다고 생각할 수 있다. 그리고 이런 사회적 제도의 출현은 이후 인류 역사의 모습을 형성하는 데 결정적인 역할을 한 사건이었다.

① 거주 인구가 2천 명이 넘지 않는 마을은 도시라고 할 수 없다.

② 농업 기술의 발전에 의해서 마을이 점차적으로 거대화되었다면, 약 1만 년 전 농촌 마을의 거주 인구는 2천 명 정도여야 한다.

③ 행정조직, 정치제도, 계급과 같은 사회적 제도 없이 사람들이 함께 모여 살 수 있는 인구 규모의 최대치는 2천 명 정도밖에 되지 않는다.

④ 2천 명 정도의 인구를 가진 농촌 마을도 행정조직 같은 사회적 제도를 가지고 있었다.

⑤ 도시인의 삶이 정치제도, 계급과 같은 사회적 제도에 의해 제한되었다는 사실은 수많은 역사적 자료에 의해 검증된다.

09

1993년 착공한 '동해남부선(이하 동해선) 복선 전철화 사업' 부전 – 일광 1단계 구간(28.5km)의 개통식이 2016년 12월 29일 오후 2시 신해운대역에서 진행되었다. 다음날인 12월 30일 오전 5시 30분에는 부전역과 일광역에서 첫 운행의 기적 소리가 울려 퍼졌다. 시작은 광역철도 사업으로 착공을 했지만 2003년 6월, 부산시의 공사비용 부담 문제 등으로 표류하다 국비로 건설하는 일반철도 사업으로 전환하여 우여곡절 끝에 개통한 것이다.
1단계 구간(부전 – 일광)에는 14개의 현대화 철도역사가 들어섰으며 교대역, 벡스코역, 거제역에서 부산도시철도 1, 2, 3호선과 환승할 수 있다. 출퇴근 시간인 7 ~ 9시, 18 ~ 20시에는 배차 간격이 15분이며, 그 외 시간에는 배차 간격 30분으로 운행된다. 부산 주요 도심을 통과하는 이 구간을 시내버스로 이동할 경우 약 1시간 40분이 소요되지만, 전철을 타면 37분이 소요돼 동부산권 접근성이 높아졌다. 이로써 _____

① 부산 도심 교통난도 크게 해소될 것으로 기대된다.
② 부산 관광이 활기를 띨 것으로 예상된다.
③ 철도 이용객이 증가할 것으로 생각된다.
④ 철도 이용객의 만족도가 올라갈 것으로 기대된다.
⑤ 부산 전철화 사업에 진전이 있을 것으로 생각된다.

Hard

10

미학은 자연, 인생, 예술에 담긴 아름다움의 현상이나 가치 그리고 체험 따위를 연구하는 학문으로, 미적 현상이 지닌 본질이나 법칙성을 명백히 밝히는 학문이다. 본래 미학은 플라톤에서 비롯되었지만, 오늘날처럼 미학이 독립된 학문으로 불린 것은 18세기 중엽 독일의 알렉산더 고틀리프 바움가르텐(Alexander Gottlieb Baumgarten)의 저서 『미학』에서 시작된다. 바움가르텐은 '미(美)'란 감성적 인식의 완전한 것으로, 감성적 인식의 학문은 미의 학문이라고 생각했다. 여기서 근대 미학의 방향이 개척되었다.
미학에 대한 연구는 심리학 · 사회학 · 철학 등 다양한 각도에서 시도할 수 있다. 또한 미적 사실을 어떻게 보느냐에 따라서 미학의 성향도 달라지며, _____ 예컨대 고전 미학은 영원히 변하지 않는 초감각적 존재로서의 미의 이념을 추구하고, 근대 미학은 감성적 인식 때문에 포착된 현상으로서 미적인 것을 대상으로 한다. 여기서 미적인 것은 우리들의 인식에 비치는 아름다움을 말한다.
미학을 연구하는 사람들은 이러한 미적 의식 및 예술의 관계를 해명하는 것을 주된 과제로 삼는다. 그들에게 '아름다움'을 성립시키는 주관적 원리는 가장 중요한 것으로 미학은 우리에게 즐거움과 기쁨을 안겨주며, 인생을 충실하고 행복하게 해준다. 더 나아가 오늘날에는 이러한 미적 현상의 해명에 사회학적 방법을 적용하려는 '사회학적 미학'이나, 분석 철학의 언어 분석 방법을 미학에 적용하려고 하는 '분석미학' 등 다채로운 연구 분야가 개척되고 있다.

① 최근에는 미학의 새로운 분야를 개척하고 있다.
② 근대 미학은 고전 미학의 개념에서 부분적으로 응용한 것이다.
③ 따라서 미학은 이분법적인 원리로 적용할 수 없다.
④ 다른 학문과 달리 미학의 경계는 모호하다.
⑤ 추구하는 이념과 대상도 시대에 따라 다르다.

어느 시대든 사람들은 원인이 무엇인지 알고 있다고 믿었다. 사람들은 그런 앎을 어디서 얻는가? 원인을 안다고 믿는 사람들의 믿음은 어디서 생기는 것일까?

새로운 것, 체험되지 않은 것, 낯선 것은 원인이 될 수 없다. 알려지지 않은 것에서는 위험, 불안정, 걱정, 공포감이 뒤따라 나오기 때문이다. 우리 마음의 불안한 상태를 없애고자 한다면, 우리는 알려지지 않은 것을 알려진 것으로 환원해야 한다. 이러한 환원은 우리 마음을 편하게 해주고 안심시키며 만족하게 하고 힘을 느끼게 한다. 이 때문에 우리는 이미 알려진 것, 체험된 것, 기억에 각인된 것을 원인으로 설정하게 된다.

'왜?'라는 물음의 답으로 나온 것은 그것이 진짜 원인이기 때문에 우리에게 떠오른 것이 아니다. 그것이 우리에게 떠오른 것은 그것이 우리를 안정시켜주고 성가신 것을 없애주며 무겁고 불편한 마음을 가볍게 해주기 때문이다. 따라서 원인을 찾으려는 우리의 본능은 위험, 불안정, 걱정, 공포감 등에 의해 촉발되고 자극받는다.

우리는 '설명이 없는 것보다 설명이 있는 것이 언제나 더 낫다.'고 믿는다. 우리는 특별한 유형의 원인만을 써서 설명을 만들어 낸다. ＿＿＿＿＿＿＿＿＿＿＿＿＿＿＿＿ 그래서 특정 유형의 설명만이 점점 더 우세해지고, 그러한 설명들이 하나의 체계로 모아져 결국 그런 설명이 우리의 사고방식을 지배하게 된다. 기업인은 즉시 이윤을 생각하고, 기독교인은 즉시 원죄를 생각하며, 소녀는 즉시 사랑을 생각한다.

① 이것은 우리의 호기심과 모험심을 자극한다.

② 이것은 인과관계에 대한 우리의 지식을 확장시킨다.

③ 이것은 우리가 왜 불안한 심리 상태에 있는지를 설명해 준다.

④ 이것은 낯설고 체험하지 않았다는 느낌을 가장 빠르고 가장 쉽게 제거해버린다.

⑤ 이것은 새롭고 낯선 것에서 원인을 발견하려는 우리의 본래 태도를 점차 강화시킨다.

12 최근 미국 국립보건원은 벤젠 노출과 혈액암 사이에 연관이 있다고 보고했다. 직업안전보건국은 작업장에서 공기 중 벤젠 노출 농도가 1ppm을 넘지 말아야 한다는 한시적 긴급 기준을 발표했다. 당시 법규에 따른 기준은 10ppm이었는데, 직업안전보건국은 이 엄격한 새기준이 영구적으로 정착되길 바랐다. 그런데 벤젠 노출 농도가 10ppm 이상인 작업장에서 인명피해가 보고된 적은 있지만, 그보다 낮은 노출 농도에서 인명피해가 있었다는 검증된 데이터는 없었다. 그럼에도 불구하고 직업안전보건국은 벤젠이 발암물질이라는 이유를 들어, 당시 통용되는 기기로 쉽게 측정할 수 있는 최소치인 1ppm을 기준으로 삼아야 한다고 주장했다. 직업안전보건국은 직업안전보건법의 구체적 실행에 관여하는 핵심 기관인데, 이 법은 "직장생활을 하는 동안 위험물질에 업무상 주기적으로 노출되더라도 그로 인해 어떤 피고용인도 육체적 손상이나 작업 능력의 손상을 입어서는 안 된다."고 규정하고 있다.

이후 대법원은 직업안전보건국이 제시한 1ppm의 기준이 지나치게 엄격하다고 판결하였다. 대법원은 "직업안전보건법이 비용 등 다른 조건은 무시한 채 전혀 위험이 없는 작업장을 만들기 위한 표준을 채택하도록 직업안전보건국에게 무제한의 재량권을 준 것은 아니다."라고 밝혔다. _____ _____ 이에 대해 직업안전보건국은 과학적 불확실성에도 불구하고 사람의 생명이 위험에 처할 수 있는 경우에는 더욱 엄격한 기준을 시행하는 것이 옳다면서, 자신들에게 책임을 전가하는 것에 반대했다. 직업안전보건국은 노동자를 생명의 위협이 될 수 있는 화학 물질에 노출시키는 사람들이 그 안전성을 입증해야 한다고 보았다.

① 여러 가지 과학적 불확실성으로 인해, 직업안전보건국의 기준이 합당하다는 것을 대법원이 입증할 수 없으므로 이를 수용할 수 없다는 것이다.

② 대법원은 벤젠의 노출 수준이 1ppm을 초과할 경우 노동자의 건강에 실질적으로 위험하다는 것을 직업안전보건국이 입증해야 한다고 주장했다.

③ 대법원은 재량권의 범위가 클수록 그만큼 더 신중하게 사용해야 한다는 점을 환기시키면서, 10ppm 수준의 벤젠 농도가 노동자의 건강에 정확히 어떤 손상을 가져오는지를 직업안전보건국이 입증해야 한다고 주장했다.

④ 직업안전보건국은 발암물질이 함유된 공기가 있는 작업장들 가운데서 전혀 위험이 없는 환경과 미미한 위험이 있는 환경을 구별해야 한다고 주장했는데, 대법원은 이것이 무익하고 무책임한 일이라고 지적했다.

⑤ 국립보건원의 최근 보고를 바탕으로, 직업안전보건국은 벤젠이 인체에 미치는 위해 범위가 엄밀한 의미에서 과학적으로 불확실하다는 점을 강조하면서, 자신들이 비용에 대한 고려를 간과하고 있다는 대법원의 언급은 근거 없는 비방이라고 맞섰다.

CHAPTER 03

추리

합격 Cheat Key

| 영역 소개 |

추리 영역은 크게 언어추리, 도형추리, 도식추리로 나눌 수 있다. 언어추리에서는 동의·유의·반의·상하 관계 등 다양한 어휘 관계를 묻는 문제와 논리추리 및 추론을 요하는 문제가 출제된다. 또한, 도형추리 문제에서는 제시된 도형의 단계적 변화 속에서 변화의 규칙을 찾아내야 하며, 도식추리 문제에서는 문자의 변화 과정에 숨어있는 규칙을 읽어야 한다. 이 영역을 통해 평가하고자 하는 바는 '실제 업무를 행하는 데 필요한 논리적 사고력을 갖추고 있는가', '신속하고 올바른 판단을 내릴 수 있는가', '현재의 과정을 통해 미래를 추론할 수 있는가'이다. 이러한 세 가지 능력을 평가한다.

| 유형 소개 |

1 언어추리

언어에 대한 논리력, 사고력, 그리고 추리력을 평가하는 유형이다. 언어추리는 크게 어휘추리, 명제추리, 조건추리, 독해추론으로 구분할 수 있다.

┤ 학습 포인트 ├

- 명제 유형의 삼단논법 문제에서는 대우 명제를, '어떤'을 포함하는 명제 문제에서는 벤다이어그램을 활용한다.
- 조건추리 유형에서는 주어진 규칙과 조건을 파악한 후 이를 도식화(표, 기호 등으로 정리)하여 문제에 접근해야 한다.
- 어휘추리 유형에서는 문장 속 어휘의 쓰임이 아닌 1:1 어휘 관계를 묻는 것이 일반적이므로 어휘의 뜻을 정확하게 알아둔다.
- 독해추론 유형에서는 과학 지문의 비중이 높고, SK와 관련된 지문이 나올 수 있으므로 평소 관련된 내용의 기사나 글을 읽어두어 빠르게 이해할 수 있도록 연습한다.

2 도형추리

일련의 도형에 적용된 규칙을 파악할 수 있는지 평가하는 유형이다. 3×3개의 칸에 8개 도형만 제시되고, 그 안에서 도형이 변하는 규칙을 찾아 비어 있는 자리에 들어갈 도형의 모양을 찾는 문제이다.

┤ 학습 포인트 ├

- x축·y축·원점 대칭, 시계 방향·시계 반대 방향 회전, 색 반전 등 도형 변화의 기본 규칙을 숙지하고, 두 가지 규칙이 동시에 적용되었을 때의 모습도 추론할 수 있는 훈련이 필요하다.
- 가로 행 또는 세로 열을 기준으로 도형의 변화를 살핀 후 대각선, 시계 방향·시계 반대 방향, 건너뛰기 등 다양한 가능성을 염두에 두고 규칙을 적용해 본다.
- 규칙을 추론하는 정해진 방법은 없다. 따라서 많은 문제를 풀고 접해보면서 감을 익히는 수밖에 없다.

3 도식추리

문자가 변화하는 과정을 보고 기호의 의미를 파악한 후, 제시된 문자가 어떻게 변화하는지 판단하는 유형이다. 도식추리는 하나의 보기에 여러 문제가 딸려 있는 묶음 형태로 출제되므로 주어진 기호를 정확히 파악해야 많은 문제를 정확히 풀 수 있다.

┤ 학습 포인트 ├

- 각 자릿수 ±4까지의 연산, 문자의 이동 등의 규칙이 출제되었으므로, 문자에 대응하는 숫자를 숙지하고 있으면 문제 푸는 시간을 단축할 수 있을 것이다.
- 규칙을 추론해야 한다는 사실에 겁부터 먹는 지원자들이 있는데, 사실 규칙의 대부분이 문자의 배열을 서로 바꾸거나 일정한 앞 또는 뒤의 문자로 치환하는 정도이므로 그리 복잡하지 않다. 또한 거치는 과정도 생각보다 많지 않으므로, 기본 논리 구조를 이해하고 연습한다면 실전에서 어렵지 않게 문제를 풀어낼 수 있을 것이다.

03 │ 이론점검

01 어휘추리

1. 유의 관계

두 개 이상의 어휘가 서로 소리는 다르나 의미가 비슷한 경우를 유의 관계라고 하고, 유의 관계에 있는 어휘를 유의어(類義語)라고 한다. 유의 관계의 대부분은 개념적 의미의 동일성을 전제로 한다. 그렇다고 하여 유의 관계를 이루는 단어들을 어느 경우에나 서로 바꾸어 쓸 수 있는 것은 아니다. 따라서 언어 상황에 적합한 말을 찾아 쓰도록 노력하여야 한다.

(1) 원어의 차이

한국어는 크게 고유어, 한자어, 외래어로 구성되어 있다. 따라서 하나의 사물에 대해서 각각 부르는 일이 있을 경우 유의 관계가 발생하게 된다.

(2) 전문성의 차이

같은 사물에 대해서 일반적으로 부르는 이름과 전문적으로 부르는 이름이 다른 경우가 많다. 이런 경우에 전문적으로 부르는 이름과 일반적으로 부르는 이름 사이에 유의 관계가 발생한다.

(3) 내포의 차이

나타내는 의미가 완전히 일치하지는 않으나, 유사한 경우에 유의 관계가 발생한다.

(4) 완곡어법

문화적으로 금기시하는 표현을 둘러서 말하는 것을 완곡어법이라고 하며, 이러한 완곡어법 사용에 따라 유의 관계가 발생한다.

2. 반의 관계

(1) 개요

반의어(反意語)는 둘 이상의 단어에서 의미가 서로 짝을 이루어 대립하는 경우를 말한다.

즉, 반의어는 어휘의 의미가 서로 대립하는 단어를 말하며, 이러한 어휘들의 관계를 반의 관계라고 한다. 한 쌍의 단어가 반의어가 되려면, 두 어휘 사이에 공통적인 의미 요소가 있으면서도 동시에 서로 다른 하나의 의미 요소가 있어야 한다.

반의어는 반드시 한 쌍으로만 존재하는 것이 아니라, 다의어(多義語)이면 그에 따라 반의어가 여러 개로 달라질 수 있다. 즉, 하나의 단어에 대하여 여러 개의 반의어가 있을 수 있다.

(2) 반의어의 종류

반의어에는 상보 반의어와 정도 반의어, 관계 반의어, 방향 반의어가 있다.

① **상보 반의어** : 한쪽 말을 부정하면 다른 쪽 말이 되는 반의어이며, 중간항은 존재하지 않는다. '있다'와 '없다'가 상보적 반의어이며, '있다'와 '없다' 사이의 중간 상태는 존재할 수 없다.

② **정도 반의어** : 한쪽 말을 부정하면 반드시 다른 쪽 말이 되는 것이 아니며, 중간항을 갖는 반의어이다. '크다'와 '작다'가 정도 반의어이며, 크지도 작지도 않은 중간이라는 중간항을 갖는다.

③ **관계 반의어** : 관계 반의어는 상대가 존재해야만 자신이 존재할 수 있는 반의어이다. '부모'와 '자식'이 관계 반의어의 예이다.

④ **방향 반의어** : 맞선 방향을 전제로 하여 관계나 이동의 측면에서 대립을 이루는 단어 쌍이다. 방향 반의어는 공간적 대립, 인간관계 대립, 이동적 대립 등으로 나누어 볼 수 있다.

3. 상하 관계

상하 관계는 단어의 의미적 계층 구조에서 한쪽이 의미상 다른 쪽을 포함하거나 다른 쪽에 포섭되는 관계를 말한다. 상하 관계를 형성하는 단어들은 상위어(上位語)일수록 일반적이고 포괄적인 의미를 지니며, 하위어(下位語)일수록 개별적이고 한정적인 의미를 지닌다.

따라서 상위어는 하위어를 함의하게 된다. 즉, 하위어가 가지고 있는 의미 특성을 상위어가 자동적으로 가지게 된다.

4. 부분 관계

부분 관계는 한 단어가 다른 단어의 부분이 되는 관계를 말하며, 전체 – 부분 관계라고도 한다. 부분 관계에서 부분을 가리키는 단어를 부분어(部分語), 전체를 가리키는 단어를 전체어(全體語)라고 한다. 예를 들면, '머리, 팔, 몸통, 다리'는 '몸'의 부분어이며, 이러한 부분어들에 의해 이루어진 '몸'은 전체어이다.

1. 연역 추론

이미 알고 있는 판단(전제)을 근거로 새로운 판단(결론)을 유도하는 추론이다. 연역 추론은 진리일 가능성을 따지는 귀납 추론과는 달리, 명제 간의 관계와 논리적 타당성을 따진다. 즉, 연역 추론은 전제들로부터 절대적인 필연성을 가진 결론을 이끌어내는 추론이다.

(1) 직접 추론

한 개의 전제로부터 중간적 매개 없이 새로운 결론을 이끌어내는 추론이며, 대우 명제가 그 대표적인 예이다.

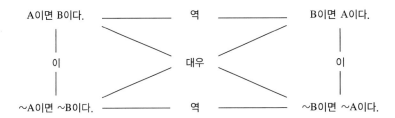

• 한국인은 모두 황인종이다.	(전제)
• 그러므로 황인종이 아닌 사람은 모두 한국인이 아니다.	(결론 1)
• 그러므로 황인종 중에는 한국인이 아닌 사람도 있다.	(결론 2)

(2) 간접 추론

둘 이상의 전제로부터 새로운 결론을 이끌어내는 추론이다. 삼단논법이 가장 대표적인 예이다.

① **정언 삼단논법** : 세 개의 정언명제로 구성된 간접추론 방식이다. 세 개의 명제 가운데 두 개의 명제는 전제이고, 나머지 한 개의 명제는 결론이다. 세 명제의 주어와 술어는 세 개의 서로 다른 개념을 표현한다.

② **가언 삼단논법** : 가언명제로 이루어진 삼단논법을 말한다. 가언명제란 두 개의 정언명제가 '만일 ~ 이라면'이라는 접속사에 의해 결합된 복합명제이다. 여기서 '만일'에 의해 이끌리는 명제를 전건이라고 하고, 그 뒤의 명제를 후건이라고 한다. 가언 삼단논법의 종류로는 혼합가언 삼단논법과 순수가언 삼단논법이 있다.

    ⊙ **혼합가언 삼단논법** : 대전제만 가언명제로 구성된 삼단논법이다. 긍정식과 부정식 두 가지가 있으며, 긍정식은 'A면 B이다. A이다. 그러므로 B이다.'이고, 부정식은 'A면 B이다. B가 아니다. 그러므로 A가 아니다.'이다.

> • 만약 A라면 B이다.
> • B가 아니다.
> • 그러므로 A가 아니다.

ⓛ 순수가언 삼단논법 : 대전제와 소전제 및 결론까지 모두 가언명제들로 구성된 삼단논법이다.

> • 만약 A라면 B이다.
> • 만약 B라면 C이다.
> • 그러므로 만약 A라면 C이다.

③ 선언 삼단논법 : '~이거나 ~이다.'의 형식으로 표현되며 전제 속에 선언 명제를 포함하고 있는 삼단논법이다.

> • 내일은 비가 오거나 눈이 온다(A 또는 B이다).
> • 내일은 비가 오지 않는다(A가 아니다).
> • 그러므로 내일은 눈이 온다(그러므로 B이다).

④ 딜레마 논법 : 대전제는 두 개의 가언명제로, 소전제는 하나의 선언명제로 이루어진 삼단논법으로, 양도추론이라고도 한다.

> • 만일 네가 거짓말을 하면, 신이 미워할 것이다. (대전제)
> • 만일 네가 거짓말을 하지 않으면, 사람들이 미워할 것이다. (대전제)
> • 너는 거짓말을 하거나, 거짓말을 하지 않을 것이다. (소전제)
> • 그러므로 너는 미움을 받게 될 것이다. (결론)

2. 귀납 추론

특수한 또는 개별적인 사실로부터 일반적인 결론을 이끌어 내는 추론을 말한다. 귀납 추론은 구체적 사실들을 기반으로 하여 결론을 이끌어 내기 때문에 필연성을 따지기보다는 개연성과 유관성, 표본성 등을 중시하게 된다. 여기서 개연성이란, 관찰된 어떤 사실이 같은 조건하에서 앞으로도 관찰될 수 있는가 하는 가능성을 말하고, 유관성은 추론에 사용된 자료가 관찰하려는 사실과 관련되어야 하는 것을 일컬으며, 표본성은 추론을 위한 자료의 표본 추출이 공정하게 이루어져야 하는 것을 가리킨다. 이러한 귀납 추론은 일상생활 속에서 많이 사용하고, 우리가 알고 있는 과학적 사실도 이와 같은 방법으로 밝혀졌다.

그러나 전제들이 참이어도 결론이 항상 참인 것은 아니다. 단 하나의 예외로 인하여 결론이 거짓이 될 수 있다.

> • 성냥불은 뜨겁다.
> • 연탄불도 뜨겁다.
> • 그러므로 모든 불은 뜨겁다.

위 예문에서 '성냥불이나 연탄불이 뜨거우므로 모든 불은 뜨겁다.'라는 결론이 나왔는데, 반딧불은 뜨겁지 않으므로 '모든 불이 뜨겁다.'라는 결론은 거짓이 된다.

(1) 완전 귀납 추론

관찰하고자 하는 집합의 전체를 다 검증함으로써 대상의 공통 특질을 밝혀내는 방법이다. 이는 예외 없는 진실을 발견할 수 있다는 장점은 있으나, 집합의 규모가 크고 속성의 변화가 다양할 경우에는 적용하기 어려운 단점이 있다.

例 1부터 10까지의 수를 다 더하여 그 합이 55임을 밝혀내는 방법

(2) 통계적 귀납 추론

통계적 귀납 추론은 관찰하고자 하는 집합의 일부에서 발견한 몇 가지 사실을 열거함으로써 그 공통점을 결론으로 이끌어 내려는 방식을 가리킨다. 관찰하려는 집합의 규모가 클 때 그 일부를 표본으로 추출하여 조사하는 방식이 이에 해당하며, 표본 추출의 기준이 얼마나 적합하고 공정한가에 따라 그 결과에 대한 신뢰도가 달라진다는 단점이 있다.

例 여론조사에서 일부의 국민에 대한 설문 내용을 바탕으로, 이를 전체 국민의 여론으로 제시하는 것

(3) 인과적 귀납 추론

관찰하고자 하는 집합의 일부 원소들이 지닌 인과 관계를 인식하여 그 원인이나 결과를 이끌어 내려는 방식을 말한다.

① 일치법 : 공통적인 현상을 지닌 몇 가지 사실 중에서 각기 지닌 요소 중 어느 한 가지만 일치한다면 이 요소가 공통 현상의 원인이라고 판단

② 차이법 : 어떤 현상이 나타나는 경우와 나타나지 않은 경우를 놓고 보았을 때, 각 경우의 여러 조건 중 단 하나만이 차이를 보인다면 그 차이를 보이는 조건이 원인이 된다고 판단

　例 현수와 승재는 둘 다 지능이나 학습 시간, 학습 환경 등이 비슷한데 공부하는 태도에는 약간의 차이가 있다. 따라서 두 사람이 성적이 차이를 보이는 것은 학습 태도의 차이 때문으로 생각된다.

③ 일치·차이 병용법 : 몇 개의 공통 현상이 나타나는 경우와 몇 개의 그렇지 않은 경우를 놓고 일치법과 차이법을 병용하여 적용함으로써 그 원인을 판단

　例 학업 능력 정도가 비슷한 두 아동 집단에 대해 처음에는 같은 분량의 과제를 부여하고 나중에는 각기 다른 분량의 과제를 부여한 결과, 많이 부여한 집단의 성적이 훨씬 높게 나타났다. 이로 보아, 과제를 많이 부여하는 것이 적게 부여하는 것보다 학생의 학업 성적 향상에 도움이 된다고 판단할 수 있다.

④ 공변법 : 관찰하는 어떤 사실의 변화에 따라 현상의 변화가 일어날 때 그 변화의 원인이 무엇인지 판단

　例 담배를 피우는 양이 각기 다른 사람들의 집단을 조사한 결과, 담배를 많이 피울수록 폐암에 걸릴 확률이 높다는 사실이 발견되었다.

⑤ 잉여법 : 앞의 몇 가지 현상이 뒤의 몇 가지 현상의 원인이며, 선행 현상의 일부분이 후행 현상의 일부분이라면, 선행 현상의 나머지 부분이 후행 현상의 나머지 부분의 원인임을 판단

　例 어젯밤 일어난 사건의 혐의자는 정은이와 규민이 두 사람인데, 정은이는 알리바이가 성립되어 혐의 사실이 없는 것으로 밝혀졌다. 따라서 그 사건의 범인은 규민이일 가능성이 높다.

3. 유비 추론

두 개의 대상 사이에 일련의 속성이 동일하다는 사실에 근거하여 그것들의 나머지 속성도 동일하리라는 결론을 이끌어내는 추론, 즉 이미 알고 있는 것에서 다른 유사한 점을 찾아내는 추론을 말한다. 그렇기 때문에 유비 추론은 잣대(기준)가 되는 사물이나 현상이 있어야 한다. 유비 추론은 가설을 세우는 데 유용하다. 이미 알고 있는 사례로부터 아직 알지 못하는 것을 생각해 봄으로써 쉽게 가설을 세울 수 있다. 이때 유의할 점은 이미 알고 있는 사례와 이제 알고자 하는 사례가 매우 유사하다는 확신과 증거가 있어야 한다. 그렇지 않은 상태에서 유비 추론에 의해 결론을 이끌어 내면, 그것은 개연성이 거의 없고 잘못된 결론이 될 수도 있다.

- 지구에는 공기, 물, 흙, 햇빛이 있다(A는 a, b, c, d의 속성을 가지고 있다).
- 화성에는 공기, 물, 흙, 햇빛이 있다(B는 a, b, c, d의 속성을 가지고 있다).
- 지구에 생물이 살고 있다(A는 e의 속성을 가지고 있다).
- 그러므로 화성에도 생물이 살고 있을 것이다(그러므로 B도 e의 속성을 가지고 있을 것이다).

03 도형추리

1. 회전 모양

(1) 180° 회전한 도형은 좌우가 상하가 모두 대칭이 된 모양이 된다.

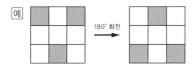

(2) 시계 방향으로 90° 회전한 도형은 시계 반대 방향으로 270° 회전한 도형과 같다.

(3) 좌우 반전 → 좌우 반전, 상하 반전 → 상하 반전은 같은 도형이 된다.

(4) 도형을 거울에 비친 모습은 방향에 따라 좌우 또는 상하로 대칭된 모습이 나타난다.

2. 회전 각도

도형의 회전 각도는 도형의 모양으로 유추할 수 있다.

(1) 회전한 모양이 회전하기 전의 모양과 같은 경우

도형	가능한 회전 각도
60°의 정삼각형	$\cdots,\ -240°,\ -120°,\ +120°,\ +240°,\ \cdots$
90°의 정사각형	$\cdots,\ -180°,\ -90°,\ +90°,\ +180°,\ \cdots$
108°의 정오각형	$\cdots,\ -144°,\ -72°,\ +72°,\ +144°,\ \cdots$

(2) 회전한 모양이 회전하기 전의 모양과 다른 경우

회전 전 모양	회전 후 모양	회전한 각도

01 | 삼단논법

| 유형분석 |

- '$p \rightarrow q$, $q \rightarrow r$이면 $p \rightarrow r$이다.' 형식의 삼단논법과 명제의 대우를 활용하여 푸는 유형이다.
- 전제를 추리하거나 결론을 추리하는 유형이 출제된다.
- 'A○ → B×' 또는 '$p \rightarrow \sim q$'와 같이 명제를 단순화하여 정리하면서 풀어야 한다.

제시된 명제가 모두 참일 때, 다음 중 빈칸에 들어갈 명제로 가장 적절한 것은?

- 전제1. 공부를 하지 않으면 시험을 못 본다.
- 전제2. _____
- 결론. 공부를 하지 않으면 성적이 나쁘게 나온다.

① 공부를 한다면 시험을 잘 본다.
② 시험을 잘 본다면 공부를 한 것이다.
③ 성적이 좋다면 공부를 한 것이다.
④ 시험을 잘 본다면 성적이 좋은 것이다.
⑤ 성적이 좋다면 시험을 잘 본 것이다.

'공부를 함'을 p, '시험을 잘 봄'을 q, '성적이 좋게 나옴'을 r이라 하면 첫 번째 명제는 $\sim p \rightarrow \sim q$, 마지막 명제는 $\sim p \rightarrow \sim r$이다. 따라서 $\sim q \rightarrow \sim r$이 빈칸에 들어가야 $\sim p \rightarrow \sim q \rightarrow \sim r$이 되어 $\sim p \rightarrow \sim r$이 성립한다. 참인 명제의 대우도 역시 참이므로 $\sim q \rightarrow \sim r$의 대우인 '성적이 좋다면 시험을 잘 본 것이다.'가 답이 된다.

30초 컷 풀이 Tip

전제 추리 방법	결론 추리 방법
전제1이 $p \rightarrow q$일 때, 결론이 $p \rightarrow r$이라면 각 명제의 앞부분이 같으므로 뒷부분을 $q \rightarrow r$로 이어준다. 만일 형태가 이와 맞지 않는다면 대우 명제를 이용한다.	대우 명제를 활용하여 전제1과 전제2가 $p \rightarrow q$, $q \rightarrow r$의 형태로 만들어진다면 결론은 $p \rightarrow r$이다.

온라인 풀이 Tip

해설처럼 p, q, r 등의 문자나 자신이 알아볼 수 있는 단어나 기호 등 실제로 표시할 수 없으므로 주어진 정보를 수식화하여 암기한다. 아래와 같이 풀이가 가능하도록 풀이과정을 암기해야 한다.

전제1. 공부 × → 시험 ×
전제2. _____
결론. 공부 × → 성적 ×

주어진 정보

⇒ 전제2. 시험 × → 성적 ×
    & 성적 ○ → 시험 ○

문제 풀이

02 | 벤다이어그램

| 유형분석 |

- '어떤', '모든' 등 일부 또는 전체를 나타내는 명제 유형이다.
- 전제 또는 결론을 추리하는 유형이 출제된다.
- 벤다이어그램으로 나타내어 접근한다.

제시된 명제가 모두 참일 때, 다음 중 빈칸에 들어갈 명제로 가장 적절한 것은?

- 전제1. 어떤 키가 작은 사람은 농구를 잘한다.
- 전제2. _____
- 결론. 어떤 순발력이 좋은 사람은 농구를 잘한다.

① 어떤 키가 작은 사람은 순발력이 좋다.

② 농구를 잘하는 어떤 사람은 키가 작다.

③ 순발력이 좋은 사람은 모두 키가 작다.

④ 키가 작은 사람은 모두 순발력이 좋다.

⑤ 어떤 키가 작은 사람은 농구를 잘하지 못한다.

'키가 작은 사람'을 A, '농구를 잘하는 사람'을 B, '순발력이 좋은 사람'을 C라고 하면, 전제1과 결론은 다음과 같은 벤다이어그램으로 나타낼 수 있다.

1) 전제1

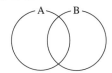

2) 결론

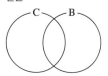

결론이 참이 되기 위해서는 B와 공통되는 부분의 A와 C가 연결되어야 하므로 A를 C에 모두 포함시켜야 한다. 즉, 다음과 같은 벤다이어그램이 성립할 때 마지막 명제가 참이 될 수 있으므로 빈칸에 들어갈 명제는 '키가 작은 사람은 모두 순발력이 좋다.'의 ④이다.

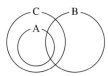

오답분석

① 다음과 같은 경우 성립하지 않는다.

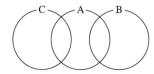

③ 다음과 같은 경우 성립하지 않는다.

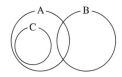

30초 컷 풀이 Tip

다음은 출제 가능성이 높은 명제 유형을 정리한 표이다. 이를 응용한 다양한 유형의 문제가 출제될 수 있으므로 대표적인 유형을 학습해두어야 한다.

명제 유형		전제1	전제2	결론
유형1	명제	어떤 A는 B이다.	모든 A는 C이다.	어떤 C는 B이다. (=어떤 B는 C이다.)
	벤다이어그램			
유형2	명제	모든 A는 B이다.	모든 A는 C이다.	어떤 C는 B이다. (=어떤 B는 C이다.)
	벤다이어그램			

PART 1

03 | 배열하기 · 묶기 · 연결하기

| 유형분석 |

- 주어진 조건에 따라 한 줄로 세우거나 자리를 배치하는 유형이다.
- 평소 충분한 연습이 되어있지 않으면 풀기 어려운 유형이므로, 최대한 다양한 유형을 접해보고 패턴을 익히는 것이 좋다.

K그룹 마케팅팀에는 부장 A, 과장 B · C, 대리 D · E, 신입사원 F · G 총 7명이 근무하고 있다. A부장은 신입사원 입사 기념으로 팀원을 데리고 영화관에 갔다. 영화를 보기 위해 주어진 조건에 따라 자리에 앉는다고 할 때, 다음 중 항상 옳은 것은?

- 7명은 7자리가 일렬로 붙어 있는 좌석에 앉는다.
- 양 끝자리 옆에는 비상구가 있다.
- D와 F는 인접한 자리에 앉는다.
- A와 B 사이에는 한 명이 앉아 있다.
- C와 G 사이에는 한 명이 앉아 있다.
- G는 왼쪽 비상구 옆 자리에 앉아 있다.

① E는 D와 B 사이에 앉는다.
② G와 가장 멀리 떨어진 자리에 앉는 사람은 D이다.
③ C 양옆에는 A와 B가 앉는다.
④ D는 비상구와 붙어 있는 자리에 앉는다.
⑤ 가운데 자리에는 항상 B가 앉는다.

여섯 번째 조건에 의해 G는 첫 번째 자리에 앉고, 다섯 번째 조건에 의해 C는 세 번째 자리에 앉는다.

A와 B가 네 번째·여섯 번째 또는 다섯 번째·일곱 번째 자리에 앉으면 D와 F가 나란히 앉을 수 없다. 따라서 A와 B는 두 번째, 네 번째 자리에 앉는다.

그러면 남은 자리는 다섯·여섯·일곱 번째 자리이므로 D와 F는 다섯·여섯 번째 또는 여섯·일곱 번째 자리에 앉게 되고, 나머지 한 자리에 E가 앉는다.

이를 정리하면 다음과 같다.

구분	1	2	3	4	5	6	7
경우 1	G	A	C	B	D	F	E
경우 2	G	A	C	B	F	D	E
경우 3	G	A	C	B	E	D	F
경우 4	G	A	C	B	E	F	D
경우 5	G	B	C	A	D	F	E
경우 6	G	B	C	A	F	D	E
경우 7	G	B	C	A	E	D	F
경우 8	G	B	C	A	E	F	D

따라서 C의 양 옆에는 항상 A와 B가 앉으므로 ③은 항상 옳다.

[오답분석]

① 경우 3, 경우 4, 경우 7, 경우 8에서만 가능하며, 나머지 경우에는 성립하지 않는다.

②·④ 경우 4와 경우 8에서만 가능하며, 나머지 경우에는 성립하지 않는다.

⑤ B는 두 번째 자리에 앉을 수도 있다.

30초 컷 풀이 Tip

이 유형에서 가장 먼저 해야 할 일은 고정된 조건을 찾는 것이다. 고정된 조건을 찾아 그 부분을 정해 놓으면 경우의 수가 훨씬 줄어든다.

온라인 풀이 Tip

컴퓨터 화면을 오래 쳐다보면서 풀 수 있는 유형이 아니므로 빠르게 문제를 읽고 풀 수 있도록 모든 조건을 정리해 놓아야 한다. 그러기 위해서는 주어진 조건을 기호화하여 이해하기 쉽도록 머릿속으로 정리할 수 있어야 한다.

간단한 기호로 조건 정리하기

주어진 조건	기호화 예시
7명은 7자리가 일렬로 붙어 있는 좌석에 앉는다.	1 | 2 | 3 | 4 | 5 | 6 | 7
양 끝자리 옆에는 비상구가 있다.	비 | 1 | 2 | 3 | 4 | 5 | 6 | 7 | 비
D와 F는 인접한 자리에 앉는다.	D∧F
A와 B 사이에는 한 명이 앉아 있다.	A∨B
C와 G 사이에는 한 명이 앉아 있다.	C∨G
G는 왼쪽 비상구 옆 자리에 앉아 있다.	|G

04 | 진실게임

| 유형분석 |

- 일반적으로 4 ~ 5명의 진술이 제시되며, 각 진술의 진실 및 거짓 여부를 확인하여 범인을 찾는 유형이다.
- 추리영역 중에서도 체감난이도가 상대적으로 높은 유형으로 알려져 있으나, 문제풀이 패턴을 익히면 시간을 절약할 수 있는 문제이다.
- 각 진술 사이의 모순을 찾아 성립하지 않는 경우의 수를 제거하거나, 경우의 수를 나누어 모든 조건이 들어맞는지를 확인해야 한다.

5명의 취업준비생 갑, 을, 병, 정, 무가 K그룹에 지원하여 그중 1명이 합격하였다. 취업준비생들은 다음과 같이 이야기하였고, 그중 1명이 거짓말을 하였을 때, 다음 중 합격한 학생은?

- 갑 : 을은 합격하지 않았다.
- 을 : 합격한 사람은 정이다.
- 병 : 내가 합격하였다.
- 정 : 을의 말은 거짓말이다.
- 무 : 나는 합격하지 않았다.

① 갑   ② 을
③ 병   ④ 정
⑤ 무

정답 ③

을과 정은 상반된 이야기를 하고 있으므로 둘 중 한 명은 진실, 다른 한 명은 거짓을 말하고 있다.

ⅰ) 을이 진실, 정이 거짓인 경우 : 정을 제외한 네 사람의 말은 모두 참이므로 합격자는 병, 정이 되는데, 합격자는 1명이어야
   하므로 모순이다. 따라서 을은 거짓, 정은 진실을 말한다.

ⅱ) 을이 거짓, 정이 진실인 경우 : 정을 제외한 네 사람의 말은 모두 참이므로 합격자는 병이다.

즉, 합격자는 병이 된다.

30초 컷 풀이 Tip

진실게임 유형 중 90% 이상은 다음 두 가지 방법으로 풀 수 있다. 주어진 진술을 빠르게 훑으며 다음 두 가지 중 어떤 경우에
해당되는지 확인한 후 문제를 풀어나간다.

두 명 이상의 발언 중 한쪽이 진실이면 다른 한쪽이 거짓인 경우

1. A가 진실이고 B가 거짓인 경우, B가 진실이고 A가 거짓인 경우 두 가지로 나눌 수 있다.

2. 두 가지 경우에서 각 발언의 진위 여부를 판단한다.

3. 주어진 조건과 비교한다(범인의 숫자가 맞는지, 진실 또는 거짓을 말한 인원수가 조건과 맞는지 등).

두 명 이상의 발언 중 한쪽이 진실이면 다른 한쪽도 진실인 경우

1. A와 B가 모두 진실인 경우, A와 B가 모두 거짓인 경우 두 가지로 나눌 수 있다.

2. 두 가지 경우에서 각 발언의 진위 여부를 판단하여 범인을 찾는다.

3. 주어진 조건과 비교한다(범인의 숫자가 맞는지, 진실 또는 거짓을 말한 인원수가 조건과 맞는지 등).

05 | 도형추리

| 유형분석 |

- 3×3의 칸에 나열된 각 도형들 사이의 규칙을 찾아 ?에 들어갈 알맞은 도형을 찾는 유형이다.
- 이때 규칙은 가로 또는 세로로 적용되며, 회전, 색 반전, 대칭, 겹치는 부분 지우기 / 남기기 / 색 반전 등 다양한 규칙이 적용된다.

다음 제시된 도형의 규칙을 보고 ?에 들어갈 도형으로 알맞은 것은?

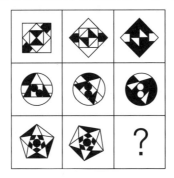

①

②

③

④

⑤

규칙은 가로 방향으로 적용된다.
첫 번째 도형을 시계 방향으로 45° 회전한 것이 두 번째 도형이고, 이를 색 반전한 것이 세 번째 도형이다.

30초 컷 풀이 Tip

1. 규칙 방향 파악
   규칙이 적용되는 방향이 가로인지 세로인지부터 파악한다. 해당 문제처럼 세 도형이 서로 다른 모양일 때에는 쉽게 파악할수 있지만 아닌 경우도 많다. 모양이 비슷한 경우에는 가로와 세로 모두 확인하여 규칙이 적용된 방향을 유추해야 한다.
2. 규칙 유추
   규칙을 유추하기 쉬운 도형을 기준으로 규칙을 파악한다. 나머지 도형을 통해 유추한 규칙이 맞는지 확인한다.

주요 규칙

규칙		예시
회전	45° 회전	 시계 방향
	60° 회전	 시계 반대 방향
	90° 회전	 시계 반대 방향
	120° 회전	 시계 반대 방향
	180° 회전	
색 반전		
대칭	x축 대칭	
	y축 대칭	

06 | 도식추리

| 유형분석 |

- 문자를 바꾸는 규칙을 파악한 후, 제시된 규칙이 적용되었을 때 ?에 들어갈 알맞은 문자를 고르는 유형이다.
- 각 규칙들이 2개 이상 한꺼번에 적용되어 제시되기 때문에 각각의 예시만 봐서는 규칙을 파악하기 어렵다. 공통되는 규칙이 있는 예시를 찾아 서로 비교하여 각 문자열의 위치가 바뀌었는지 / 숫자의 변화가 있었는지 등을 확인하며 규칙을 찾아야 한다.

다음 도식에서 기호들은 일정한 규칙에 따라 문자를 변화시킨다. ?에 들어갈 문자로 알맞은 것은?(단, 규칙은 가로와 세로 중 한 방향으로만 적용된다)

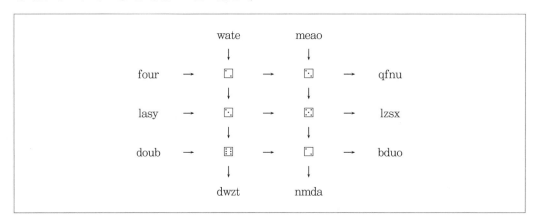

ㄱㅊㄷㅈ → □ → □ → ?

① ㅈㄱㅊㄷ
② ㄴㅈㅊㄷ
③ ㄴㅈㅊㄱ
④ ㅇㄱㅈㄷ
⑤ ㄱㅊㄴㅈ

정답 ④

1. 규칙 파악할 순서 찾기
   □ → □ and □ → □
2. 규칙 파악

1	2	3	4	5	6	7	8	9	10	11	12	13	14	15	16	17	18	19	20	21	22	23	24	25	26
A	B	C	D	E	F	G	H	I	J	K	L	M	N	O	P	Q	R	S	T	U	V	W	X	Y	Z
ㄱ	ㄴ	ㄷ	ㄹ	ㅁ	ㅂ	ㅅ	ㅇ	ㅈ	ㅊ	ㅋ	ㅌ	ㅍ	ㅎ	ㄱ	ㄴ	ㄷ	ㄹ	ㅁ	ㅂ	ㅅ	ㅇ	ㅈ	ㅊ	ㅋ	ㅌ

- ⬚ : 가로 두 번째 도식과 세로 두 번째 도식에서 ⬚ → ⬚ 규칙이 겹치므로 이를 이용하면 ⬚의 규칙이 1234 → 4123임을 알 수 있다.
- ⬚ and ⬚ : ⬚의 규칙을 찾았으므로 가로 첫 번째 도식에서 ⬚의 규칙이 각 자릿수 −1, 0, −1, 0임을 알 수 있다. 같은 방법으로 가로 세 번째 도식에서 ⬚의 규칙이 1234 → 1324임을 알 수 있다.
- ⬚ : ⬚의 규칙을 찾았으므로 가로 두 번째 도식에서 ⬚의 규칙이 각 자릿수 +1, −1, +1, −1임을 알 수 있다.

따라서 정리하면 다음과 같다.

⬚ : 1234 → 4123
⬚ : 각 자릿수 −1, 0, −1, 0
⬚ : 1234 → 1324
⬚ : 각 자릿수 +1, −1, +1, −1

ㄱㅊㄷㅈ → ㅈㄱㅊㄷ → ㅇㄱㅈㄷ
    ⬚   ⬚

30초 컷 풀이 Tip

1. 문자 순서 표기
   문제를 보고 규칙을 찾기 전에 문제에서 사용한 문자를 순서대로 적어놓아야 빠르게 풀이할 수 있다.
2. 묶음 규칙 이용
   규칙을 한 번에 파악할 수 없을 때 두 가지 이상의 규칙을 한 묶음으로 생각하여 접근한다.

예

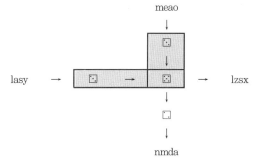

   가로 도식에서 ⬚ → ⬚ 규칙을 한 묶음으로 생각하면 last → ⬚ → ⬚ → lzss이므로 ⬚ → ⬚는 각 자릿수 0, −1, 0, −1의 규칙을 갖는다.
   세로 도식에서 meao은 ⬚ → ⬚의 규칙이 적용되면 mdan이 되므로 mdan → ⬚ → nmda이다. 따라서 ⬚의 규칙은 1234 → 41230이다.
3. 규칙 정리
   유추한 규칙을 알아볼 수 있도록 정리해둔다.
4. 기출 규칙
   온라인 시험에서 자주 출제되는 규칙은 크게 두 가지이다.

규칙	예시
순서 교체	1234 → 4321
각 자릿수 + 또는 −	+1, −1, +1, −1

온라인 풀이 Tip

온라인 시험의 경우 눈으로 풀어야 하므로, 규칙 파악을 위한 문자 순서를 미리 외워둔다면 빠르게 풀이할 수 있다.

07 | 참 또는 거짓

| 유형분석 |

- 주어진 글을 바탕으로 추론했을 때 항상 참 또는 거짓인 것을 고르는 유형이다.
- 언어이해 영역의 내용일치와 유사한 면이 있으나 내용일치가 지문에 제시된 내용인지 아닌지만 확인하는 유형이라면, 참 또는 거짓과 같은 내용추론은 지문에 직접적으로 제시되지 않은 내용까지 추론하여 답을 도출해야 한다는 점에서 차이가 있다.

다음 글의 내용이 참일 때 항상 거짓인 것은?

루머는 구전과 인터넷을 통해 확산되고, 그 과정에서 여러 사람들의 의견이 더해진다. 루머는 특히 사회적 불안감이 형성되었을 때 빠르게 확산되는데, 이는 사람들이 사회적·개인적 불안감을 해소하기 위한 수단으로 루머에 의지하기 때문이다.

나아가 루머가 확산되는 데는 사회적 동조가 중요한 영향을 미친다. 사회적 동조란 '다수의 의견이나 사회적 규범에 개인의 의견과 행동을 맞추거나 동화시키는 경향'을 뜻한다. 사회적 동조는 루머가 사실로 인식되고 대중적으로 수용되는 과정에서도 큰 영향력을 행사한다.

사회적 동조는 개인이 어떤 정보에 대해 판단하거나 그에 대한 태도를 결정하는 데 정당성을 제공한다. 다수의 의견을 따름으로써 어떤 정보를 믿는 것에 대한 합리적 이유를 갖게 되는 것이다. 실제로 루머에 대한 지지 댓글을 많이 본 사람들은 루머에 대한 반박 댓글을 많이 본 사람들에 비해 루머를 사실로 믿는 경향이 더욱 강한 것으로 나타났다. 또한 사회적 동조가 있는 상태에서는 개인의 성향과 상관없이 루머를 사실이라고 믿는 경우가 많았다.

사회적 동조의 또 다른 역할은 사람들이 자신의 의견을 제시할 때 사회적 분위기를 고려하게 하는 것이다. 소속된 집단으로부터 소외되지 않기 위해서 다수에 의해 지지되는 의견을 따라가는 현상이 발생하기도 한다. 이와 같은 현상은 개인주의 문화권보다는 집단주의 문화권에 있는 사람들에게서 더 잘 나타난다. 집단주의 문화권 사람들은 루머를 믿는 사람들로부터 루머에 대한 정보를 얻고 그것을 근거로 하여 판단하며, 다른 사람들의 의견에 개인의 생각을 일치시키는 경향이 두드러진다.

① 사람들은 루머를 사회적 불안감을 해소하기 위한 수단으로 삼기도 한다.

② 사회적 동조는 개인이 루머를 사실로 받아들이는 결정을 함에 있어 정당성을 제공한다.

③ 집단주의 문화권에서는 개인주의 문화권보다 사회적 동조가 루머의 확산에 미치는 영향이 더 크게 나타난다.

④ 루머에 대한 반박 댓글을 많이 본 사람들이 지지 댓글을 많이 본 사람들보다 루머를 사실로 믿는 경향이 더 약하다.

⑤ 사회적 동조가 있을 때, 충동적인 사람들은 충동적이지 않은 사람들에 비해 루머를 사실로 믿는 경향이 더 강하다.

정답　⑤

사회적 동조가 있는 상태에서는 개인의 성향과 상관없이, 즉 충동적인 것과는 무관하게 루머를 사실이라고 믿는 경우가 많았다고 하였으므로 옳지 않다.

오답분석

① 사람들이 사회적·개인적 불안감을 해소하기 위한 수단으로 루머에 의지한다고 하였으므로 옳은 내용이다.

② 사회적 동조는 개인이 어떤 정보에 대해 판단하거나 그에 대한 태도를 결정하는 데 정당성을 제공한다고 하였으므로 옳은 내용이다.

③ 집단주의 문화권 사람들은 루머를 믿는 사람들로부터 루머에 대한 정보를 얻고 그것을 근거로 하여 판단하며, 다른 사람들의 의견에 개인의 생각을 일치시키는 경향이 두드러진다고 하였으므로 옳은 내용이다.

④ 루머에 대한 지지 댓글을 많이 본 사람들은 루머에 대한 반박 댓글을 많이 본 사람들에 비해 루머를 사실로 믿는 경향이 더욱 강한 것으로 나타났다고 하였다. 따라서 이를 역으로 생각하면 반박 댓글을 많이 본 사람들이 루머를 사실로 믿는 경향이 더 약함을 알 수 있다.

30초 컷 풀이 Tip

주어진 글에 대하여 거짓이 되는 답을 고르는 문제의 경우 제시문에 있는 특정 문장이나 키워드가 되는 단어의 의미를 비트는 경우가 많다. 따라서 정반대의 의미를 지녔거나 지나치게 과장된, 혹은 축소된 의미를 지닌 단어가 문항에 새로 추가되지는 않았는지 비교해보도록 한다.

온라인 풀이 Tip

온라인으로 풀기 어려운 유형이라 비슷한 유형을 많이 풀면서 문제 유형에 익숙해지고, 빠르게 읽는 연습을 하여 온라인 시험에 대비해야 한다.

08 | 반박 / 반론 / 비판

| 유형분석 |

- 글을 읽고 비판적 의견이나 반박을 생각할 수 있는지를 평가하는 유형이다.
- 제시문의 '주장'에 대한 반박을 찾는 것이므로, '근거'에 대한 반박이나 논점에서 벗어난 것을 찾지 않도록 주의해야 한다.

다음 글에 대한 반론으로 가장 적절한 것은?

인공 지능 면접은 더 많이 활용되어야 한다. 인공 지능을 활용한 면접은 인터넷에 접속하여 인공 지능과 문답하는 방식으로 진행되는데, 지원자는 시간과 공간에 구애받지 않고 면접에 참여할 수 있는 편리성이 있어 면접 기회가 확대된다. 또한 회사는 면접에 소요되는 인력을 줄여, 비용 절감 측면에서 경제성이 크다. 실제로 인공 지능을 면접에 활용한 ○○회사는 전년 대비 2억 원 정도의 비용을 절감했다. 그리고 기존 방식의 면접에서는 면접관의 주관이 개입될 가능성이 큰 데 반해, 인공 지능을 활용한 면접에서는 빅데이터를 바탕으로 한 일관된 평가 기준을 적용할 수 있다. 이러한 평가의 객관성 때문에 많은 회사들이 인공 지능 면접을 도입하는 추세이다.

① 빅데이터는 사회에서 형성된 정보가 축적된 결과물이므로 왜곡될 가능성이 적다.

② 인공 지능을 활용한 면접은 기술적으로 완벽하기 때문에 인간적 공감을 떨어뜨린다.

③ 회사 관리자 대상의 설문 조사에서 인공 지능을 활용한 면접을 신뢰한다는 비율이 높게 나온 것으로 보아 기존의 면접 방식보다 지원자의 잠재력을 판단하는 데 더 적합하다.

④ 회사의 특수성을 고려해 적합한 인재를 선발하려면 오히려 해당 분야의 경험이 축적된 면접관의 생각이나 견해가 면접 상황에서 중요한 판단 기준이 되어야 한다.

⑤ 면접관의 주관적인 생각이나 견해로는 지원자의 잠재력을 판단하기 어렵다.

정답 ④

제시문에서는 편리성, 경제성, 객관성 등을 이유로 인공 지능 면접을 지지하고 있다. 따라서 객관성보다 면접관의 생각이나 견해가 회사 상황에 맞는 인재를 선발하는 데 적합하다는 논지로 반박하는 것은 옳다.

오답분석

① · ③ · ⑤ 제시문의 주장에 반박하는 것이 아니라 제시문의 주장을 강화하는 근거에 해당한다.

② 인공 지능 면접에 필요한 기술과 인간적 공감의 관계는 제시문에서 주장한 내용이 아니므로 반박의 근거로도 적당하지 않다.

30초 컷 풀이 Tip

1. 주장, 관점, 의도, 근거 등 문제를 풀기 위한 글의 핵심을 파악한다. 이후 글의 주장 및 근거의 어색한 부분을 찾아 반박할 주장과 근거를 생각해본다.

2. 제시된 지문이 지나치게 길 경우 선택지를 먼저 파악하여 홀로 글의 주장이 어색하거나 상반된 의견을 제시하고 있는 답은 없는지 확인한다.

3. 반론 유형을 풀기 어렵다면 지문과 일치하는 선택지부터 지워나가는 소거법을 활용한다. 함정도 피하고 쉽게 풀 수 있다.

4. 문제를 풀 때 지나치게 시간에 쫓기거나 집중력이 떨어진 상황이라면 제시문의 처음 문장 혹은 마지막 문장을 읽어 글이 주장하는 바를 빠르게 파악하는 것도 좋은 방법이다. 단, 처음 문장에서 글쓴이의 주장과 반대되는 사례를 먼저 언급하는 경우도 있으므로 이 경우에는 마지막 문장과 비교하여 어느 의견이 글쓴이의 주장에 가까운지 구분하도록 한다.

09 | 〈보기〉 해석

| 유형분석 |

- 제시문을 읽은 뒤 이를 토대로 〈보기〉의 문장을 바르게 해석할 수 있는지 평가하는 유형이다.
- 지문을 토대로 〈보기〉의 문장을 해석하는 것이므로 반대로 〈보기〉의 문장을 통해 지문을 해석하거나 반박하지 않도록 주의한다.

다음 지문을 토대로 〈보기〉를 바르게 해석한 것은?

근대 이후 개인의 권리가 중시되자 법철학은 권리의 근본적 성격을 법적으로 존중되는 의사에 의한 선택의 관점에서 볼 것인가 아니면 법적으로 보호되는 이익의 관점에서 볼 것인가를 놓고 지속적으로 논쟁해왔다. 의사설의 기본적인 입장은 어떤 사람이 무언가에 대하여 권리를 갖는다는 것은 법률관계 속에서 그 무언가와 관련하여 그 사람의 의사에 의한 선택이 다른 사람의 의사보다 우월한 지위에 있음을 법적으로 인정하는 것이다. 의사설을 지지한 하트는 권리란 그것에 대응하는 의무가 존재한다고 보았다. 그는 의무의 이행 여부를 통제할 권능을 가진 권리자의 선택이 권리의 본질적 요소라고 보았기 때문에 법이 타인의 의무 이행 여부에 대한 권능을 부여하지 않은 경우에는 권리를 가졌다고 말할 수 없다고 주장했다.

의사설은 타인의 의무 이행 여부와 관련된 권능, 곧 합리적 이성을 가진 자가 아니면 권리자가 되지 못하는 난점이 있다. 또한 의사설은 면제권을 갖는 어떤 사람이 면제권을 포기함으로써 타인의 권능 아래에 놓일 권리, 즉 스스로를 노예와 같은 상태로 만들 권리를 인정해야 하는 상황에 직면한다. 하지만 현대에서는 이런 상황이 인정되기가 어렵다.

이익설의 기본적인 입장은 권리란 이익이며, 법이 부과하는 타인의 의무로부터 이익을 얻는 자는 누구나 권리를 갖는다는 것이다. 그래서 타인의 의무 이행에 따른 이익이 없다면 권리가 없다고 본다. 이익설을 주장하는 라즈는 권리와 의무가 동전의 양면처럼 논리적으로 서로 대응하는 관계일 뿐만 아니라 권리가 의무를 정당화하는 관계에 있다고 보았다. 즉, 권리가 의무 존재의 근거가 된다고 보는 입장을 지지한다고 볼 수 있다. 그래서 누군가의 어떤 이익이 타인에게 의무를 부과할 만큼 중요성을 가지는 것일 때 비로소 그 이익은 권리로서 인정된다고 보았다.

이익설의 난점으로는 제3자를 위한 계약을 들 수 있다. 가령 갑이 을과 계약하며 병에게 꽃을 배달해 달라고 했다고 하자. 이익 수혜자는 병이지만 권리자는 계약을 체결한 갑이다. 쉽게 말해 을의 의무 이행에 관한 권능을 가진 사람은 병이 아니라 갑이다. 그래서 이익설은 이익의 수혜자가 아닌 권리자가 있는 경우를 설명하기 어렵다는 비판을 받는다. 또한 이익설은 권리가 실현하려는 이익과 그에 상충하는 이익을 비교해야 할 경우 어느 것이 더 우세한지를 측정하기 쉽지 않다.

보기

A씨는 동물 보호 정책 시행 의무의 헌법 조문화, 동물 정책 기본법 제정 등을 통해 동물 보호 의무가 헌법에 명시되어야 한다고 주장하였다.

① 하트의 주장에 따르면 동물 보호 의무가 헌법에 명시되지 않더라도 동물은 기본적으로 보호받을 권리를 가지고 있다.

② 하트의 주장에 따르면 동물 생명의 존엄성이 법적으로 보호됨으로써 동물이 보다 나은 삶을 살 수 있다면 동물은 권리를 가질 수 있다.

③ 하트의 주장에 따르면 사람이 동물 보호 의무를 갖는다고 하더라도 동물은 이성적 존재가 아니므로 동물은 권리를 갖지 못한다.

④ 라즈의 주장에 따르면 사람의 의무 이행에 따른 이익이 있다면 동물이 권리를 가질 수 있지만, 그렇다고 동물의 권리가 사람의 의무를 정당화하는 것은 아니다.

⑤ 라즈의 주장에 따르면 동물의 이익이 사람에게 의무를 부과할 만큼 중요성을 가지지 못하더라도 상충하는 이익보다 우세할 경우 권리로 인정될 수 있다.

정답 ③

의사설을 지지한 하트는 의무 이행 여부를 통제할 권능을 가진 권리자의 선택을 권리의 본질적 요소로 보았기 때문에 타인의 의무 이행 여부와 관련된 권능, 곧 합리적 이성을 가진 자가 아니면 권리자가 될 수 없다고 보았다. 따라서 하트는 동물 보호 의무와 관련하여 사람이 동물 보호 의무를 갖는다고 하더라도 이성적 존재가 아닌 동물은 권리를 갖지 못한다고 주장할 수 있다.

오답분석

① 의사설을 지지한 하트에 따르면 법이 타인의 의무 이행 여부에 대한 권능을 부여하지 않은 경우에는 권리를 가졌다고 말할 수 없다.

② 법이 타인의 의무로부터 이익을 얻는 자는 누구나 권리를 갖는다는 이익설의 입장에 따른 주장이므로 의사설을 지지한 하트의 주장으로는 적절하지 않다.

④ 이익설을 주장한 라즈에 따르면 타인의 의무로부터 이익을 얻는 자는 누구나 권리를 가지므로 권리와 의무는 서로 대응하는 관계이며, 권리는 의무를 정당화한다.

⑤ 이익설을 주장한 라즈에 따르면 누군가의 이익이 타인에게 의무를 부과할 만큼 중요성을 가질 때 그 이익은 권리로서 인정된다. 또한 이익설은 권리가 실현하려는 이익과 상충하는 이익을 비교해야 할 경우 어느 것이 더 우세한지를 측정하기 어렵다는 단점이 있다.

30초 컷 풀이 Tip

〈보기〉 해석의 경우 제시문과 〈보기〉에 제시된 문장의 의미를 제대로 파악할 필요가 있다는 점에서 난이도가 높은 유형이라고 볼 수 있다. 제시문과 〈보기〉, 그리고 문항의 의미를 모두 파악하는 데는 상당한 시간이 소요되므로, 가장 먼저 〈보기〉의 내용을 이해하도록 한다. 이후 각 문항에서 공통적으로 나타나는 핵심 주장이나 단어, 특정 사물이나 개인의 명칭 등 키워드를 기준으로 문항을 구분한 뒤, 이를 제시문과 대조하여 그 논지와 같은 문항을 찾아내도록 한다.

온라인 풀이 Tip

지문에 중요한 부분을 표시할 수 없으므로 〈보기〉부터 읽어 지문에서 확인해야 하는 정보가 무엇인지 파악한다. 〈보기〉의 내용을 간단하게 기억해두고, 지문을 읽으면서 관련 내용을 추가로 요약한다.

※ 제시된 명제가 모두 참일 때, 빈칸에 들어갈 명제로 가장 적절한 것을 고르시오. [1~2]

01

> • 음악을 좋아하는 사람은 상상력이 풍부하다.
> • 음악을 좋아하지 않는 사람은 노란색을 좋아하지 않는다.
> • _____

① 노란색을 좋아하지 않는 사람은 음악을 좋아한다.
② 음악을 좋아하지 않는 사람은 상상력이 풍부하지 않다.
③ 상상력이 풍부한 사람은 노란색을 좋아하지 않는다.
④ 노란색을 좋아하는 사람은 상상력이 풍부하다.
⑤ 상상력이 풍부하지 않은 사람은 음악을 좋아한다.

Hard
02

> • 회계팀의 팀원은 모두 회계 관련 자격증을 가지고 있다.
> • _____
> • 돈 계산이 빠르지 않은 사람은 회계팀이 아니다.

① 회계팀이 아닌 사람은 돈 계산이 빠르다.
② 돈 계산이 빠른 사람은 회계 관련 자격증을 가지고 있다.
③ 회계팀이 아닌 사람은 회계 관련 자격증을 가지고 있지 않다.
④ 돈 계산이 빠르지 않은 사람은 회계 관련 자격증을 가지고 있다.
⑤ 돈 계산이 빠르지 않은 사람은 회계 관련 자격증을 가지고 있지 않다.

03 A ~ E사원은 회사 업무로 인해 외근을 나가려 한다. 다음 명제들이 모두 참이라고 할 때, 항상 참인 것은?

> • A가 외근을 나가면 B도 외근을 나간다.
> • A가 외근을 나가면 D도 외근을 나간다.
> • D가 외근을 나가면 E도 외근을 나간다.
> • C가 외근을 나가지 않으면 B도 외근을 나가지 않는다.
> • D가 외근을 나가지 않으면 C도 외근을 나가지 않는다.

① B가 외근을 나가면 A도 외근을 나간다.
② D가 외근을 나가면 C도 외근을 나간다.
③ A가 외근을 나가면 E도 외근을 나간다.
④ C가 외근을 나가지 않으면 D도 외근을 나가지 않는다.
⑤ B가 외근을 나가지 않으면 D도 외근을 나가지 않는다.

04 K박물관에는 발견된 연도가 서로 다른 왕의 유물들이 전시되어 있다. 다음 〈조건〉에 근거하여 바르게 추론한 것은?

> **조건**
> • 왕의 목걸이는 100년 전에 발견되었다.
> • 왕의 신발은 목걸이보다 나중에 발견되었다.
> • 왕의 초상화는 가장 최근인 10년 전에 발견되었다.
> • 왕의 편지는 신발보다 먼저 발견되었고 목걸이보다 나중에 발견되었다.
> • 왕의 반지는 30년 전에 발견되어 신발보다 늦게 발견되었다.

① 왕의 편지가 가장 먼저 발견되었다.
② 왕의 신발은 두 번째로 발견되었다.
③ 왕의 반지는 편지보다 먼저 발견되었다.
④ 왕의 편지는 목걸이와 반지보다 늦게 발견되었다.
⑤ 왕의 유물을 발견된 순서대로 나열하면 '목걸이 – 편지 – 신발 – 반지 – 초상화'이다.

05 다음 명제가 항상 참이라고 할 때, 반드시 참이라고 할 수 없는 것은?

- 정리정돈을 잘하는 사람은 집중력이 좋다.
- 주변이 조용할수록 집중력이 좋다
- 깔끔한 사람은 정리정돈을 잘한다.
- 집중력이 좋으면 성과 효율이 높다.

---

① 깔끔한 사람은 집중력이 좋다.
② 주변이 조용할수록 성과 효율이 높다.
③ 깔끔한 사람은 성과 효율이 높다.
④ 성과 효율이 높지 않은 사람은 주변이 조용하지 않다.
⑤ 깔끔한 사람은 주변이 조용하다.

06 연경, 효진, 다솜, 지민, 지현 5명 중에서 1명이 선생님의 책상에 있는 화병에 꽃을 꽂아 두었다. 이 가운데 두 명의 이야기는 모두 거짓이지만 세 명의 이야기는 모두 참이라고 할 때 선생님 책상에 꽃을 꽂아둔 사람은?

- 연경 : 화병에 꽃을 꽂아두는 것을 나와 지현이만 보았다. 효진이의 말은 모두 맞다.
- 효진 : 화병에 꽃을 꽂아둔 사람은 지민이다. 지민이가 그러는 것을 지현이가 보았다.
- 다솜 : 지민이는 꽃을 꽂아두지 않았다. 지현이의 말은 모두 맞다.
- 지민 : 화병에 꽃을 꽂아두는 것을 세 명이 보았다. 효진이는 꽃을 꽂아두지 않았다.
- 지현 : 나와 연경이는 꽃을 꽂아두지 않았다. 나는 누가 꽃을 꽂는지 보지 못했다.

---

① 연경   ② 효진
③ 다솜   ④ 지민
⑤ 지현

07 수덕, 원태, 광수는 임의의 순서로 빨간색·파란색·노란색 지붕을 가진 집에 나란히 이웃하여 살고, 개·고양이·원숭이라는 서로 다른 애완동물을 기르며, 광부·농부·의사라는 서로 다른 직업을 갖는다. 알려진 정보가 아래와 같을 때, 〈보기〉에서 반드시 참인 것을 모두 고르면?

- 광수는 광부이다.
- 가운데 집에 사는 사람은 개를 키우지 않는다.
- 농부와 의사의 집은 서로 이웃해 있지 않다.
- 노란 지붕 집은 의사의 집과 이웃해 있다.
- 파란 지붕 집에 사는 사람은 고양이를 키운다.
- 원태는 빨간 지붕 집에 산다.

보기

ㄱ. 수덕은 빨간 지붕 집에 살지 않고 원태는 개를 키우지 않는다.
ㄴ. 노란 지붕 집에 사는 사람은 원숭이를 키우지 않는다.
ㄷ. 수덕이가 파란 지붕 집에 살고, 고양이를 키운다.
ㄹ. 수덕이는 개를 키우지 않는다.
ㅁ. 원태는 농부이다.

① ㄱ, ㄴ   ② ㄴ, ㄷ
③ ㄷ, ㄹ   ④ ㄱ, ㄴ, ㅁ
⑤ ㄴ, ㄷ, ㄹ

Hard

08

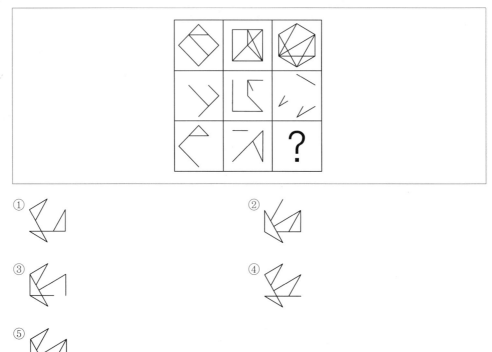

① ② ③ ④ ⑤

09

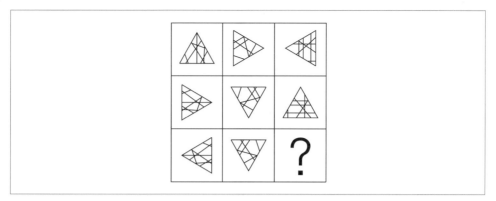

①

②

③

④

⑤

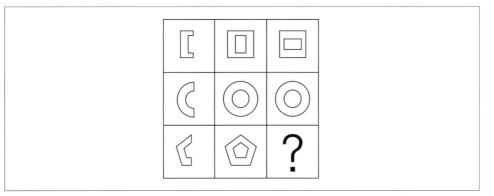

①

②

③

④

⑤

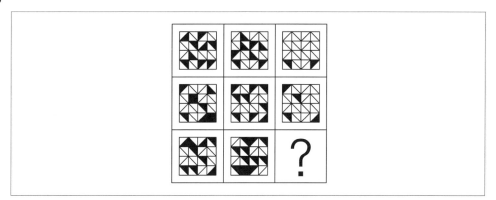

①

②

③

④

⑤

※ 다음 도식에서 기호들은 일정한 규칙에 따라 문자를 변화시킨다. ?에 들어갈 알맞은 문자를 고르시오 (단, 규칙은 가로와 세로 중 한 방향으로만 적용된다). [12~15]

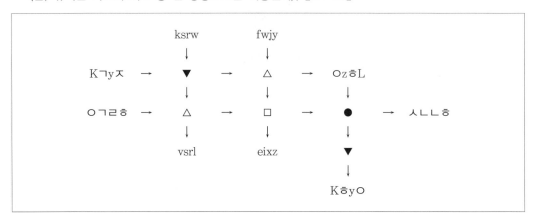

12

ㅅㄴㄹㅁ → ▼ → □ → ?

① ㅁㄴㄹㅅ   ② ㅁㄹㄴㅅ
③ ㅁㅅㄴㄹ   ④ ㅇㄱㄷㅂ
⑤ ㅅㄱㄹㄹ

Hard
13

isog → ● → △ → ?

① hsog   ② iosg
③ gosi   ④ hsng
⑤ irof

14

? → ▼ → ● → yenv

① neyv   ② vney
③ yfnw   ④ wyfn
⑤ wnfy

15

? → □ → △ → ㅇㅌㄷㄹ

① ㅈㄹㅋㄷ   ② ㅊㄹㄷㅈ
③ ㅈㅊㄹㄷ   ④ ㅅㅌㄴㄹ
⑤ ㅅㅌㄹㄴ

16 A과장은 산림청이 주관하는 학술발표회에 참석하였다. 다음 자료의 내용이 참일 때, A과장의 이해로 잘못된 것은?

우리나라에만 자생하는 희귀·멸종 위기수종인 미선나무에 발광다이오드(LED)광을 처리해 대량증식을 할 수 있는 기술을 개발했다. 이번에 개발된 기술은 줄기증식이 어려운 미선나무의 조직배양 단계에서 LED를 이용해 줄기의 생장을 유도하는 특정 파장의 빛을 쬐어주어 대량생산이 가능하게 하는 기술이다.

미선나무의 눈에서 조직배양한 기내식물체[*]에 청색과 적색(1 : 1) 혼합광을 쬐어준 결과, 일반광(백색광)에서 자란 것보다 줄기 길이가 1.5배 이상 증가하였고, 한 줄기에서 3개 이상의 새로운 줄기가 유도되었다. LED광은 광파장의 종류에 따라 식물의 광합성효율, 줄기의 생장, 잎의 발달, 뿌리 형성 등 식물이 자라는 것을 조절할 수 있다. 이러한 방법은 미선나무 외에 다른 희귀·멸종위기수종에도 적용하여 고유한 특성을 가진 식물자원의 보존과 증식에 효과적인 기술이다.

또한, 어미나무의 작은 부분을 재료로 사용해서 나무를 훼손하지 않고도 어미나무와 같은 형질을 가진 복제묘를 대량으로 생산할 수 있다는 점에서 희귀멸종위기수종의 보존을 위한 기술로 의미가 있다.

새로 개발된 기술로 생산된 미선나무는 경기도 오산의 물향기수목원에 기증되어 시민들과 만나게 된다. 한반도에만 서식하는 1속 1종인 미선나무는 우리나라와 북한 모두 천연기념물로 지정해 보호하고 있는 귀한 나무이다. 미선나무 꽃의 모양은 아름답고 향기가 있으며, 추출물은 미백과 주름개선에 효과가 있는 것으로 알려져 있다.

앞으로 미선나무와 같은 희귀·멸종 위기 식물의 복제 및 증식을 위한 조직배양 기술을 지속적으로 개발하고, 우리나라 자생식물의 유전자원 보전과 활용을 위한 기반을 마련해 '나고야 의정서^{**}' 발효에 대응해나갈 계획이다.

* 기내식물체 : 조직배양 방법으로 무균상태의 특수한 배양용기에 식물이 자라는 데 필요한 영양분이 들어있고 외부자연 환경과 유사한 인공적인 환경에서 자라는 식물체
** 나고야 의정서 : 생물자원을 활용하며 생기는 이익을 공유하기 위한 지침을 담은 국제협약

---

① 미선나무의 조직배양 단계에서 LED 파장을 쬐어주어야 줄기의 생장을 유도할 수 있어.
② 청색과 적색의 혼합광은 줄기의 생장을 조절할 수 있어.
③ 복제묘 생산 시 어미나무의 작은 부분을 재료로 사용해 나무를 훼손하지 않을 수 있어.
④ LED 파장으로 미선나무의 줄기의 길이는 증가하고, 줄기의 개수는 줄어들었어.
⑤ 미선나무는 한반도에서만 서식하고, 우리나라와 북한 모두에서 천연기념물로 지정되어 있으니까 보존에 많은 노력을 해야겠어.

17 다음 글을 통해 추론할 수 있는 내용으로 가장 적절한 것은?

국민주권에 바탕을 둔 민주주의 원리는 모든 국가기관의 의사가 국민의 의사로 귀착될 수 있어야 한다는 것이다. 이러한 민주주의 원리로부터 국민의 생활에 중요한 영향을 미치는 국가기관일수록 국민의 대표성이 더 반영되어야 한다는 '민주적 정당성'의 원리가 도출된다. 헌법재판 역시 그 중대성을 감안할 때 국민의 대의기관이 직접 담당하는 것이 민주적 정당성의 원리에 부합할 것이다. 헌법재판은 과거 세대와 현재 및 미래 세대에게 아울러 적용되는 헌법과 인권의 가치를 수호하는 특수한 기능을 수행한다. 헌법재판소는 항구적인 인권 가치를 수호하기 위하여 의회입법이나 대통령의 행위를 위헌이라고 선언할 수 있다. 이는 현재 세대의 의사와 배치될 수도 있는 작업이다. 그렇다면 이는 의회와 같은 현세대의 대표자가 직접 담당하기에는 부적합하다. 헌법재판관들은 현재 다수 국민들의 실제 의사를 반영하기 위하여 임명되는 것이 아니다. 그들의 임무는 현재 국민들이 헌법을 개정하지 않는 한 헌법에 선언된 과거 국민들의 미래에 대한 약정을 최대한 실현하는 것이다. 그렇다면 헌법재판은 의회로부터 어느 정도 독립되고, 전문성을 갖춘 사법기관의 재판관들이 담당해야 한다.

한편 헌법재판은 사법적으로 이루어질 때 보다 공정하고 독립적으로 이루어질 수 있다. 이는 독립된 재판관에 의하여 이루어지는 법해석을 중심으로 판단이 이루어져야 한다는 것을 말한다. 그런데 독립된 헌법재판소를 두더라도 헌법재판관의 구성방법이 문제된다. 헌법 제1조 제2항에 따라 모든 국가권력은 국민에게 귀착되어야 하는 정당성의 사슬로 연결되어 있기에 헌법재판관 선출은 국민의 직접 위임에 의한 것이 이상적이다. 그러나 현실적으로 국민의 직접선거로 재판관을 선출하는 것은 용이하지 않다. 따라서 대의기관이 관여하여 헌법재판관을 임명함으로써 최소한의 민주적 정당성을 갖추어야 할 것이다. 그러므로 헌법재판관들이 선출되지 않은 소수 혹은 국민에 대하여 책임지지 않는 소수라는 이유만으로 민주적 정당성이 없다고 하는 것은, 헌법재판관 선출에 의회와 대통령이 관여한다는 점에서 무리한 비판이라고 볼 것이다.

① 헌법재판관들은 현행 헌법 개정에 구속되지 않고 미래 세대를 위한 약정을 최대한 실현해야 한다.
② 헌법재판소가 다수의 이익을 대표하는 대의기관의 행위를 위헌이라고 판단하는 것은 항구적인 인권 가치를 수호하기 위함이다.
③ 현재 헌법재판관 선출방법은 모든 국가권력이 국민에게 귀착되어야 한다는 민주적 정당성의 원리를 이상적으로 실현하고 있다.
④ 헌법재판은 현재와 미래 세대에게 아울러 적용되는 헌법과 항구적인 인권의 가치를 수호해야 하지만, 이는 현재 세대의 의사와 배치되어서는 안 된다.
⑤ 헌법재판은 사법기관이 담당하는 것이 바람직하며, 그 기관은 현재 세대를 대표하는 대의기관으로부터 어느 정도 독립되고 전문성을 갖출 필요가 있다.

18 다음 글에 대한 논리적인 반박으로 가장 적절한 것은?

> 아마란스는 남아메리카 지방에서 예로부터 잉카인들이 즐겨 먹어 오던, 5천 년의 재배 역사를 지닌 곡물이다. 척박한 안데스 고산지대에서 자라날 수 있는 강한 생명력을 가지고 있으며, 각종 풍부한 영양소로 인해 '신이 내린 곡물'이라는 별명을 얻기도 했다.
>
> 아마란스는 곡물로서는 흔치 않은 고단백 식품이라는 점도 주목할 만하다. 성분 전체 중 15 ~ 17%에 달할 정도로 식물성 단백질 성분이 풍부하며, 식이섬유 성분이 다량 함유되어 있다. 반면 쌀, 보리, 밀 등 다른 곡류에 비해 탄수화물이나 나트륨 함량이 낮은 편이며, 체중에 위협이 되는 글루텐 성분 또한 없다. 또한 칼슘·칼륨·인·철분 등의 무기질을 비롯해 다양한 영양성분이 풍부하여 다른 곡물에 부족한 영양소를 보충할 수 있다. 아마란스가 최근 비만 환자들에게 의사들이 적극 추천하는 식품이 된 이유가 여기에 있다.
>
> 때문에 아마란스는 향후 우리나라 사람들의 주식인 백미를 대체할 수 있는 식품이 될 수 있다. 백미의 경우 구성성분이 대부분 탄수화물로 이루어져 있는 반면, 유효한 영양소는 적기 때문에 비만의 주범이 되고 있다. 바꾸어 말해, 주식으로 백미 대신 동일한 양의 아마란스를 섭취하는 것은 탄수화물 섭취를 크게 줄일 수 있고, 체중 조절에 훨씬 유리하다. 따라서 국내 비만율을 낮추기 위해 국가 차원에서 정책적으로 뒷받침하여 쌀 대신 아마란스를 대량 재배해야 한다.

① 아마란스도 과량으로 섭취하면 체중이 증가한다.

② 아마란스는 우리나라 기후와 맞지 않아 국내 재배가 어렵다.

③ 국내에는 아마란스를 이용한 요리가 거의 알려지지 않았다.

④ 섭취하는 식품뿐만 아니라 운동 부족도 비만에 지대한 영향을 끼친다.

⑤ 백미를 일일권장량 이상 섭취해도 정상체중이거나 저체중인 사람들이 많다.

19 다음 글을 바탕으로 한 추론으로 적절하지 않은 것은?

> 고혈압은 국민에게 너무 친숙하여 일상생활 중 환자가 고혈압약을 먹어도 이상하게 생각하거나 차별을 받지 않는 사회적으로도 인정된 친숙한 질병이다. 실제로 약 6백만 명이 고혈압 진료를 받고 있으며 1년에 건강보험 진료비로 약 3조 원을 사용하니 1인당 약 50만 원씩을 고혈압 진료비로 사용하고 있다. 고혈압은 치명적인 질병으로 이어지기도 한다. 실제로 미국의 루스벨트 대통령도 1945년 집무실에서 고혈압으로 인한 뇌졸중으로 사망하였다. 미국국립보건연구원에서는 그 사건을 계기로 보스턴 옆의 프레이밍햄시(市) 주민 전체를 대상으로 뇌졸중과 심장병 발생 원인을 추적 조사하여 고혈압, 흡연, 음주, 소금 섭취량 과다, 운동 부족, 고혈당, 고지혈증 등을 위험요인이라고 밝혀내고 그중 고혈압이 가장 큰 방향위험요인이라고 발표하였다. 그 후에도 여러 연구를 통하여 정리된 고혈압으로 인한 위험 중 대표적이고 중한 질병이 심장병과 뇌졸중이다.
>
> 세계보건기구에서 2017년 조사한 바에 의하면 세계 고혈압 인구는 10억 명 이상이며 빠른 속도로 증가하고 있다. 전 세계 사망 원인의 14%가 고혈압으로 인한 질병이 원인이며 사망 위험요인 중 1위이다. 고혈압으로 인한 심장질환으로 사망할 확률은 120/80mmHg부터 시작하여 수축기 혈압이 20mmHg 높아질 때마다 2배씩 높아진다. 수축기 혈압이 180mmHg이면 8배가 높아진다. 반대로 100만 명을 대상으로 연구한 61개 연구를 분석한 결과 집단적으로 평균 혈압을 2mmHg만 낮추어도 심장병 사망률 7%, 뇌졸중 사망률 10%가 감소한다는 연구결과가 발표되었다.
>
> 미국 심장학회는 개인의 나이, 성별, 혈압, 콜레스테롤, 흡연 여부, 당뇨병 여부를 입력하면 10년 내 심장병과 뇌졸중 발생위험을 알려주는 프로그램을 만들어 공개하였다. 구글에 ASCVD를 찾아 입력하면 위험도가 바로 산출된다. 이밖에도 미국 질병관리본부의 심장 나이, 부정맥을 가진 사람의 뇌졸중 위험도 평가인 CHADS 점수 등 많은 프로그램이 개발되어 국민이 스스로 간단히 위험도를 평가할 수 있다.
>
> 최근에 고혈압과 관련되어 두 가지 중요한 이슈가 있었다. 하나는 그동안 비교적 정확하게 혈압을 측정하던 수은혈압계가 세계적인 수은 사용중지 정책으로 2020년부터는 사용하지 못한다는 것이다. 이에 따라 정확하게 혈압을 측정할 수 있는 전자측정계가 개발되고 있다. 두 번째는 미국 심장학회 등 11개 학회가 고혈압의 기준을 130/80mmHg으로 하향 조정한 것이다. 고혈압을 보다 적극적으로 개발하면 심장병과 뇌졸중 발생을 대폭 줄일 수 있다는 장기간의 연구결과에 따른 것이다. 그러나 기준을 낮추면 환자가 큰 폭으로 늘어난다. 30대 이상 인구의 50%에 달할 수 있다고 추계하기도 한다. 아울러 제약회사와 의사가 협력한 현대의 대표적인 의료화정책이란 비판과 일부에서는 음모론을 제기하기도 한다. 그러나 현대 의학의 근거를 기반으로 할 때 고혈압 기준을 낮추어 일찍부터 적극적으로 관리하면 그만큼 합병증이 줄 것은 분명하다.

① 고혈압 환자가 늘어나면서 현재는 특별한 질환이 아니게 되었다.

② 심장병과 뇌졸중은 고혈압으로 발생할 수 있는 가장 크고 중한 질병이다.

③ 어떤 집단의 심장병과 뇌졸중 사망률이 각각 31%, 54%일 때, 이 집단이 평균 혈압을 2mmHg 낮춘다면 이 집단의 심장병 사망률은 24%, 뇌졸중 사망률은 44%이다.

④ 고혈압의 기준을 하향 조정하면 제약회사와 의사가 가장 큰 피해를 본다.

⑤ 120/80mmHg부터 수축기 혈압이 80mmHg가 높아졌다면 심장질환으로 사망할 확률은 16배 증가한다.

20 다음 중 (가)와 (나)를 읽고 추론한 내용으로 적절하지 않은 것은?

> (가) 그러므로 나는 인류학적 정신에서 다음과 같은 민족의 정의를 제안한다. 즉, 민족은 본래 제한되고 주권을 가진 것으로 상상되는 정치공동체이다. 민족은 가장 작은 민족의 성원들도 대부분의 자기 동료들을 알지 못하고 만나지 못하고 심지어 그들에 관한 이야기를 듣지 못하지만, 구성원 각자의 마음에 친교의 이미지가 살아있기 때문에 상상된 것이다. 민족은 제한된 것으로 상상된다. 왜냐하면 10억의 인구를 가진 가장 큰 민족도 비록 유동적이기는 하지만 한정된 경계를 가지고 있어 그 너머에는 다른 민족이 살고 있기 때문이다. 어떤 민족도 그 자신을 인류와 동일시하지 않는다. 어떤 구세주적 민족주의자들도 모든 인류의 성원이 그들의 민족에 동참하는 날이 올 것을 꿈꾸지는 않는다. 민족은 주권을 가진 것으로 상상된다. 왜냐하면 이 개념은 계몽사상과 혁명이 신이 정한 계층적 왕국의 합법성을 무너뜨리던 시대에 태어났기 때문이다. 마지막으로 민족은 공동체로 상상된다. 왜냐하면 각 민족에 보편화되어 있을지 모르는 실질적인 불평등과 수탈에도 불구하고 민족은 언제나 심오한 수평적 동료의식으로 상상되기 때문이다. 궁극적으로 지난 2세기 동안 수백만의 사람들로 하여금 그렇게 제한된 상상체들을 위해 남을 죽이기보다 스스로 기꺼이 죽게 만들 수 있었던 것은 이 형제애이다.
>
> (나) 필자는 민족을 원초적이거나 불변의 사회적 실체로 보지 않는다. 민족은 역사적으로 최근의 특정 시기에만 나타난다. 그것은 특정한 종류의 근대적 영토국가, 즉 민족국가(Nation-state)에 관련된 때에 한해서만 사회적 실체이다. 따라서 민족을 민족국가와 연결시키지 않고 논의하는 것은 의미가 없다.

① 민족은 경험을 통해 구성되고 의미가 부여된 역사적 공동체이다.
② 상상된 공동체인 민족은 그 실체가 없다.
③ 민족은 근대적 산물이다.
④ 민족은 민족국가 형성에 기여한 측면이 있다.
⑤ 민족은 구성원 간의 계급적 차별을 은폐하는 효과를 가질 수 있다.

시각적사고

합격 Cheat Key

| 영역 소개 |

시각적사고 영역은 크게 평면도형과 입체도형 두 부분으로 나뉜다. 평면도형에서는 그림을 평면으로 제시하고, 그 도형에 대한 입체적 사고를 요구한다. 입체도형에서는 도형을 입체적으로 제시하고, 보여지는 시점 외에 다각도에서 바라볼 것을 요구한다. 이러한 유형의 문제를 통해 이 영역에서 평가하고자 하는 바는 '공간능력을 보유하고 있는가', '제한된 시간 내에 주어진 자료를 적절하게 응용할 수 있는가', '입체적이고 종합적인 사고력을 갖추고 있는가'이다.

| 유형 소개 |

1 평면도형

공간적 감각 및 추리력을 평가하는 유형으로 종이접기, 펀칭·자르기, 도형찾기, 조각찾기 문제가 포함된다.

2 입체도형

3차원의 입체도형을 회전시켜 다른 시점에서 바라보거나, 여러 개의 입체도형을 결합 또는 분리시키는 능력을 평가하는 유형으로, 세부적으로 전개도, 단면도, 투상도, 블록결합 문제로 나눌 수 있다.

04 | 이론점검

01 평면도형

1. 종이접기

주어진 종이를 조건에 맞게 접은 후 마지막 종이 모양으로 알맞은 모양을 찾거나 조건에 따라 종이를 접었을 때 나올 수 없는 모양을 찾는 유형이 출제된다.

① 종이를 접는 방향을 고려하여 앞면과 뒷면의 모습을 모두 생각하는 연습을 해야 한다.
② 마지막으로 접은 종이의 뒷면은 좌우 반전이 일어나므로 주의해야 한다.
③ 이해가 가지 않는 경우에는 실제로 종이를 접어보면서 연습하는 것이 실전에 도움이 된다.

1) ·－·－·－·　앞, 뒤로 접었을 때 뒷면

2) ·－·－·－·　앞, 뒤로 접었을 때 앞면

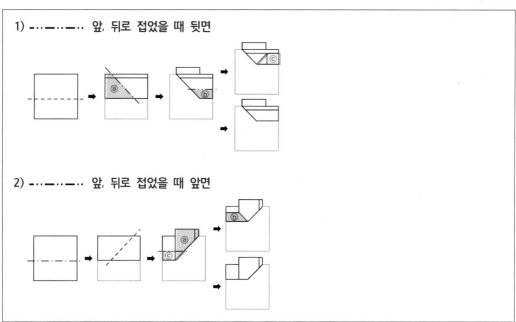

2. 펀칭·자르기

주어진 종이를 조건에 맞게 접은 후 구멍을 뚫거나(펀칭), 모서리를 가위로 자르고 펼쳤을 때 나타나는 모양을 고르는 유형이 출제된다.

① 펀칭, 자르기 유형은 종이에 구멍을 낸 후 다시 종이를 펼쳐가며 구멍의 위치와 모양을 추적하는 방법으로 해결할 수 있다.

② 종이를 펼쳤을 때 구멍의 모양과 개수, 위치를 판별하는 것이 핵심이다. 이를 위해서는 '대칭'에 대한 이해가 필요하다. 구멍은 종이를 접은 선을 기준으로 대칭되어 나타난다는 것에 유의한다.

   ㉠ 모양 : 펀칭의 경우 종이를 펼쳤을 때 뚫린 모양이 원형으로 모두 같다. 하지만 자르기의 경우에는 삼각형, 사각형과 같이 각진 모양으로 구멍이 생기고, 크기가 달라질 수 있기 때문에 잘린 모양을 대칭 이동시킬 때에 주의해야 한다.

   ㉡ 개수 : 면에 구멍을 뚫으면 종이를 펼쳤을 때 구멍이 2개 나타나고, 접은 선 위에 구멍을 뚫으면 종이를 펼쳤을 때 구멍이 1개 나타난다.

   ㉢ 위치 : 종이를 접는 방향을 주의 깊게 살펴야 한다. 종이를 왼쪽에서 오른쪽으로 접은 경우, 구멍의 위치는 오른쪽에서 왼쪽으로 표시하며 단계를 거슬러 올라간다.

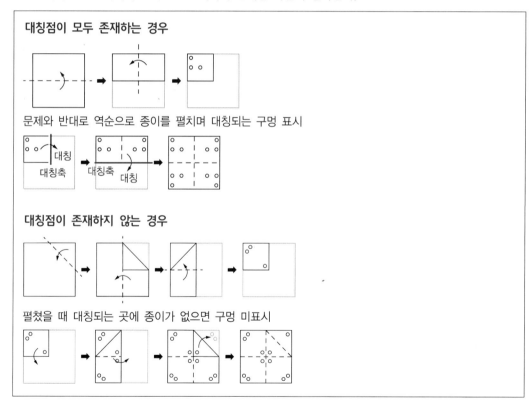

3. 도형찾기

여러 개의 직선 또는 곡선으로 분할된 그림에서 찾을 수 없는 도형을 고르는 유형이 출제된다.

① 사각형에 여러 개의 선을 무작위로 그어 다양한 크기와 모양의 조각으로 분할시킨 그림이 주로 제시된다. 난이도가 높은 문제는 곡선이 포함되어 있기도 하다.

② 선으로 둘러싸인 작은 크기의 개별 조각뿐만 아니라 몇 개의 조각들을 결합시켜 만든 도형이 선택지에 등장하기도 한다. 따라서 이웃하여 위치한 조각들을 연결시켜 가능한 모양을 따져보아야 한다.

③ 선택지에 나타난 도형의 선분 길이와 기울기, 각도에 주목하여 찾으면 비교적 빠르게 해결할 수 있다.

④ 찾을 조각의 각 변의 선을 연장하여 시각적으로 찾기 쉽게 변형한다.

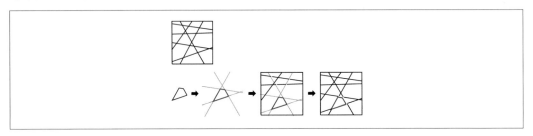

4. 조각찾기

여러 가지 크기와 모양의 조각을 조합하였을 때 만들 수 없는 도형을 찾는 문제나, 제시된 도형을 만들기 위해서 필요하지 않은 조각을 고르는 유형이 출제된다.

① 여러 가지 크기와 모양의 조각을 조합하여 만들 수 없는 도형을 찾는 문제

    ㉠ 선택지 5개의 조각들을 모두 활용하여 만들 수 있는 4개의 도형과 그렇지 않은 1개의 도형으로 구분한다.

    ㉡ 가장 큰 조각을 모서리나 각에 맞게 배치시킨 후 나머지 조각들을 크기 순서대로 배치시키면서 만들 수 없는 도형을 찾는다.

    ㉢ 조각의 크기가 비슷할 때에는 특징적인 부분이 있는 조각부터 배치한다.

② 제시된 도형을 만들기 위해서 필요하지 않은 조각을 고르는 문제

    ㉠ 구조상 완성 도형이 선택지에 있는 네 개의 조각으로 조립된다. 따라서 선택지의 도형에서 비슷한 두 개의 도형 중 하나가 답이 될 확률이 높다.

    ㉡ 개별 조각들은 회전은 가능하지만 뒤집는 것은 불가능하므로 유의하도록 한다.

    ㉢ 각 조각에서 완성 모양인 사각형의 모서리 모양과 같은 부분을 표시하여 가장 큰 도형부터 대입한다.

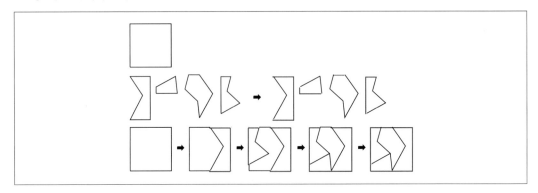

1. 전개도

제시된 전개도를 이용하여 만들 수 있는(없는) 입체도형을 찾는 문제와 제시된 입체도형의 전개도로 알맞은 것을 고르는 유형이 출제된다.

① 전개도 상에서는 떨어져 있지만 입체도형으로 만들었을 때 서로 연결되는 면을 주의 깊게 살핀다.

② 마주보는 면과 인접하는 면을 구분하여 학습한다.

③ 평면이었던 전개도가 입체도형이 되면서 면의 그림이 회전되는 모양을 확인한다.

④ 많이 출제되는 전개도는 미리 마주보는 면과 인접하는 면, 만나는 꼭짓점을 학습한다.

　　㉠ ①~⑥은 접었을 때 마주보는 면을 의미한다. 즉, 두 수의 합이 7이 되는 면끼리 마주 보는 면이다. 또한 각 전개도에서 ①에 위치하는 면이 같다고 할 때, 전개도마다 면이 어떻게 배열되는지도 나타낸다.

　　㉡ 1~8은 접었을 때 만나는 점을 의미한다. 즉, 접었을 때 같은 숫자가 적힌 점끼리 만난다.

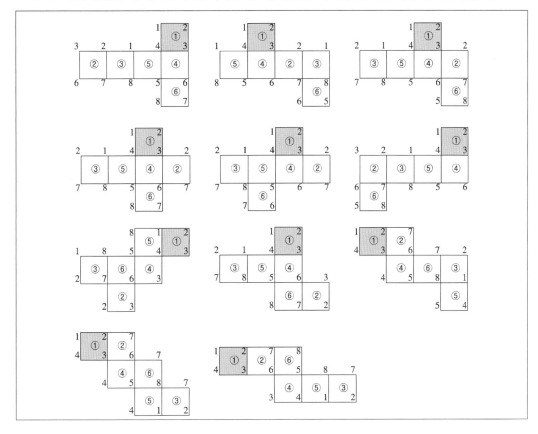

2. 단면도

입체도형을 세 방향에서 봤을 때 나타나는 단면과 일치하는 것을 고르는 유형이 출제된다.
① 제시된 세 단면이 입체도형을 어느 방향에서 바라본 단면인지 파악한다.
② 보기에 제시된 입체도형에서 서로 다른 부분을 표시한다.
③ 입체도형에 표시된 부분을 기준으로 제시된 단면과 일치하지 않는 입체도형을 지워나간다.

3. 투상도

여러 방향으로 회전된 입체도형 중에 일치하지 않는 것을 고르는 유형이 출제된다.
① 주로 밖으로 나와 있는 모양이나 안으로 들어가 있는 모양이 반대로 되어 있는지 확인한다.
② 입체도형을 회전하였을 때 모양이 왼쪽, 오른쪽이 반대로 되어 있는 경우가 많으므로 이 부분을 중점으로 확인한다.

4. 블록결합

직육면체로 쌓아진 블록을 세 개의 블록으로 분리했을 때 제시되지 않은 하나의 블록을 고르는 유형이 출제된다.
① 쉽게 파악되지 않는 블록의 경우 블록을 한 층씩 나누어 생각한다.
② 블록은 다양한 방향과 각도로 회전하여 결합할 수 있으므로 결합되는 여러 가지 경우의 수를 판단한다.

직육면체의 입체도형을 세 개의 블록으로 분리했을 때, 들어갈 블록의 모양으로 옳은 것을 고르는 유형

〈전체〉   〈A〉   〈B〉   〈C〉

• 개별 블록과 완성된 입체도형을 비교하여 공통된 부분을 찾는다.
• 완성된 입체도형에서 각각의 블록에 해당되는 부분을 소거한다. 전체 블록은 16개의 정육면체가 2단으로

쌓인 것으로, 제일 윗단 중 모양이 유사한 〈A〉와 〈B〉를 제하면 윗단은 ⬚⬚ 이 되고, 아랫단은

⬚ 이 되어 〈C〉에는 ⬚⬚ 이 들어가야 함을 알 수 있다.

01 | 평면도형

PART 1

| 유형분석 |

- 뒷면의 모양을 유추하기 위해 앞으로 접기는 뒤로 접기로, 뒤로 접기는 앞으로 접기로 하여 접힌 모양을 유추하는 유형이다.
- 다음으로 제시된 모양을 보고 앞으로 접기와 뒤로 접기 시 어느 면이 접힐지를 유추하며 풀이한다.

다음 그림과 같이 접었을 때, 나올 수 있는 뒷면의 모양으로 적절한 것은?

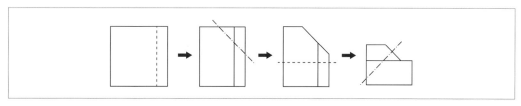

① 　　　　　②

③ 　　　　　④

⑤

정답 ③

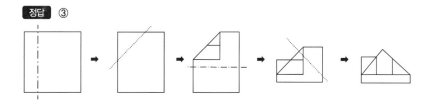

30초 컷 풀이 Tip

단계별로 종이를 접어감에 따라 생기는 뒷모양을 주어진 그림에 표시 또는 연상하면서 풀면 비교적 쉽게 해결할 수 있다.

02 | 펀칭 · 자르기

| 유형분석 |

- 종이접기 문제를 풀이할 때와는 반대로 접혀진 모양을 펼쳐가면서 대칭되는 구멍을 표시하는 유형이다.
- 면에 뚫린 구멍의 모양은 동그라미, 네모, 세모 등으로 구멍의 모양과 개수, 위치를 판별하면서 풀어야 한다.

다음 그림과 같이 화살표 방향으로 종이를 접은 후, 펀치로 구멍을 뚫거나 잘라내어 다시 펼쳤을 때의 그림으로 옳은 것은?

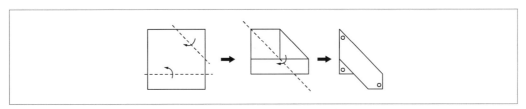

①

②

③

④

⑤

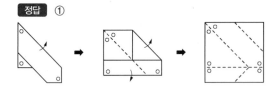

30초 컷 풀이 Tip

펀칭·자르기 유형은 종이에 구멍을 낸 후 다시 종이를 거꾸로 펼쳐가며 구멍의 위치와 모양을 추적하는 방법으로 해결할 수 있다. 종이를 펼쳤을 때 구멍의 모양과 개수, 위치를 판별하는 것이 핵심이다. 이를 위해서는 대칭에 대한 기본적인 이해가 필요하다. 구멍은 종이를 접은 선을 기준으로 대칭으로 나타난다는 것에 유의한다.

1. 모양 : 펀칭의 경우 종이를 펼쳤을 때 뚫린 모양이 원형으로 모두 같다. 하지만 자르기의 경우에는 삼각형, 사각형과 같이 각진 모양으로 구멍이 생기기 때문에 잘린 모양을 대칭 이동시킬 때에 주의해야 한다.
2. 개수 : 면에 구멍을 뚫으면 종이를 펼쳤을 때 구멍이 2개 나타나고, 접은 선 위에 구멍을 뚫으면 종이를 펼쳤을 때 구멍이 1개 나타난다. 겹쳐진 종이가 몇 장인지를 파악하여 뚫린 구멍의 수를 먼저 계산해두면 빠른 풀이가 가능하다.
3. 위치 : 종이를 접는 방향을 주의 깊게 살펴야 한다. 종이를 왼쪽에서 오른쪽으로 접은 경우, 구멍의 위치는 오른쪽에서 왼쪽으로 표시하며 단계를 거슬러 올라간다.

03 | 조각찾기 ①

| 유형분석 |

- 분할된 그림에서 찾을 수 없는 조각을 고르는 유형이다.
- 난이도가 높은 문제는 다양한 곡선이 포함되어 있으며 선의 개수가 많고 조각 모양도 제각각이다.

다음 제시된 그림에서 찾을 수 없는 조각으로 옳은 것은?

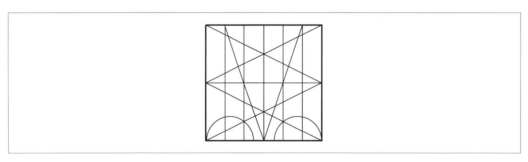

①

②

③

④

⑤

정답 ③

30초 컷 풀이 Tip

난이도가 높은 문제의 경우 그림에 곡선이 포함되기도 하지만 주로 사각형에 여러 개의 선을 무작위로 그어 다양한 크기와 모양의 조각으로 분할시킨 그림이 주로 제시된다. 따라서 선택지에 제시된 조각의 선분 길이와 기울기, 각도에 주목하여 찾으면 비교적 빠르게 문제를 해결할 수 있다.

04 조각찾기 ②

| 유형분석 |

- 분할된 조각을 결합하여 나타낼 수 없는 도형을 찾는 유형이다.
- 창의적 사고와 시각적 사고가 동시에 요구되는 유형이다.
- 큰 조각이나 완성된 모양의 모서리를 포함하고 있는 조각, 특징적인 부분이 있는 조각을 중점으로 풀이하는 것이 중요하다.

다음 제시된 조각을 조합하였을 때 만들 수 없는 도형으로 옳은 것은?(단, 조각은 회전만 가능하다)

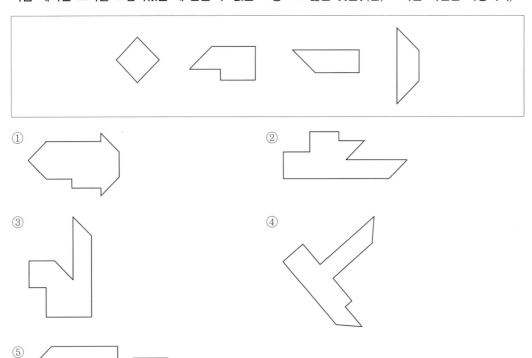

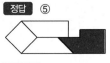

①

②

③

④
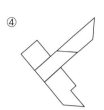

30초 컷 풀이 Tip

1. 가장 큰 조각을 모서리나 각에 맞게 배치시킨 후 나머지 조각들을 크기 순서대로 배치시키면서 만들 수 없는 도형을 찾는다.
2. 조각의 크기가 비슷할 때는 특징적인 부분이 있는 조각부터 배치한다.

05 | 조각찾기 ③

| 유형분석 |

- 조각찾기 ②와는 반대로 주어진 도형에 결합할 수 없는 조각을 찾는 유형이다.
- 난이도는 어렵지 않은 편이다.

다음 중 주어진 도형을 만들기 위해 필요하지 않은 조각으로 옳은 것은?

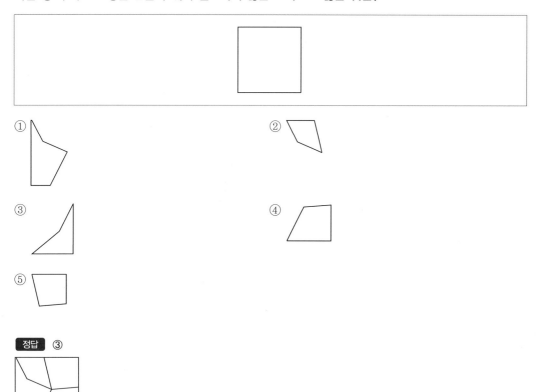

정답 ③

| 30초 컷 풀이 Tip |

선택지 조각 중 비슷한 형태의 조각이 두 개 있다면, 그중 하나가 답일 확률이 높다. 특히 두 조각의 공통 부분이 완성 도형의 모서리 중 한 부분이라면 그중 하나가 답일 확률은 더욱 높아진다. 또는, 각 조각의 두 개의 선이 만나 가지는 각도 중 결합 시 180도를 만드는 조각이 있는지 판단한다. 두 개의 조각을 붙인 후에 나오는 각도와 맞는 나머지 두 개의 조각을 순서대로 찾으며 고르는 방법도 존재한다.

06 | 전개도

| 유형분석 |

- 전개도의 6개의 면이 결합했을 때의 정육면체를 맞추는 유형이다.
- 시각적 판단과 공간적 지각력을 요구하는 유형이다.
- 서로 떨어져 있는 면을 붙이면 어떤 모양이 나오는지를 중점적으로 학습하는 것이 중요하다.

주어진 전개도로 정육면체를 만들 때, 만들어질 수 없는 것은?

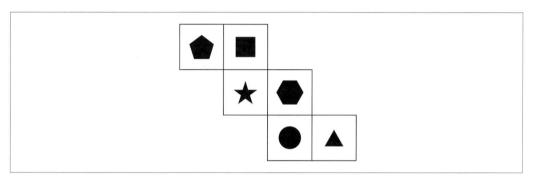

①   ②

③   ④

⑤

30초 컷 풀이 Tip

정육면체 전개도에 따라 서로 마주보는 면과 서로 만나는 모서리는 꼭 알아두어야 한다. 또한 전개도 상에서 면이 입체도형으로 변할 때, 면에 그려진 도형이 어떤 식으로 변하는지도 알아두면 좋다.

보기의 정육면체 중 전개도에 해당하는 도형박스의 모서리에 숫자를 부여한 뒤 알맞게 맞물리는지를 확인하면 빠른 판단을 할 수 있다.

07 | 단면도

| 유형분석 |

- 보기의 입체도형에서 서로 다른 부분을 찾고 그 부분이 단면도와 일치하는지를 확인하는 유형이다.
- 입체도형을 세 방향으로 볼 때 나타나는 단면과 일치하는 것을 골라야 한다.

다음 제시된 단면과 일치하는 입체도형으로 옳은 것은?

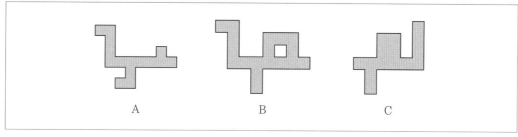

A   B   C

① 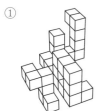   ②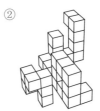

③ 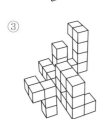   ④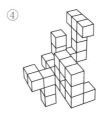

⑤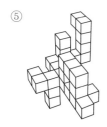

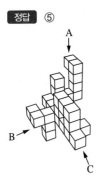

30초 컷 풀이 Tip

단면도만으로는 입체도형의 모든 모양을 알 수 없으므로 단면도와 선택지를 비교해가며 일치하는 부분과 일치하지 않는 부분을 찾아낸다.

08 | 투상도

| 유형분석 |

- 복잡한 모양의 입체도형 중 다른 도형을 고르는 유형이다.
- 시각적 사고 중에서도 난이도가 높은 유형에 해당한다.

다음 주어진 입체도형 중 일치하지 않는 것은?

①

②

③

④

⑤

정답 ③

30초 컷 풀이 Tip

선택지 중 하나를 기준 도형으로 설정한다. 이때 기준이 되는 도형은 다른 선택지보다 보이는 부분이 많고 세부적인 부분을 확인하기 쉬운 것을 고르는 것이 좋다. 그리고 기준 도형에서 특징이 되는 부분을 척도로 다른 선택지와 비교해보며 차이점을 찾는다. 이때 도형의 외각이나 특징이 뚜렷한 부분을 중심으로 파악하는 것이 시간 단축에 도움이 된다.

09 | 블록결합

- 주어진 두 개의 블록을 결합하였을 때 비는 부분의 블록 모형을 고르는 유형이다.
- 첫 번째 도형에서 어느 부분의 도형을 고르는지를 파악하고 풀이하는 것이 중요하다.

왼쪽의 직육면체 모양의 입체도형은 두 번째, 세 번째 입체도형과 ?를 조합하여 만들 수 있다. ?에 들어갈 도형으로 알맞은 것은?

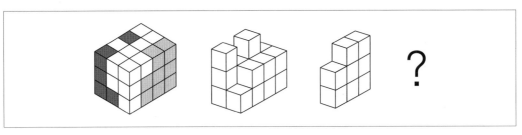

①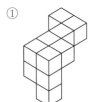

②

③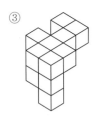

④

⑤

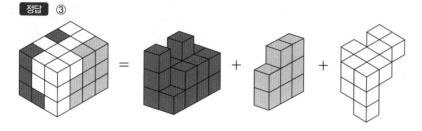

정답 ③

30초 컷 풀이 Tip

개별 블록과 완성된 입체도형을 비교하여 공통된 부분을 찾는다. 그리고 완성된 입체도형에서 각각의 블록에 해당되는 부분에 색칠하며 오답을 소거한다.
제시된 왼쪽 직육면체 모양의 입체도형에서 두 개의 입체도형 조각을 직육면체의 겉면에 표시한 후 표시되지 않은 나머지 각 면의 모양에 대응되는 보기의 입체도형 조각을 찾는다.

PART 1

01 다음 제시된 그림에서 찾을 수 없는 조각으로 옳은 것은?

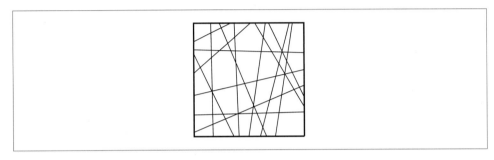

① ②

③ ④

⑤

-------------------------------------	앞으로 접기
·-·-·-·-·-·-·-·-·-·-·-·-·-·-	뒤로 접기

02

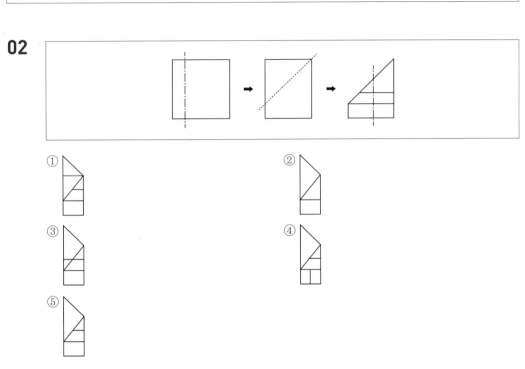

03

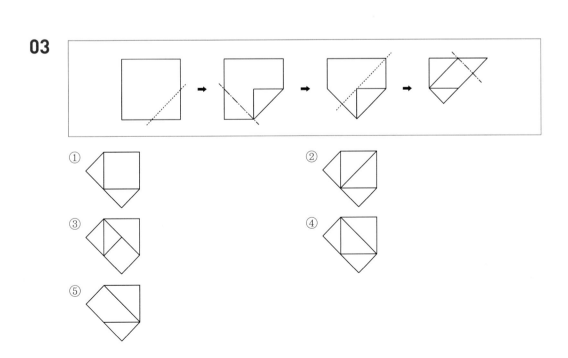

04 다음 그림과 같이 화살표 방향으로 종이를 접은 후, 구멍을 잘라내어 다시 펼쳤을 때의 그림으로 옳은 것은?

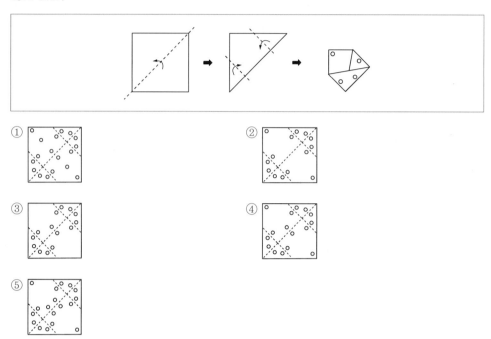

05 다음 제시된 조각을 조합하였을 때 만들 수 없는 도형은?(단, 도형은 회전만 가능하다)

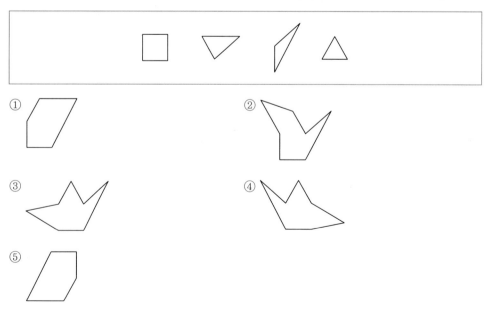

06 왼쪽의 직육면체 모양의 입체도형은 두 번째, 세 번째 입체도형과 ?를 조합하여 만들 수 있다. ?에 들어갈 도형으로 알맞은 것은?

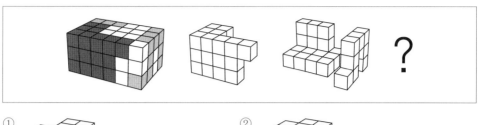

①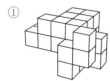

②

③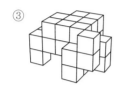

④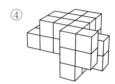

⑤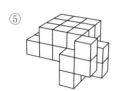

※ 주어진 전개도로 정육면체를 만들 때, 만들어질 수 없는 것을 고르시오. [7~8]

07

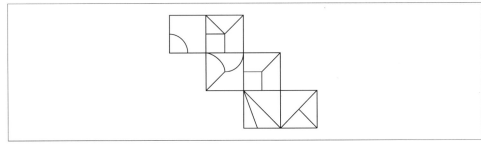

①

②

③

④

⑤

08

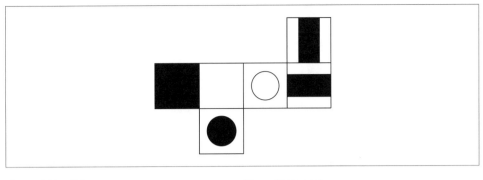

①

②

③

④

⑤

※ 다음 제시된 단면과 일치하는 입체도형을 고르시오. [9~10]

09

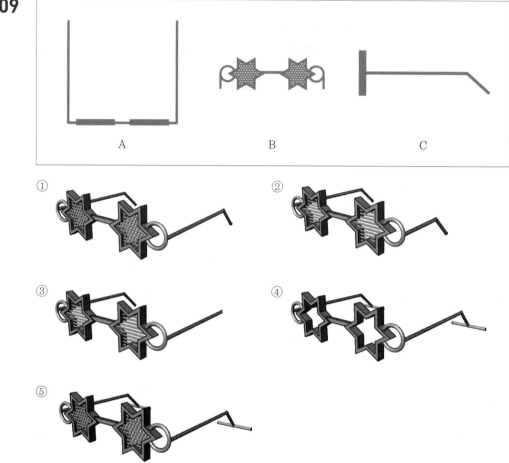

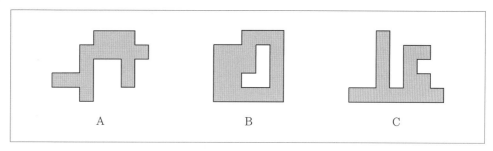

A   B   C

①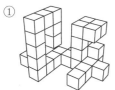

②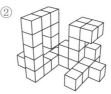

③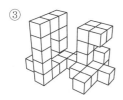

④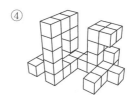

⑤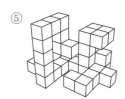

아이들이 답이 있는 질문을 하기 시작하면 그들이 성장하고 있음을 알 수 있다.

- 존 J. 플롬프 -

PART **2**

최종점검 모의고사

KCC 인적성검사		
응시시간 / 문항	문항 수	문항별 제한시간
50분 / 48문항	14문항	30초
	16문항	60초
	18문항	90초

※ 필기구 사용이 불가하며 제한시간이 종료되면 다음 문제로 넘어간다.

※ 모든 문항에는 오답 감점이 존재한다.

제 1 회

최종점검 모의고사

🕐 응시시간 : 50분 📋 문항 수 : 48문항 정답 및 해설 p.022

☑ 제한시간 30초

01 5명으로 이루어진 남성 신인 아이돌 그룹의 나이 합은 105살이다. 5명 중 3명이 5명의 평균 나이와 같고, 가장 큰 형의 나이는 24살이다. 막내의 나이는 몇 살인가?

① 18살 ② 19살

③ 20살 ④ 21살

⑤ 22살

☑ 제한시간 30초

02 다음 글을 논리적 순서대로 바르게 나열한 것은?

> (가) 위기가 있는 만큼 기회도 주어진다. 다만, 그 기회를 잡기 위해 우리에게 가장 필요한 것은 지혜이다. 그리고 그 지혜를 행동으로 옮길 때, 우리는 성공이라는 결과를 얻을 수 있는 것이다.
>
> (나) 세계적 금융위기는 끝나지 않았고, 동중국해를 둘러싼 중국과 일본의 영토분쟁은 세계 경제에 새로운 위협 요인이 되고 있다. 국가경제도 부동산가격 하락으로 가계부채 문제가 경제에 부담이 될 것이라는 예측이 나온다. 휴일 영업을 둘러싼 대형마트와 재래시장 간의 갈등도 심화되고 있다. 기업의 입장에서나, 개인의 입장에서나 온통 풀기 어려운 문제에 둘러싸인 형국이다.
>
> (다) 이 위기를 이겨낸 사람이 성공하고, 위기를 이겨낸 기업이 경쟁에서 승리한다. 어려움을 이겨낸 나라가 자신에게 주어진 무대에서 주역이 되었다는 것을 우리는 지난 역사 속에서 배울 수 있다.
>
> (라) 한마디로 위기(危機)의 시대이다. 위기는 '위험'을 의미하는 위(危)자와 '기회'를 의미하는 기(機)자가 합쳐진 말이다. 위기라는 말에는 위험과 기회라는 이중의 의미가 함께 들어 있다. 위험을 이겨낸 사람이 기회를 잡을 수 있다는 말이다. 위기는 기회의 또 다른 얼굴이다.

① (나) – (라) – (다) – (가) ② (가) – (라) – (나) – (다)

③ (나) – (가) – (다) – (라) ④ (라) – (가) – (다) – (나)

⑤ (라) – (다) – (가) – (나)

03 한 직선 위에서 시속 1km의 속도로 오른쪽으로 등속 운동하는 두 물체가 있다. 이 직선상에서 두 물체의 왼쪽에 있는 한 점 P로부터 두 물체까지의 거리의 비는 현재 4 : 1이다. 13시간 후 P로부터의 거리의 비가 7 : 5가 된다면 현재 P로부터 두 물체까지의 거리는 각각 몇 km인가?

① 6km, 2km

② 8km, 2km

③ 12km, 3km

④ 18km, 32km

⑤ 12km, 18km

04 A ~ E 다섯 명이 100m 달리기를 했다. 기록 측정 결과가 나오기 전에 그들끼리의 대화를 통해 순위를 예측해 보려고 한다. 그들의 대화는 다음과 같고, 이 중 한 사람이 거짓말을 하고 있다. 다음 중 A ~ E의 순위로 가장 적절한 것은?

> • A : 나는 1등이 아니고, 3등도 아니야.
> • B : 나는 1등이 아니고, 2등도 아니야.
> • C : 나는 3등이 아니고, 4등도 아니야.
> • D : 나는 A와 B보다 늦게 들어왔어.
> • E : 나는 C보다는 빠르게 들어왔지만, A보다는 늦게 들어왔어.

① E − C − B − A − D

② E − A − B − C − D

③ C − E − B − A − D

④ C − A − D − B − E

⑤ A − C − E − B − D

05 다음 그림과 같이 접었을 때 나올 수 있는 뒷면의 모양으로 가장 적절한 것은?

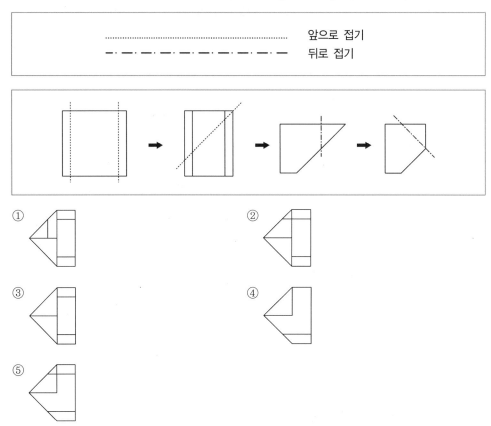

① ② ③ ④ ⑤

06 다음 글의 내용으로 가장 적절한 것은?

> 유교 전통에서는 이상적 정치가 군주 개인의 윤리적 실천에 의해 실현된다고 보았을 뿐 윤리와 구별되는 정치 그 자체의 독자적 영역을 설정하지는 않았다. 달리 말하면 유교 전통에서는 통치자의 윤리만을 문제 삼았을 뿐, 갈등하는 세력들 간의 공존을 위한 정치나 정치제도에는 관심을 두지 않았다. 유교 전통의 이런 측면은 동아시아에서의 민주주의의 실현 가능성을 제한하였다.
> '조화(調和)'를 이상으로 생각하는 유교의 전통 또한 차이와 갈등을 긍정하는 서구의 민주주의 정치 전통과는 거리가 있다. 유교 전통에 따르면, 인간의 행위와 사회 제도는 모두 자연의 운행처럼 조화를 이루어야 한다. 조화를 이루지 못하는 것은 근본적으로 그릇된 것이기 때문에 모든 것은 계절이 자연스럽게 변화하듯 조화를 실현해야 한다. 그러나 서구의 개인주의적 맥락에서 보자면 정치란 서로 다른 개인들 간의 갈등을 조정하는 제도적 장치를 마련하는 과정이었다. 그 결과 서구의 민주주의 사회에서는 다양한 정치적 입장들이 독자적인 형태를 취하면서 경쟁하며 공존할 수 있었다.
> 물론 유교 전통 하에서도 다양한 정치적 입장들이 존재했다고 주장할 수 있다. 군주 절대권이 인정되었다고 해도, 실질적 국가운영을 맡았던 것은 문사(文士) 계층이었고 이들은 다양한 정치적 견해를 군주에게 전달할 수 있었다. 문사 계층은 윤리적 덕목을 군주가 실천하도록 함으로써 갈등 자체가 발생하지 않도록 힘썼다. 또한 이들은 유교 윤리에서 벗어난 군주의 그릇된 행위를 비판하기도 하였다. 그렇다고 하더라도 이들이 서구의 계몽사상가들처럼 기존의 유교적 질서와 다른 정치적 대안을 제시할 수는 없었다. 이들에게 정치는 윤리와 구별되는 독자적 영역으로 인식되지 못하였다.

① 유교 전통에서 사회적 갈등을 원활히 관리하지 못하는 군주는 교체될 수 있었다.

② 유교 전통에서 문사 계층은 기존 유교적 질서와 다른 정치적 대안을 제시하지는 못했다.

③ 조화를 강조하는 유교 전통에서는 서구의 민주주의와 다른 새로운 유형의 민주주의가 등장하였다.

④ 유교 전통에서는 조화의 이상에 따라 군주의 주도로 갈등하는 세력이 공존하는 정치가 유지될 수 있었다.

⑤ 군주의 통치 행위에 대해 다양하게 비판할 수 있었던 유교 전통으로 인해 동아시아에서 민주주의가 발전하였다.

07 다음 제시된 도형을 회전하였을 때, 나올 수 있는 도형으로 옳은 것은?

①

②

③

④

⑤

08 다음 제시된 도형의 규칙에 따라 ?에 들어갈 도형으로 알맞은 것은?

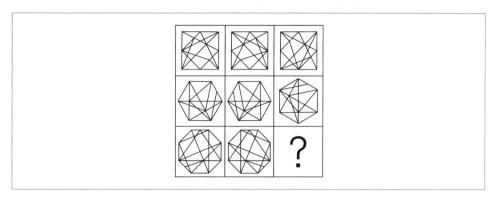

①

②

③

④

⑤

09 우영이는 면적이 $144m^2$인 정사각형 모양 밭에 사과나무 169그루를 심으려고 한다. 일정한 간격으로 심었을 때, 나무와 나무 사이 거리의 최솟값은?

① 1m

② 1.2m

③ 1.3m

④ 2m

⑤ 2.5m

10 다음 글의 주제로 가장 적절한 것은?

> 우리사회는 타의 추종을 불허할 정도로 빠르게 변화하고 있다. 가족정책도 4인 가족 중심에서 1 ~ 2인 가구 중심으로 변해야 하며, 청년실업율과 비정규직화, 독거노인의 증가를 더 이상 개인의 문제가 아닌 사회문제로 다뤄야 하는 시기이다. 여러 유형의 가구와 생애주기 변화, 다양해지는 수요에 맞춘 공동체 주택이야말로 최고의 주거복지사업이다. 공동체 주택은 공동의 목표와 가치를 가진 사람들이 커뮤니티를 이뤄 사회문제에 공동으로 대처해나가도록 돕고, 나아가 지역사회와도 연결시키는 작업을 진행하고 있다.
> 임대료 부담으로 작품활동이나 생계에 어려움을 겪는 예술인을 위한 공동주택, 1인 창업과 취업을 위해 골몰하는 청년을 위한 주택, 지속적인 의료서비스가 필요한 환자나 고령자를 위한 의료안심주택은 모두 시민의 삶의 질을 높이고 선별적 복지가 아닌 복지사회를 이루기 위한 노력의 일환이다. 혼자가 아닌 '함께 가는' 길에 더 나은 삶이 있기 때문에 오늘도 수요자 맞춤형 공공주택은 수요자에 맞게 진화하고 있다.

① 주거난에 대비하는 주거복지 정책

② 4차 산업혁명과 주거복지

③ 선별적 복지 정책의 긍정적 결과

④ 다양성을 수용하는 주거복지 정책

⑤ 수요자 중심의 대출규제 완화

11 다음 글에 나타난 필자의 의도를 바르게 파악한 것은?

> 세상은 수많은 뉴스로 넘쳐난다. 어떤 뉴스는 사람들에게 유용한 지식과 정보를 제공하고, 살아가는 데 힘이 된다. 하지만 또 어떤 뉴스는 사람들에게 거짓 정보를 흘려 현실을 왜곡하거나 잘못된 정보와 의도로 우리를 현혹하기도 한다. 우리는 흔히 뉴스를 볼 때 우리가 선택하고 이용한다고 생각하지만, 사실은 뉴스가 보여주거나 알려주는 것만을 볼 수밖에 없다. 더구나 뉴스로 선택된 것들은 기자와 언론사의 판단을 통해 해석되고 재구성되는 과정을 거치기 마련이다. 아무리 객관적인 보도라 할지라도 해당 매체의 가치 판단을 거친 결과라는 말이다. 더군다나 스마트폰과 소셜 미디어로 대표되는 인터넷을 통한 뉴스 이용은 언론사라는 뉴스 유통 단계를 거치지 않고 곧바로 독자에게 전달되어 가짜 뉴스와 같은 문제를 일으키기도 한다.
> 2016년 미국 대통령 선거에서 떠들썩했던 가짜 뉴스 사례는 가짜 뉴스의 영향력과 심각성이 얼마나 대단한지를 보여 준다. 당시 가짜 뉴스는 소셜 미디어를 통해 확산되었다. 소셜 미디어를 통한 뉴스 이용은 개인적인 차원에서 이루어져 뉴스가 제공하는 정보의 형태와 출처가 뒤섞이거나, 지인의 영향력에 의해 뉴스의 신뢰도가 결정되는 등의 부작용을 낳는다.

① 뉴스의 가치는 다양성에 있다.
② 뉴스는 생산자에 따라 다양하게 구성된다.
③ 뉴스는 이용자의 특성에 따라 다양하게 구성된다.
④ 뉴스는 생산자의 특성과 가치를 포함한다.
⑤ 뉴스 이용자의 올바른 이해와 판단이 필요하다.

12 눈금이 없는 17L 생수 통과 14L 생수 통만을 가지고 9L의 생수를 만들려고 한다. 각 통을 제외한 다른 생수 통은 존재하지 않는다고 할 때, 가장 최소한으로 이동하여 9L를 만들려면 몇 번의 이동이 필요한가?(단, 물을 추가하거나 버리는 것이 가능하며 물을 추가하거나, 버리는 것은 횟수에 포함시키지 않는다)

① 3번   ② 4번
③ 5번   ④ 6번
⑤ 7번

PART 2

13 주어진 명제가 모두 참일 때, 다음 중 반드시 참인 것은?

> • 도보로 걷는 사람은 자가용을 타지 않는다.
> • 자전거를 타는 사람은 자가용을 탄다.
> • 자전거를 타지 않는 사람은 버스를 탄다.

① 자가용을 타는 사람은 도보로 걷는다.

② 버스를 타지 않는 사람은 자전거를 타지 않는다.

③ 버스를 타는 사람은 도보로 걷는다.

④ 도보로 걷는 사람은 버스를 탄다.

⑤ 도보로 걷는 사람은 자전거를 탄다.

14 김대리는 회의 참석자의 역할을 고려해 A ~ F 총 6명이 앉을 6인용 원탁 자리를 세팅 중이다. 다음 내용을 모두 만족하도록 세팅했을 때, 나란히 앉게 되는 참석자는?

> • 원탁 둘레로 6개의 의자를 같은 간격으로 세팅한다.
> • A가 C와 F 중 한 사람의 바로 옆 자리에 앉도록 세팅한다.
> • D의 바로 옆 자리에 C나 E가 앉지 않도록 세팅한다.
> • A가 좌우 어느 쪽을 봐도 B와의 사이에 2명이 앉도록 세팅하고, B의 바로 왼쪽 자리에 F가 앉도록 세팅한다.

① A와 D

② A와 E

③ B와 C

④ B와 D

⑤ C와 F

15 다음과 같은 모양을 만드는 데 사용된 블록의 개수로 옳은 것은?(단, 보이지 않는 곳의 블록은 있다고 가정한다)

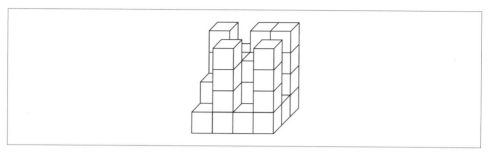

① 34개   ② 33개

③ 32개   ④ 31개

⑤ 30개

16 다음과 같은 운동장에서 A와 B는 경주를 하고 있다. A는 시속 3km/h로 달리고 있고, B는 자전거를 타고 시속 11km/h로 달리고 있다. 공정성을 위해 A가 3바퀴 더 돌았다고 가정하고 동시에 출발할 때, B가 A보다 더 많은 거리를 가게 되는 것은 몇 시간 후부터인가?(단, 운동장은 상하좌우 대칭이며 $\pi = 3$으로 계산한다)

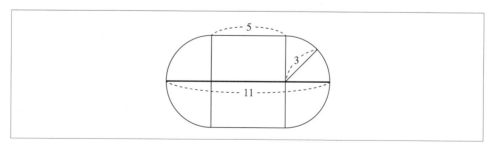

① 8시간 30분 후   ② 9시간 후

③ 9시간 30분 후   ④ 10시간 후

⑤ 10시간 30분 후

17 현재 A상사와 B후임의 나이의 일의 자리 수는 동일하며 A상사와 B후임의 나이의 합은 76세이다. 과거에 B후임은 10살이 넘어서 우연히 A상사와 처음 만났던 기억이 있고, 과거 B후임 나이의 4배는 현재의 A상사의 나이와 동일하다. 과거 B후임과 A상사가 처음 만났을 때 A상사의 나이는?(단, A상사의 나이가 B후임보다 많다)

① 20세   ② 22세

③ 25세   ④ 30세

⑤ 32세

18 철도 길이가 570m인 터널이 있다. A기차는 터널을 완전히 빠져나갈 때까지 50초가 걸리고, 기차 길이가 A기차보다 60m 짧은 B기차는 23초가 걸렸다. 두 기차가 터널 양 끝에서 출발하면 $\frac{1}{3}$ 지점에서 만난다고 할 때, A기차의 길이는?(단, 기차 속력은 일정하다)

① 150m   ② 160m

③ 170m   ④ 180m

⑤ 190m

19 다음은 200명의 시민을 대상으로 A, B, C회사에서 생산한 자동차의 소유 현황을 조사한 결과이다. 조사 대상자 중, 세 회사에서 생산된 어떤 자동차도 가지고 있지 않은 사람의 수는?

> • 자동차를 2대 이상 가진 사람은 없다.
> • A사 자동차를 가진 사람은 B사 자동차를 가진 사람보다 10명 많다.
> • B사 자동차를 가진 사람은 C사 자동차를 가진 사람보다 20명 많다.
> • A사 자동차를 가진 사람 수는 C사 자동차를 가진 사람 수의 2배이다.

① 20명   ② 40명

③ 60명   ④ 80명

⑤ 100명

20 각각의 무게가 1kg, 2kg, 3kg인 추가 총 30개 있다. 다음의 〈조건〉을 모두 만족할 때, 무게가 2kg인 추는 몇 개 있는가?

> **조건**
> • 추의 무게의 총합은 50kg이다.
> • 무게마다 사용된 추의 개수는 모두 짝수 개이다.
> • 2kg 추의 개수는 3kg 추의 개수보다 2배 이상 많다.
> • 추의 개수는 무게가 적을 수록 많다.

① 8개   ② 10개

③ 12개   ④ 14개

⑤ 16개

21 동전을 던져 앞면이 나오면 +2만큼 이동하고, 뒷면이 나오면 −1만큼 이동하는 게임을 하려고 한다. 동전을 5번 던져서 다음 수직선 위의 A가 4지점으로 이동할 확률은?

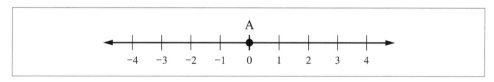

① $\dfrac{3}{32}$ ② $\dfrac{5}{32}$

③ $\dfrac{1}{4}$ ④ $\dfrac{5}{16}$

⑤ $\dfrac{7}{16}$

22 다음 중 글에서 설명하는 핵심 내용을 추론한 것으로 가장 적절한 것은?

> 지구상에서는 매년 약 10만 명 중 한 명이 목에 걸린 음식물 때문에 질식사하고 있다. 이러한 현상은 인간의 호흡 기관(기도)과 소화 기관(식도)이 목구멍 부위에서 교차하는 구조로 되어 있기 때문에 발생한다. 인간과 달리, 곤충이나 연체동물 같은 무척추동물은 교차 구조가 아니어서 음식물로 인한 질식의 위험이 없다. 인간의 호흡 기관이 이렇게 불합리한 구조를 갖게 된 원인은 무엇일까?
>
> 바다 속에 서식했던 척추동물의 조상형 동물들은 체와 같은 구조를 이용하여 물속의 미생물을 걸러 먹었다. 이들은 몸집이 아주 작아서 물 속에 녹아 있는 산소가 몸 깊숙한 곳까지 자유로이 넘나들 수 있었기 때문에 별도의 호흡계가 필요하지 않았다. 그런데 몸집이 커지면서 먹이를 거르던 체와 같은 구조가 호흡 기능까지 갖게 되어 마침내 아가미 형태로 변형되었다. 즉, 소화계의 일부가 호흡 기능을 담당하게 된 것이다. 그 후 호흡계의 일부가 변형되어 허파로 발달하고, 그 허파는 위장으로 이어지는 식도 아래쪽으로 뻗어 나갔다. 한편, 공기가 드나드는 통로는 콧구멍에서 입천장을 뚫고 들어가 입과 아가미 사이에 자리 잡게 되었다. 이러한 진화 과정을 보여 주는 것이 폐어(肺魚) 단계의 호흡계 구조이다.
>
> 이후 진화 과정이 거듭되면서 호흡계와 소화계가 접하는 지점이 콧구멍 바로 아래로부터 목 깊숙한 곳으로 이동하였다. 그 결과 머리와 목구멍의 구조가 변형되지 않는 범위 내에서 호흡계와 소화계가 점차 분리되었다. 즉, 처음에는 길게 이어져 있던 호흡계와 소화계의 겹친 부위가 점차 짧아졌고, 마침내 하나의 교차점으로만 남게 된 것이다.
>
> 이것이 인간을 포함한 고등 척추동물에서 볼 수 있는 호흡계의 기본 구조이다. 따라서 음식물로 인한 인간의 질식 현상은 척추동물 조상형 단계를 지나 자리 잡게 된 허파의 위치(당시에는 최선의 선택이었을) 때문에 생겨난 진화의 결과라 할 수 있다.
>
> 이처럼 진화는 반드시 이상적이고 완벽한 구조를 창출해 내는 방향으로만 이루어지는 것은 아니다. 진화 과정에서는 새로운 환경에 적응하기 위한 최선의 구조가 선택되지만, 그 구조는 기존의 구조를 허물고 처음부터 다시 만들어 낸 최상의 구조와는 차이가 있다. 그래서 진화는 불가피하게 타협적인 구조를 선택하는 방향으로 이루어지며, 순간순간의 필요에 대응한 결과가 축적되는 과정이라고 할 수 있다. 질식의 원인이 되는 교차된 기도와 식도의 경우처럼, 진화의 산물이 우리가 보기에는 납득할 수 없는 불합리한 구조를 지니게 되는 이유가 바로 여기에 있다.

① 인간이 진화 과정을 통하여 얻은 이익과 손해는 무엇인가?

② 무척추동물과 척추동물의 호흡계 구조에는 어떤 차이가 있는가?

③ 인간의 호흡계와 소화계가 지니고 있는 근본적인 결함은 무엇인가?

④ 질식사에 대한 인간의 불안감을 해소시킬 방안에는 어떤 것이 있는가?

⑤ 진화 과정에서 인간의 호흡계와 같은 불합리한 구조가 발생하는 이유는 무엇인가?

23 다음 글을 근거로 판단할 때 옳은 것은?

> 1896년 『독립신문』 창간을 계기로 여러 가지의 애국가 가사가 신문에 게재되기 시작했는데, 어떤 곡조에 따라 이 가사들을 노래로 불렀는지는 명확하지 않다. 다만 대한제국이 서구식 군악대를 조직해 1902년 '대한제국 애국가'라는 이름의 국가(國歌)를 만들어 나라의 주요 행사에 사용했다는 기록은 남아 있다. 오늘날 우리가 부르는 애국가의 노랫말은 외세의 침략으로 나라가 위기에 처해있던 1907년을 전후하여 조국애와 충성심을 북돋우기 위하여 만들어졌다.
>
> 1935년 해외에서 활동 중이던 안익태는 오늘날 우리가 부르고 있는 국가를 작곡하였다. 대한민국 임시정부는 이 곡을 애국가로 채택해 사용했으나 이는 해외에서만 퍼져나갔을 뿐, 국내에서는 광복 이후 정부수립 무렵까지 애국가 노랫말을 스코틀랜드 민요에 맞춰 부르고 있었다. 그러다가 1948년 대한민국 정부가 수립된 이후 현재의 노랫말과 함께 안익태가 작곡한 곡조의 애국가가 정부의 공식 행사에 사용되고 각급 학교 교과서에도 실리면서 전국적으로 애창되기 시작하였다. 애국가가 국가로 공식화되면서 1950년대에는 대한뉴스 등을 통해 적극적인 홍보가 이루어졌다. 그리고 「국기 게양 및 애국가 제창 시의 예의에 관한 지시(1966)」 등에 의해 점차 국가의례의 하나로 간주되었다. 1970년대 초에는 공연장에서 본공연 전에 애국가가 상영되기 시작하였다. 이후 1980년대 중반까지 주요 방송국에서 국기강하식에 맞춰 애국가를 방송하였다. 주요 방송국의 국기강하식 방송, 극장에서의 애국가 상영 등은 1980년대 후반 중지되었으며 음악회와 같은 공연 시 애국가 연주도 이때 자율화되었다.
>
> 오늘날 주요 행사 등에서 애국가를 제창하는 경우에는 부득이한 경우를 제외하고 4절까지 제창하여야 한다. 애국가는 모두 함께 부르는 경우에는 전주곡을 연주한다. 다만, 약식 절차로 국민의례를 행할 때 애국가를 부르지 않고 연주만 하는 의전행사(외국에서 하는 경우 포함)나 시상식·공연 등에서는 전주곡을 연주해서는 안 된다.

① 1940년에 해외에서는 안익태가 만든 애국가 곡조를 들을 수 없었다.

② 1990년대 초반에는 국기강하식 방송과 극장에서의 애국가 상영이 의무화되었다.

③ 오늘날 우리가 부르는 애국가의 노랫말은 1896년 『독립신문』에 게재되지 않았다.

④ 시상식에서 애국가를 부르지 않고 연주만 하는 경우에는 전주곡을 연주할 수 있다.

⑤ 안익태가 애국가 곡조를 작곡한 해로부터 대한민국 정부 공식 행사에 사용될 때까지 채 10년이 걸리지 않았다.

24 철수는 서로 무게가 다른 각각 5개의 상자 A, B, C, D, E의 무게를 비교하려고 한다. 다음 조건들을 만족할 때, 상자의 무게 순서로 적절한 것은?

• C+D < A   • A+C < E
• A+B > C+E   • B = C+D

① D < C < B < A < E   ② C < D < B < A < E

③ C < D < A < B < E   ④ C < B < D < A < E

⑤ D < A < B < C < E

25 다음 제시된 그림에서 찾을 수 없는 조각으로 옳은 것은?

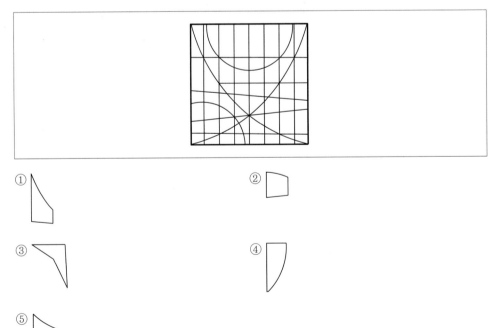

26 일정한 규칙으로 문자를 나열할 때, 빈칸에 들어갈 문자로 알맞은 것은?

A B C E H M ( )

① O

② Q

③ T

④ U

⑤ W

27 일정한 규칙으로 수를 나열할 때, 빈칸에 들어갈 수로 알맞은 것은?

432   176   48   −16   −48   −64   ( )

① −80

② −72

③ −128

④ −96

⑤ −144

28 다음 글에서 밑줄 친 ㉠에 대한 반박으로 가장 적절한 것은?

> 인간은 사회 속에서만 자신을 더 나은 존재로 느낄 수 있기 때문에 자신을 사회화하고자 한다. 인간은 사회 속에서만 자신의 자연적 소질을 실현할 수 있는 것이다. 그러나 인간은 자신을 개별화하거나 고립시키려는 강한 성향도 있다. 이는 자신의 의도에 따라서만 행동하려는 반사회적인 특성을 의미한다. 그리고 저항하려는 성향이 자신뿐만 아니라 다른 사람에게도 있다는 사실을 알기 때문에, 그 자신도 곳곳에서 저항에 부딪히게 되리라 예상한다.
>
> 이러한 저항을 통하여 인간은 모든 능력을 일깨우고, 나태해지려는 성향을 극복하며, 명예욕이나 지배욕·소유욕 등에 따라 행동하게 된다. 그리하여 동시대인들 가운데에서 자신의 위치를 확보하게 된다. 이렇게 하여 인간은 야만의 상태에서 벗어나 문화를 이룩하기 위한 진정한 진보의 첫걸음을 내딛게 된다. 이때부터 모든 능력이 점차 계발되고 아름다움을 판정하는 능력도 형성된다. 나아가 자연적 소질에 의해 도덕성을 어렴풋하게 느끼기만 하던 상태에서 벗어나, 지속적인 계몽을 통하여 구체적인 실천 원리를 명료하게 인식할 수 있는 성숙한 단계로 접어든다. 그 결과 자연적인 감정을 기반으로 결합된 사회를 도덕적인 전체로 바꿀 수 있는 사유 방식이 확립된다.
>
> ㉠ 인간에게 이러한 반사회성이 없다면, 인간의 모든 재능은 꽃피지 못하고 만족감과 사랑으로 가득 찬 목가적인 삶 속에서 영원히 묻혀 버리고 말 것이다. 그리고 양처럼 선량한 기질의 사람들은 가축 이상의 가치를 자신의 삶에 부여하기 힘들 것이다. 자연 상태에 머물지 않고 스스로의 목적을 성취하기 위해 자연적 소질을 계발하여 창조의 공백을 메울 때, 인간의 가치는 상승되기 때문이다.
>
> 불화와 시기와 경쟁을 일삼는 허영심, 막힐 줄 모르는 소유욕과 지배욕을 있게 한 자연에 감사하라! 인간은 조화를 원한다. 그러나 자연은 불화를 원한다. 자연은 무엇이 인간을 위해 좋은 것인지를 더 잘 알고 있기 때문이다. 인간은 안락하고 만족스럽게 살고자 한다. 그러나 자연은 인간이 나태와 수동적인 만족감으로부터 벗어나 노동과 고난 속으로 돌진하기를 원한다. 그렇게 함으로써 자연은 인간이 노동과 고난으로부터 현명하게 벗어날 수 있는 방법을 발견하게 한다.
>
> — 칸트, 『세계 시민의 관점에서 본 보편사의 이념』

① 인간의 본성은 변할 수 없다.

② 동물도 사회성을 키울 수 있다.

③ 사회성만으로도 재능이 계발될 수 있다.

④ 반사회성만으로도 재능이 계발될 수 있다.

⑤ 목가적인 삶 속에서도 반사회성이 생겨날 수 있다.

29 다음 그림과 같이 화살표 방향으로 종이를 접은 후, 일부분을 잘라내어 다시 펼쳤을 때의 그림으로 옳은 것은?

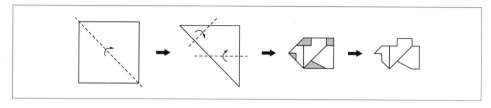

①

②

③

④

⑤

30 K사의 A, B, C 세 명은 이번 신입사원 교육에서 각각 인사, 사업, 영업 교육을 맡게 되었다. 다음 〈조건〉을 참고할 때, 바르게 연결된 것은?

> **조건**
> • 교육은 각각 2시간, 1시간 30분, 1시간 동안 진행된다.
> • A, B, C 중 2명은 과장이며, 나머지 한 명은 부장이다.
> • 부장은 B보다 짧게 교육을 진행한다.
> • A가 가장 오랜 시간 동안 사업 교육을 진행한다.
> • 교육 시간은 인사 교육이 가장 짧다.

	직원	담당 교육	교육 시간
①	B과장	인사 교육	1시간
②	B부장	영업 교육	1시간
③	C부장	인사 교육	1시간
④	C부장	인사 교육	1시간 30분
⑤	C과장	영업 교육	1시간 30분

PART 2

31 다음 블록을 그림 상 좌측에서 봤을 때, 보이는 블록의 개수는 몇 개인가?

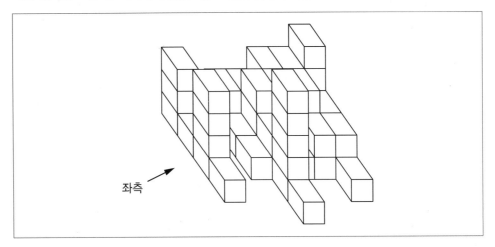

① 15개   ② 16개

③ 17개   ④ 18개

⑤ 19개

32 다음과 같이 쌓여 있는 블록에 최소한 몇 개의 블록을 더 쌓아야 정육면체 모양의 블록이 되겠는가?

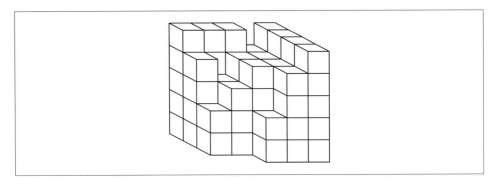

① 50개   ② 52개

③ 54개   ④ 56개

⑤ 58개

33 다음 중 입체도형을 만들었을 때, 다른 모양이 나오는 것은?

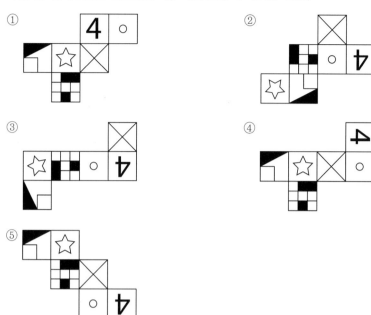

34 다음 제시된 조각을 조합하였을 때 만들 수 없는 도형으로 옳은 것은?(단, 조각은 한 번씩만 사용이 가능하고, 회전은 가능하나 뒤집을 수는 없다)

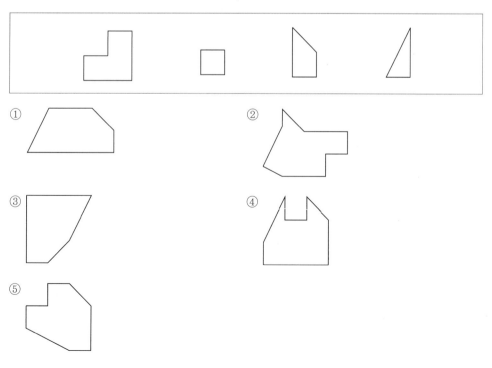

35 함수 $f(x)$는 x의 각 자리 숫자 합이라고 하자. 예를 들어 $f(35)=3+5=8$이다. 함수 $f(x)+f(y)=4$를 만족할 때, $(x,\ y)$의 순서쌍은 몇 개인가?(단, $x \geq y$이며, x와 y 모두 두 자리 자연수이다)

① 1가지   ② 2가지

③ 3가지   ④ 4가지

⑤ 5가지

36 다음은 K기업의 주가지표에 대한 자료이다. 이에 대한 〈보기〉의 설명 중 적절하지 않은 것을 모두 고르면?

〈K기업 주가지표〉

(단위 : 원)

주가지표	2019년	2020년	2021년	2022년
기말주가	44,700	76,500	60,500	94,100
기본 주당순이익(EPS)	4,193	15,074	22,011	2,856
주당 순자산가치(BVPS)	30,368	43,369	60,678	62,324
주당매출액	23,624	41,359	55,556	37,075
주가매출비율(PSR)	1.9	1.8	1.1	2.5

※ (EPS)=(당기순이익)÷(가중평균유통보통주식 수)
※ (BVPS)={(자본총계)−(무형자산)}÷(총발행주식 수)
※ (주당매출액)=(연간매출액)÷(총발행주식 수)
※ (PSR)=(기말주가)÷(연간 주당매출액)

보기

ㄱ. 2020년부터 2022년까지 전년 대비 기말주가의 증감 추이와 기본 주당순이익의 증감 추이는 동일하다.
ㄴ. 주가매출비율이 높은 해일수록 주당 순자산가치가 높다.
ㄷ. 2019년부터 2022년까지 매년 총발행주식 수가 동일하다면, 2021년의 연간매출액이 가장 크다.
ㄹ. 2019년 대비 2022년의 주당매출액은 50% 이상 증가하였다.

① ㄱ, ㄴ   ② ㄱ, ㄷ

③ ㄴ, ㄷ   ④ ㄴ, ㄹ

⑤ ㄷ, ㄹ

37 다음 중 '비트코인'의 특징으로 적절하지 않은 것은?

> 비트코인은 지폐나 동전과 달리 물리적인 형태가 없는 온라인 가상화폐(디지털 통화)로, 디지털 단위인 '비트(Bit)'와 '동전(Coin)'을 합친 용어다. 나카모토 사토시라는 가명의 프로그래머가 빠르게 진전되는 온라인 추세에 맞춰 갈수록 기능이 떨어지는 달러화, 엔화, 원화 등과 같은 기존의 법화(Legal Tender)를 대신할 새로운 화폐를 만들겠다는 발상에서 2009년 비트코인을 처음 개발했다. 특히 2009년은 미국발(發) 금융위기가 한창이던 시기여서 미연방준비제도(Fed)가 막대한 양의 달러를 찍어내 시장에 공급하는 양적완화가 시작된 해로, 달러화 가치 하락 우려가 겹치면서 비트코인이 대안 화폐로 주목받기 시작했다.
>
> 비트코인의 핵심은 정부나 중앙은행, 금융회사 등 어떤 중앙집중적 권력의 개입 없이 작동하는 새로운 화폐를 창출하는 데 있다. 그는 인터넷에 남긴 글에서 "국가 화폐의 역사는 (화폐의 가치를 떨어뜨리지 않을 것이란) 믿음을 저버리는 사례로 충만하다."고 비판했다.
>
> 비트코인은 은행을 거치지 않고 개인과 개인이 직접 돈을 주고받을 수 있도록 '분산화된 거래장부' 방식을 도입했다. 시스템상에서 거래가 이뤄질 때마다 공개된 장부에는 새로운 기록이 추가된다. 이를 '블록체인'이라고 한다. 블록체인에 저장된 거래기록이 맞는지 확인해 거래를 승인하는 역할을 맡은 사람을 '채굴자'라고 한다. 컴퓨팅 파워와 전기를 소모해 어려운 수학 문제를 풀어야 하는 채굴자의 참여를 독려하기 위해 비트코인 시스템은 채굴자에게 새로 만들어진 비트코인을 주는 것으로 보상한다. 채굴자는 비트코인을 팔아 이익을 남길 수 있지만, 채굴자 간 경쟁이 치열해지거나 비트코인 가격이 폭락하면 어려움에 처한다.
>
> 비트코인은 완전한 익명으로 거래된다. 컴퓨터와 인터넷만 되면 누구나 비트코인 계좌를 개설할 수 있다. 이 때문에 비트코인은 돈세탁이나 마약거래에 사용되는 문제점도 드러나고 있다. 또 다른 특징은 통화 공급량이 엄격히 제한된다는 점이다. 현재 10분마다 25개의 새 비트코인이 시스템에 추가되지만 21만 개가 발행될 때마다 반감돼 앞으로 10분당 추가되는 비트코인은 12.5개, 6.25개로 줄다가 0으로 수렴한다. 비트코인의 총발행량은 2,100만 개로 정해져 있다. 이는 중앙은행이 재량적으로 통화공급량을 조절하면 안 된다는 미국의 경제학자 밀턴 프리드먼 주장과 연결돼있다. 다만 비트코인은 소수점 8자리까지 분할할 수 있어 필요에 따라 통화량을 늘릴 수 있는 여지를 남겨놨다. 가상화폐 지갑회사 블록체인인포에 따르면 2017년 12월 7일까지 채굴된 비트코인은 1,671만 개 정도로 채굴 한도 2,100만 개의 80%가 채굴된 셈이다.
>
> 사용자들은 인터넷에서 내려받은 '지갑' 프로그램을 통해 인터넷뱅킹으로 계좌이체 하듯 비트코인을 주고받을 수 있다. 또한, 인터넷 환전사이트에서 비트코인을 구매하거나 현금화할 수 있으며 비트코인은 소수점 여덟 자리까지 단위를 표시해 사고팔 수 있다.

① 비트코인의 총발행량은 2,100만 개이며 2017년 12월 까지 약 1,671만 개가 채굴되었다.

② 비트코인은 가상화폐로 온라인상에서만 사용 가능하다.

③ 비트코인을 얻기 위해서는 시간과 노력이 필요하다.

④ 비트코인과 기존 화폐의 큰 차이점 중 하나는 통제 권력의 존재 여부이다.

⑤ 비트코인은 돈세탁이나 마약거래에 이용되기도 한다.

38 다음 글을 읽고 〈보기〉에서 추론할 수 있는 내용으로 적절한 것을 모두 고르면?

사람은 사진이나 영상만 보고도 어떤 사물의 이미지인지 아주 쉽게 분별하지만 컴퓨터는 매우 복잡한 과정을 거쳐야만 분별할 수 있다. 이를 해결하기 위해 컴퓨터가 스스로 학습하면서 패턴을 찾아내 분류하는 기술적 방식인 '기계학습'이 고안됐다. 기계학습을 통해 컴퓨터가 입력되는 수많은 데이터 중에서 비슷한 것들끼리 분류할 수 있도록 학습시킨다. 데이터 분류 방식을 컴퓨터에게 학습시키기 위해 많은 기계학습 알고리즘이 개발되었다.

기계학습 알고리즘은 컴퓨터에서 사용되는 사물 분별 방식에 기반하고 있는데, 이러한 사물 분별 방식은 크게 '지도 학습'과 '자율 학습' 두 가지로 나뉜다. 초기의 기계학습 알고리즘들은 대부분 지도 학습에 기초하고 있다. 지도 학습 방식에서는 컴퓨터에 먼저 '이런 이미지가 고양이야.'라고 학습시키면, 컴퓨터는 학습된 결과를 바탕으로 고양이 사진을 분별하게 된다. 따라서 사전 학습 데이터가 반드시 제공되어야 한다. 사전 학습 데이터가 적으면 오류가 커지므로 데이터의 양도 충분해야만 한다. 반면 지도 학습 방식보다 진일보한 방식인 자율 학습에서는 이 과정이 생략된다. '이런 이미지가 고양이야.'라고 학습시키지 않아도 컴퓨터는 자율적으로 '이런 이미지가 고양이군.'이라고 학습하게 된다. 이러한 자율 학습 방식을 응용하여 '심화신경망' 알고리즘을 활용한 기계학습 분야를 '딥러닝'이라고 일컫는다.

그러나 딥러닝 작업은 고도의 연산 능력이 요구되기 때문에, 웬만한 컴퓨팅 능력으로는 이를 시도하기 쉽지 않았다. A교수가 1989년에 필기체 인식을 위해 심화신경망 알고리즘을 도입했을 때 연산에만 3일이 걸렸다는 사실은 잘 알려져 있다. 하지만 고성능 CPU가 등장하면서 연산을 위한 시간의 문제는 자연스럽게 해소되었다. 딥러닝 기술의 활용 범위는 RBM과 드롭아웃이라는 새로운 알고리즘이 개발된 후에야 비로소 넓어졌다.

보기

ㄱ. 지도 학습 방식을 사용하여 컴퓨터가 사물을 분별하기 위해서는 사전 학습 데이터가 주어져야 한다.

ㄴ. 자율 학습은 지도 학습보다 학습의 단계가 단축되었기에 낮은 연산 능력으로도 수행 가능하다.

ㄷ. 딥러닝 기술의 활용 범위는 새로운 알고리즘 개발보다는 고성능 CPU 등장 때문에 넓어졌다.

① ㄱ   ② ㄷ

③ ㄱ, ㄴ   ④ ㄴ, ㄷ

⑤ ㄱ, ㄴ, ㄷ

39 2002년 대비 2022년도 농업 종사자의 증감률은 − 20%이고, 2002년 대비 2022년도 광공업 종사자의 증감률은 20%이다. 2022년도 서비스업 종사자는 2002년에 비해 몇 만 명이나 증가했는가?

〈2002년도와 2022년도 업종별 종사자 수〉

(단위 : 만 명)

구분	농업	광공업	서비스업	합계
2002년도	150	–	–	1,550
2022년도	–	300	–	2,380

① 630만 명   ② 720만 명
③ 810만 명   ④ 900만 명
⑤ 1,150만 명

40 다음 제시된 조각을 조합하였을 때 만들 수 없는 도형으로 옳은 것은?(단, 조각은 회전만 가능하다)

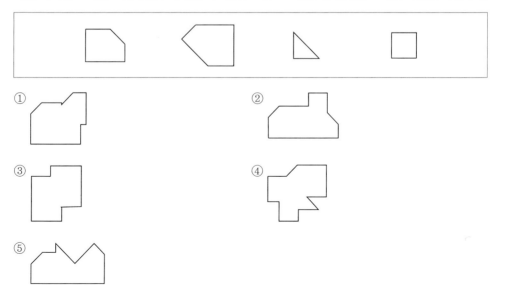

41 다음 중 입체도형을 만들었을 때, 다른 모양이 나오는 것은?

①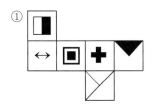

②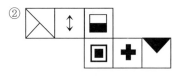

③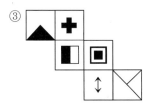

④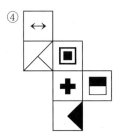

⑤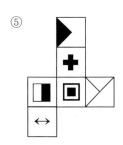

42 다음은 다섯 가지 커피에 대한 소비자 선호도 조사를 정리한 자료이다. 조사는 541명의 동일한 소비자를 대상으로 1차와 2차 구매를 통해 이루어졌다. 이에 대한 〈보기〉의 설명으로 적절한 것을 모두 고르면?

〈커피에 대한 소비자 선호도 조사〉

1차 구매	2차 구매					총계
	A	B	C	D	E	
A	93	17	44	7	10	171
B	9	46	11	0	9	75
C	17	11	155	9	12	204
D	6	4	9	15	2	36
E	10	4	12	2	27	55
총계	135	82	231	33	60	541

보기

㉠ 대부분의 소비자들이 취향에 맞는 커피를 꾸준히 선택하고 있다.
㉡ 1차에서 A를 구매한 소비자가 2차 구매에서 C를 구입하는 경우가 그 반대의 경우보다 더 적다.
㉢ 전체적으로 C를 구입하는 소비자가 제일 많다.

① ㉠
② ㉡, ㉢
③ ㉢
④ ㉠, ㉢
⑤ ㉠, ㉡, ㉢

43 다음 주어진 입체도형 중 일치하지 않는 것은?

①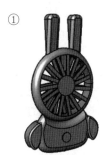

②

③

④

⑤

44 다음은 K기업의 2019년 경영실적에 대한 자료이다. 이에 대한 설명으로 적절하지 않은 것은?(단, 비율은 소수점 첫째 자리에서 반올림한다)

> K기업은 2019년 연간 26조 9,907억 원의 매출과 2조 7,127억 원의 영업이익을 달성했다고 발표했다. K기업은 지난 한 해 시장 변동에 대응하기 위해 선제적으로 투자와 생산량을 조정하는 등 경영 효율화에 나섰으나 글로벌 무역 갈등으로 세계 경제의 불확실성이 확대되었고, 재고 증가와 고객들의 보수적인 구매 정책으로 수요 둔화와 가격 하락이 이어져 경영실적은 전년 대비 감소했다고 밝혔다. 2019년 4분기 매출과 영업이익은 각각 6조 9,271억 원, 2,360억 원(영업이익률 3%)을 기록했다. 4분기는 달러화의 약세 전환에도 불구하고 수요 회복에 적극 대응한 결과 매출은 전 분기 대비 소폭 상승했으나, 수요 증가에 대응하기 위해 비중을 확대한 제품군의 수익성이 상대적으로 낮았고, 신규 공정 전환에 따른 초기 원가 부담 등으로 영업이익은 직전분기 대비 50% 감소했다. 제품별로는 D램 출하량이 전 분기 대비 8% 증가했고, 평균판매가격은 7% 하락했으며, 낸드플래시는 출하량이 10% 증가했고, 평균판매가격은 직전분기 수준을 유지했다.
> K기업은 올해 D램 시장에 대해 서버 D램의 수요 회복, 5G 스마트폰 확산에 따른 판매량 증가로 전형적인 상저하고의 수요 흐름을 보일 것으로 예상했다. 낸드플래시 시장 역시 PC 및 데이터센터형 SSD 수요가 증가하는 한편, 고용량화 추세가 확대될 것으로 전망했다.
> K기업은 이처럼 최근 개선되고 있는 수요 흐름에 대해서는 긍정적으로 보고 있지만, 과거에 비해 훨씬 높아진 복잡성과 불확실성이 상존함에 따라 보다 신중한 생산 및 투자 전략을 운영할 방침이다. 공정 전환 과정에서도 기술 성숙도를 빠르게 향상시키는 한편, 차세대 제품의 차질 없는 준비로 원가 절감을 가속화한다는 전략이다.
> D램은 10나노급 2세대 제품(1y 나노) 비중을 확대하고, 본격적으로 시장 확대가 예상되는 LPDDR5 제품 등의 시장을 적극 공략할 계획이다. 또한 차세대 제품인 10나노급 3세대 제품(1z 나노)도 연내 본격 양산을 시작할 예정이다.

① K기업은 고용량 낸드플래시 생산에 대한 투자를 늘릴 것이다.

② 달러화의 강세는 매출액에 부정적 영향을 미친다.

③ 기업이 공정을 전환하는 경우, 이로 인해 원가가 상승할 수 있다.

④ 영업이익률은 매출액 대비 영업이익 비율로 2019년 K기업은 약 10%를 기록했다.

⑤ 2019년 3분기 영업이익은 4분기 영업이익의 2배이다.

45 다음 블록의 개수로 옳은 것은?(단, 보이지 않는 곳의 블록은 있다고 가정한다)

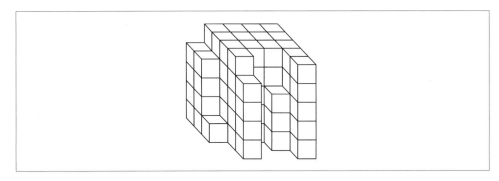

① 85개　　　　　　　　　　　② 87개

③ 89개　　　　　　　　　　　④ 91개

⑤ 93개

46 다음 도식에서 기호들은 일정한 규칙에 따라 문자를 변화시킨다. ?에 들어갈 문자로 알맞은 것은?
(단, 규칙은 가로와 세로 중 한 방향으로만 적용된다)

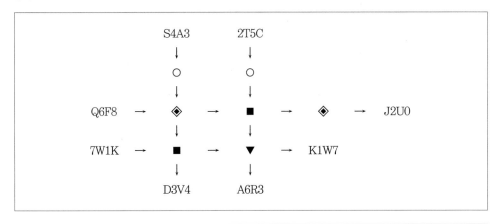

L ㅅ E ㅈ → ◈ → ■ → ?

① FㅇMㅍ　　　　　　　　　② ㅋGㅈN

③ MㅇFㅍ　　　　　　　　　④ GㅋNㅈ

⑤ NㅈGㅋ

47 다음은 K사 연구소에서 제습기 A ~ E의 습도별 연간소비전력량을 측정한 자료이다. 이에 대한 〈보기〉의 설명 중 적절한 것만을 모두 고르면?

〈제습기 A ~ E의 습도별 연간소비전력량〉

(단위 : kWh)

습도 제습기	40%	50%	60%	70%	80%
A	550	620	680	790	840
B	560	640	740	810	890
C	580	650	730	800	880
D	600	700	810	880	950
E	660	730	800	920	970

보기

ㄱ. 습도가 70%일 때 연간소비전력량이 가장 적은 제습기는 A이다.
ㄴ. 각 습도에서 연간소비전력량이 많은 제습기부터 순서대로 나열하면, 습도 60%일 때와 습도 70%일 때의 순서는 동일하다.
ㄷ. 습도가 40%일 때 제습기 E의 연간소비전력량은 습도가 50%일 때 제습기 B의 연간소비전력량보다 많다.
ㄹ. 제습기 각각에서 연간소비전력량은 습도가 80%일 때가 40%일 때의 1.5배 이상이다.

① ㄱ, ㄴ
② ㄱ, ㄷ
③ ㄴ, ㄹ
④ ㄱ, ㄷ, ㄹ
⑤ ㄴ, ㄷ, ㄹ

48 정육면체 모양의 색칠된 블록과 흰색 블록을 아래와 같은 형태로 쌓아올렸다. 색칠된 블록의 최대 개수로 옳은 것은?

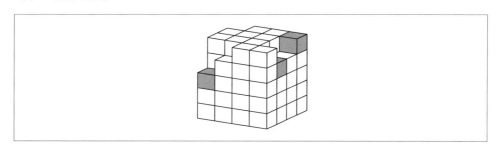

① 27개
② 30개
③ 35개
④ 38개
⑤ 41개

제 **2** 회

최종점검 모의고사

🕐 응시시간 : 50분 　 📋 문항 수 : 48문항

정답 및 해설 p.033

☑ 제한시간 30초

01 다음 글의 흐름으로 보아 ㉠에 들어갈 내용으로 가장 적절한 것은?

> 동물들은 홍채에 있는 근육의 수축과 이완을 통해 눈동자를 크게 혹은 작게 만들어 눈으로 들어오는 빛의 양을 조절하므로 눈동자 모양이 원형인 것이 가장 무난하다. 그런데 고양이와 늑대와 같은 육식동물은 세로로, 양이나 염소와 같은 초식동물은 가로로 눈동자 모양이 길쭉하다. 특별한 이유가 있는 것일까?
> 육상동물 중 모든 육식동물의 눈동자가 세로로 길쭉한 것은 아니다. 주로 매복형 육식동물의 눈동자가 세로로 길쭉하다. 이는 숨어서 기습을 하는 사냥 방식과 밀접한 관련이 있는데, 세로로 길쭉한 눈동자가 _____㉠_____
> 일반적으로 매복형 육식동물은 양쪽 눈으로 초점을 맞춰 대상을 보는 양안시로, 각 눈으로부터 얻는 영상의 차이인 양안시차를 하나의 입체 영상으로 재구성하면서 물체와의 거리를 파악한다. 그런데 이러한 양안시차뿐만 아니라 거리지각에 대한 정보를 주는 요소로 심도 역시 중요하다. 심도란 초점이 맞는 공간의 범위를 말하며, 심도는 눈동자의 크기에 따라 결정된다. 즉 눈동자의 크기가 커져 빛이 많이 들어오게 되면, 커지기 전보다 초점이 맞는 범위가 좁아진다. 이렇게 초점의 범위가 좁아진 경우를 '심도가 얕다.'고 하며, 반대인 경우를 '심도가 깊다.'고 한다.

① 사냥감의 주변 동태를 정확히 파악하는 데 효과적이기 때문이다.
② 사냥감의 움직임을 정확히 파악하는 데 효과적이기 때문이다.
③ 사냥감의 위치를 정확히 파악하는 데 효과적이기 때문이다.
④ 사냥감과의 거리를 정확히 파악하는 데 효과적이기 때문이다.
⑤ 사냥감과의 경로를 정확히 파악하는 데 효과적이기 때문이다.

02 다음 그림과 같이 접었을 때, 나올 수 있는 뒷면의 모양으로 가장 적절한 것은?

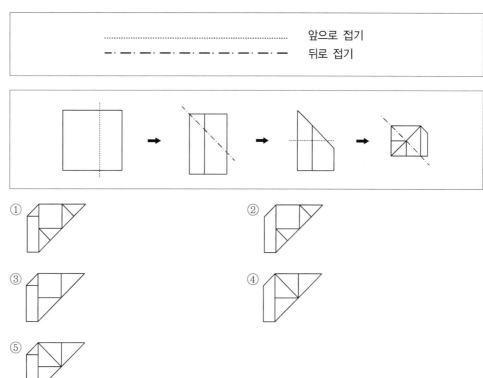

① ② ③ ④ ⑤

03 다음 글의 주장에 대한 비판으로 가장 적절한 것은?

> 경제 문제는 대개 해결이 가능하다. 대부분의 경제 문제에는 몇 개의 해결책이 있다. 그러나 모든 해결책은 누군가가 상당한 손실을 반드시 감수해야 한다는 특징을 갖고 있다. 하지만 누구도 이 손실을 자발적으로 감수하고자 하지 않으며, 우리의 정치제도는 누구에게도 이 짐을 짊어지라고 강요할 수 없다. 우리의 정치적·경제적 구조로는 실질적으로 제로섬(Zero-sum)적인 요소를 지니는 경제 문제에 전혀 대처할 수 없기 때문이다.
>
> 대개의 경제적 해결책은 대규모의 제로섬적인 요소를 갖기 때문에 큰 손실을 수반한다. 모든 제로섬 게임에는 승자가 있다면 반드시 패자가 있으며, 패자가 존재해야만 승자가 존재할 수 있다. 경제적 이득이 경제적 손실을 초과할 수도 있지만, 손실의 주체에게 손실의 의미란 상당한 크기의 경제적 이득을 부정할 수 있을 만큼 매우 중요하다. 어떤 해결책으로 인해 평균적으로 사회는 더 잘살게 될 수도 있지만, 이 평균이 훨씬 더 잘살게 된 수많은 사람과 훨씬 더 못살게 된 수많은 사람을 감춘다. 만약 당신이 더 못살게 된 사람 중 하나라면 내 수입이 줄어든 것보다 다른 누군가의 수입이 더 많이 늘었다고 해서 위안을 얻지는 않을 것이다. 결국 우리는 우리 자신의 수입을 보호하기 위해 경제적 변화가 일어나는 것을 막거나 혹은 사회가 우리에게 손해를 입히는 공공정책이 강제로 시행되는 것을 막기 위해 싸울 것이다.

① 빈부격차를 해소하는 것만큼 중요한 정책은 없다.
② 사회의 총생산량이 많아지게 하는 정책이 좋은 정책이다.
③ 경제문제에서 모두가 만족하는 해결책은 존재하지 않는다.
④ 경제적 변화에 대응하는 정치제도의 기능에는 한계가 존재한다.
⑤ 경제정책의 효율성을 높이는 방법은 일관성을 유지하는 것이다.

04 성호네 집에서 도서관까지의 거리는 8km이다. 성호는 시속 24km로 자전거를 타고 가다가 자전거가 고장나 시속 4km로 도서관까지 걸어서 가는 데 45분이 걸렸다. 성호가 자전거를 타고 간 시간은 몇 분인가?

① 15분   ② 16분
③ 17분   ④ 18분
⑤ 19분

05 다음 글의 중심 주제로 가장 적절한 것은?

> 맹자는 다음과 같은 이야기를 전한다. 송나라의 한 농부가 밭에 나갔다 돌아오면서 처자에게 말한다. "오늘 일을 너무 많이 했다. 밭의 싹들이 빨리 자라도록 하나하나 잡아당겨줬더니 피곤하구나." 아내와 아이가 밭에 나가보았더니 싹들이 모두 말라 죽어 있었다. 이렇게 자라는 것을 억지로 돕는 일, 즉 조장(助長)을 하지 말라고 맹자는 말한다. 싹이 빨리 자라기를 바란다고 싹을 억지로 잡아올려서는 안 된다. 목적을 이루기 위해 가장 빠른 효과를 얻고 싶겠지만 이는 도리어 효과를 놓치는 길이다. 억지로 효과를 내려고 했기 때문이다. 싹이 자라기를 바라 싹을 잡아당기는 것은 이미 시작된 과정을 거스르는 일이다. 효과가 자연스럽게 나타날 가능성을 방해하고 막는 일이기 때문이다. 당연히 싹의 성장 가능성은 땅 속의 씨앗에 들어있는 것이다. 개입하고 힘을 쏟고자 하는 대신에 이 잠재력을 발휘할 수 있도록 하는 것이 중요하다.
> 피해야 할 두 개의 암초가 있다. 첫째는 싹을 잡아당겨서 직접적으로 성장을 이루려는 것이다. 이는 목적성이 있는 적극적 행동주의로써 성장의 자연스러운 과정을 존중하지 않는 것이다. 달리 말하면 효과가 숙성되도록 놔두지 않는 것이다. 둘째는 밭의 가장자리에 서서 자라는 것을 지켜보는 것이다. 싹을 잡아당겨서도 안 되고 그렇다고 단지 싹이 자라는 것을 지켜만 봐서도 안 된다. 그렇다면 무엇을 해야 하는가? 싹 밑의 잡초를 뽑고 김을 매주는 일을 해야 하는 것이다. 경작이 용이한 땅을 조성하고 공기를 통하게 함으로써 성장을 보조해야 한다. 기다리지 못함도 삼가고 아무것도 안함도 삼가야 한다. 작동 중에 있는 자연스런 성향이 발휘되도록 기다리면서도 전력을 다할 수 있도록 돕는 노력도 멈추지 말아야 한다.

① 인류사회는 자연의 한계를 극복하려는 인위적 노력에 의해 발전해 왔다.
② 싹이 스스로 성장하도록 그대로 두는 것이 수확량을 극대화하는 방법이다.
③ 어떤 일을 진행할 때 가장 중요한 것은 명확한 목적성을 설정하는 것이다.
④ 잠재력을 발휘하도록 하려면 의도적 개입과 방관적 태도 모두를 경계해야 한다.
⑤ 자연의 순조로운 운행을 방해하는 인간의 개입은 예기치 못한 화를 초래할 것이다.

06 제시된 명제가 모두 참일 때, 빈칸에 들어갈 명제로 가장 적절한 것은?

> • 정직한 사람은 이웃이 많을 것이다.
> • 성실한 사람은 외롭지 않을 것이다.
> • 이웃이 많은 사람은 외롭지 않을 것이다.

① 이웃이 많은 사람은 성실할 것이다.
② 성실한 사람은 정직할 것이다.
③ 정직한 사람은 외롭지 않을 것이다.
④ 외롭지 않은 사람은 정직할 것이다.
⑤ 외로운 사람은 이웃이 많지 않지만 성실하다.

07 다음 명제가 항상 참이라고 할 때, 반드시 참이라고 할 수 없는 것은?

> • 모든 사람은 자신에 대해서 호의적인 사람에게 호의적이다.
> • 어느 누구도 자신을 비방한 사람에게 호의적이지 않다.
> • 모든 사람 중에는 다른 사람을 절대 비방하지 않는 사람이 있다.
> • 어느 누구도 자기 자신에 대해서 호의적이지도 않고 자기 자신을 비방하지도 않는다.

① 두 사람이 서로 호의적이라면, 그 두 사람은 서로 비방한 적이 없다.
② 두 사람이 서로 비방한 적이 없다면, 그 두 사람은 서로 호의적이다.
③ 어떤 사람이 다른 모든 사람을 비방한다면, 그 사람에 대해 호의적인 사람은 없다.
④ A라는 사람이 다른 모든 사람을 비방한다면, A에게 호의적이지는 않지만 A를 비방하지 않는 사람이 있다.
⑤ 모든 사람이 자신을 비방하지 않는 사람에게 호의적이라면, 모든 사람에게는 각자가 호의적으로 대하는 사람이 적어도 한 명은 있다.

08 왼쪽의 직육면체 모양의 입체도형은 두 번째, 세 번째 입체도형과 ? 입체도형을 조합하여 만들 수 있다. ?에 들어갈 도형으로 알맞은 것은?

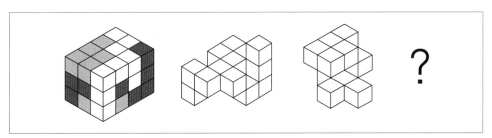

①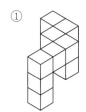

②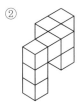

③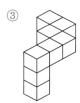

④

⑤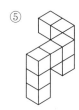

09 벤치 1개에 5명씩 앉으면 12명이 남고, 6명씩 앉으면 아무도 앉지 않은 벤치가 7개 남는다고 한다. 이때, 벤치의 개수가 될 수 없는 것은?

① 53개   ② 54개

③ 55개   ④ 56개

⑤ 57개

10 다음 글을 읽고 이해한 내용으로 적절하지 않은 것은?

> 골격근에서 전체 근육은 근육섬유를 뼈에 연결시키는 주변 조직인 힘줄과 결합조직을 모두 포함한다. 골격근의 근육섬유가 수축할 때 전체 근육의 길이가 항상 줄어드는 것은 아니다. 근육 수축의 종류 중 근육섬유가 수축함에 따라 전체 근육의 길이가 변화하는 것을 '등장수축'이라 하는데, 등장수축은 근육섬유 수축과 함께 전체 근육의 길이가 줄어드는 '동심 등장수축'과 전체 근육의 길이가 늘어나는 '편심 등장수축'으로 나뉜다.
>
> 반면에 근육섬유가 수축함에도 불구하고 전체 근육의 길이가 변하지 않는 수축을 '등척수축'이라고 한다. 예를 들어 아령을 손에 들고 팔꿈치의 각도를 일정하게 유지하고 있는 상태에서 위팔의 이두근 근육섬유는 끊임없이 수축하고 있지만, 이 근육에서 만드는 장력이 근육에 걸린 부하량, 즉 아령의 무게와 같아 전체 근육의 길이가 변하지 않기 때문에 등척수축을 하는 것이다. 등척수축은 골격근의 주변 조직과 근육섬유 내에 있는 탄력섬유의 작용에 의해 일어난다. 근육에 부하가 걸릴 때, 이 부하를 견디기 위해 탄력섬유가 늘어나기 때문에 근육섬유는 수축하지만 전체 근육의 길이는 변하지 않는 등척수축이 일어날 수 있다.

① 등장수축에서는 근육섬유가 수축할 때, 전체 근육 길이가 줄어든다.

② 등척수축에서는 근육섬유가 수축할 때, 전체 근육 길이가 변하지 않는다.

③ 등척수축은 탄력섬유의 작용에 의해 일어난다.

④ 골격근은 힘줄과 결합조직을 모두 포함한다.

⑤ 근육에 부하가 걸릴 때, 부하를 견디기 위해 탄력섬유가 늘어난다.

11 다음 제시된 그림에서 찾을 수 없는 조각으로 옳은 것은?

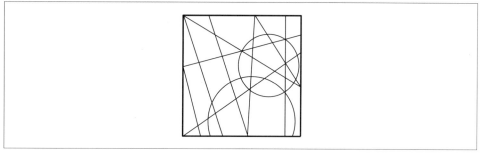

①

②

③

④

⑤

PART 2

12 다음 중 주어진 도형을 만들기 위해 필요하지 않은 조각으로 옳은 것은?

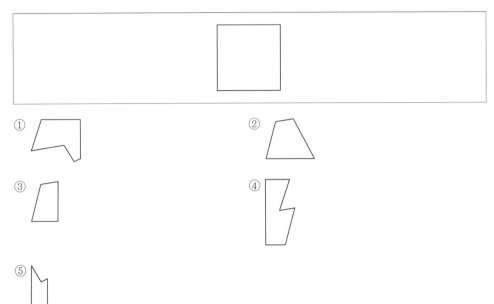

① ② ③ ④ ⑤

13 다음 제시된 단면과 일치하는 입체도형으로 옳은 것은?

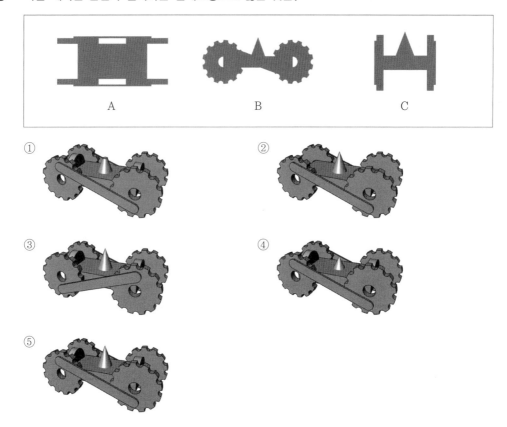

PART 2

14 다음 글에서 ⓒ의 관점으로 한 ⓒ의 관점에 대한 비판으로 가장 적절한 것은?

> 20세기 초에 이르기까지 유럽의 언어학자들은 언어를 진화하고 변화하는 대상으로 보고, 언어학이 역사적이어야 한다고 생각하였다. 이러한 관점은 "언어가 역사적으로 발달해 온 방식을 어느 정도 고찰하지 않고서는 그 언어를 성공적으로 설명할 수 없다."라는 ⓒ 파울의 말로 대변된다.
>
> 이러한 경향에 반해 ⓒ 소쉬르는 언어가 역사적인 산물이더라도 변화 이전과 변화 이후를 구별해서 보아야 한다고 주장하였다. 언어는 구성 요소의 순간 상태 이외에는 어떤 것에 의해서도 규정될 수 없는 가치 체계이므로, 그 자체로서의 가치 체계와 변화에 따른 가치를 구별하지 않고서는 언어를 정확하게 연구할 수 없다는 것이다. 화자는 하나의 상태 앞에 있을 뿐이며, 화자에게는 시간 속에 위치한 현상의 연속성이 존재하지 않기 때문이다. 그러므로 한 시기의 언어 상태를 기술하기 위해서는 그 상태에 이르기까지의 모든 과정을 무시해야 한다고 하였다.

① 자연 현상과는 달리 과거의 언어와 현재의 언어는 상호 간의 인과 관계에 의해 설명될 수 있다.

② 언어는 끊임없이 변화하므로 변화의 내용보다는 변화의 원리를 밝히는 것이 더 중요하다.

③ 현재의 언어와 과거의 언어는 각각 정적인 상태이지만 전자는 후자를 바탕으로 하고 있다.

④ 화자의 말은 발화 당시의 언어 상태를 반영하므로 언어 연구는 그 당시의 언어를 대상으로 해야 한다.

⑤ 언어에는 역사의 유물과 같은 증거가 없기 때문에 언어학은 과거의 언어와 관련된 사실을 밝힐 수 없다.

15 지혜는 농도가 7%인 300g 소금물과 농도가 8%인 500g 소금물을 모두 섞었다. 섞은 소금물의 물을 증발시켜 농도가 10% 이상인 소금물을 만들려고 할 때, 지혜가 증발시켜야 하는 물의 양은 최소 몇 g 이상인가?

① 200g
② 190g
③ 185g
④ 175g
⑤ 160g

16 K카페에서는 모든 음료를 주문할 때마다 음료의 수에 따라 쿠폰에 도장을 찍어준다. 10개의 도장을 모두 채울 경우 한 잔의 음료를 무료로 받을 수 있다고 할 때, 다음을 읽고 바르게 추론한 것은? (단, 서로 다른 2장의 쿠폰은 1장의 쿠폰으로 합칠 수 있으며, 음료를 무료로 받을 때 쿠폰은 반납해야 한다)

- A사원은 B사원보다 2개의 도장을 더 모았다.
- C사원은 A사원보다 1개의 도장을 더 모았으나, 무료 음료를 받기엔 2개의 도장이 모자라다.
- D사원은 오늘 무료 음료 한 잔을 포함하여 총 3잔을 주문하였다.
- E사원은 D사원보다 6개의 도장을 더 모았다.

① A사원의 쿠폰과 D사원의 쿠폰을 합치면 무료 음료 한 잔을 받을 수 있다.
② A사원은 4개의 도장을 더 모아야 무료 음료 한 잔을 받을 수 있다.
③ C사원과 E사원이 모은 도장 개수는 서로 같다.
④ D사원이 오늘 모은 도장 개수는 B사원보다 많다.
⑤ 도장을 많이 모은 순서대로 나열하면 'C − E − A − B − D'이다.

17 다음 글을 읽고 추론할 수 있는 내용으로 가장 적절한 것은?

> 오늘날에는 매우 다양한 모양의 바퀴가 사용되고 있는데, 통나무를 잘라 만든 원판 모양의 나무바퀴는 기원전 5000년경부터 사용된 것으로 추정된다. 이후 나무바퀴는 세 조각의 판자를 맞춘 형태로 진화했다. 현존하는 유물로는 기원전 3500년경에 제작된 것으로 추정되는 메소포타미아의 전차(戰車)용 나무바퀴가 가장 오래된 것이다.
>
> 바퀴가 처음부터 모든 문명에서 사용된 것은 아니다. 이집트에서는 피라미드를 만들 때 바퀴가 아닌 썰매를 사용했다. 잉카 원주민과 아메리카 원주민은 유럽인이 전파해주기 전까지 바퀴의 존재조차 몰랐다. 유럽인이 바퀴를 전해준 다음에도 아메리카 원주민들은 썰매를 많이 이용했다. 에스키모는 지금도 개가 끄는 썰매를 이용하고 있다.
>
> 바퀴가 수레에만 사용된 것은 아니다. 도자기를 만드는 데 사용하는 돌림판인 물레는 바퀴의 일종으로 우리나라에서는 4,000년 전부터 사용했다. 메소포타미아에서도 바퀴는 그릇을 빚는 물레로 쓰였다.
>
> 바퀴의 성능은 전쟁용 수레인 전차가 발달하면서 크게 개선되었다. 기원전 2000년경 히타이트족은 처음으로 바퀴살이 달린 바퀴를 전차에 사용하였다. 그 뒤 산업혁명기에 발명된 고무타이어가 바퀴에 사용되면서 바퀴의 성능은 한층 개선되었다. 1885년 다임러와 벤츠가 최초로 가솔린 자동차를 발명했다. 자동차용 공기압 타이어는 그로부터 10년 후 프랑스의 미쉘린 형제에 의해 처음으로 개발되었다. 1931년 미국 듀퐁사가 개발한 합성고무가 재료로 사용되면서 타이어의 성능은 더욱 발전하고 종류도 다양해졌다.

① 바퀴를 처음 만들고 사용한 사람은 기원전 3500년경 메소포타미아인이다.

② 19세기 초반부터 이미 자동차에 공기압 타이어가 사용되었다.

③ 전차의 발달과 고무타이어의 발명은 바퀴의 성능 개선에 기여했다.

④ 바퀴가 없었던 지역에 바퀴가 전해진 이후 그 지역에서 썰매는 사용되지 않았다.

⑤ 바퀴가 수레를 움직이는 것 외에 다른 용도로 사용되기 시작한 것은 산업혁명기 이후였다.

18 제시된 글을 논리적 순서대로 바르게 나열한 것은?

> (가) 덕후에 대한 사회의 시선도 달라졌다. 과거의 덕후는 이해할 수 없는 자기들만의 세계에 빠져 사는 소통 능력이 부족한 잉여 인간이라는 이미지가 강했다. 하지만 이제는 특정 분야에 해박한 지식을 가진 전문가, 독특한 취향을 지닌 조금 특이하지만 멋있는 존재로 받아들여진다. 전문가들은 이제 한국의 덕후는 단어의 어원이었던 일본의 오타쿠와는 완전히 다른 존재로 진화하고 있다고 진단한다.
>
> (나) 현재 진화한 덕후들은 자신만의 취미에 더욱 몰입한다. 취향에 맞는다면 아낌없이 지갑을 연다. 좋아하는 대상도 다양해지고 있다. 립스틱이나 매니큐어 같은 화장품, 스타벅스 컵까지도 덕질(덕후+질)의 대상이 된다. 이른바 취향 소비를 덕후들이 이끌고 있는 것이다. 덕후들은 자신이 좋아하는 대상을 위해 댓글을 달며 기업이 내놓는 상품에 입김을 발휘하기도 한다. 아예 스스로 좋아하는 대상과 관련된 상품을 제작해 판매하기도 하고, 파생 산업까지 나오고 있다.
>
> (다) 덕후는 일본의 오타쿠(御宅)를 한국식으로 발음한 인터넷 신조어 오덕후를 줄인 말이다. 얼마 전까지 덕후 이미지는 사회성이 부족하거나 우스꽝스럽다는 식으로 그다지 긍정적이지 않았다. 하지만 최근 들어 인터넷과 SNS는 물론 일상생활에서도 자신이 덕후임을 만천하에 드러내며 덕밍아웃(덕후+커밍아웃)하는 사례가 늘고 있다.

① (가) – (나) – (다)
② (가) – (다) – (나)
③ (나) – (가) – (다)
④ (다) – (가) – (나)
⑤ (다) – (나) – (가)

19 다음 그림과 같이 화살표 방향으로 종이를 접은 후, 펀치로 구멍을 뚫거나 잘라내어 다시 펼쳤을 때의 그림으로 옳은 것은?

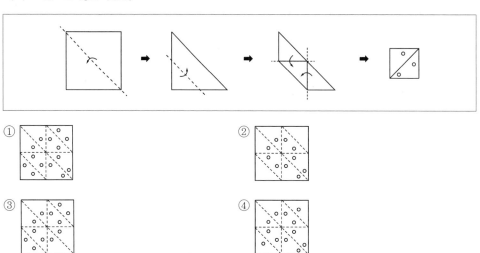

①

②

③

④

⑤

20 다음 그림과 같이 접었을 때, 나올 수 있는 모양이 아닌 것은?

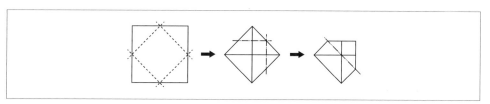

①

②

③

④

⑤

21 일정한 규칙으로 문자를 나열할 때, 빈칸에 들어갈 문자로 알맞은 것은?

ㅁ ㅅ ㅅ ㅊ ㅈ ㅍ ㅋ ( )

① ㄴ ② ㅂ

③ ㅈ ④ ㅌ

⑤ ㅁ

22 투자가 A ~ D는 X기업의 초기 비용을 나누어 투자했고, 각자 투자한 금액의 비율만큼 기업의 영업이익에 따라 배당금을 받는다. 2022년 상반기 기준으로 영업이익은 3억 원이었고, 그중 B와 C가 받은 금액은 총 1억 원이었다. 또한 A가 받은 금액과 C가 받은 금액의 2배를 합한 값은 $\frac{28}{9}$ 억 원이었으며, C가 투자한 금액의 2배가 A가 투자한 금액과 같았다. 하반기 영업이익이 2.7억 원일 때, B가 하반기에 받을 배당금은 얼마인가?

① 0.1억 원 ② 0.2억 원
③ 0.3억 원 ④ 0.4억 원
⑤ 0.5억 원

23 철수는 레고 쌓는 취미를 가지고 있다. 다음 〈조건〉에 따라 레고를 쌓을 때, 5단계 레고 3개를 만들기 위해서는 몇 분이 소요되는가?

> **조건**
> ㉠ 1단계 레고 2개를 모아 만들면 2분이 소요되며 이를 "2단계 레고"라고 한다.
> ㉡ "n단계 레고"를 만들기 위해서는 "$(n-1)$단계 레고" 2개가 필요하다.
> ㉢ "n단계 레고" 한 개를 완성할 때 "$(n-1)$단계 레고" 2개를 조립하는 시간은 소요되는 시간은 $2^{(n-1)}$분이다.

① 153분 ② 168분
③ 192분 ④ 198분
⑤ 210분

24 K사 주유소의 휘발유와 경유의 판매 비율은 작년 3 : 2에서 올해 13 : 9로 변하였다. 올해 휘발유와 경유의 총판매량이 작년보다 10% 증가하였을 때, 경유의 판매량은 작년보다 몇 % 증가하였는가?

① 11.5% ② 12%
③ 12.5% ④ 13%
⑤ 13.5%

25 다음 중 입체도형을 만들었을 때, 다른 모양이 나오는 것은?

①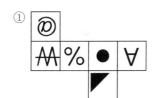

②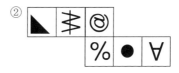

③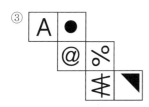

④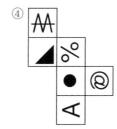

⑤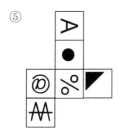

26 다음 빈칸에 들어갈 내용으로 가장 적절한 것은?

> K사의 빅데이터 센터는 내・외부 데이터를 활용해 빅데이터 기반의 경영지원 및 현안 해결을 지원한다. 데이터 분석의 안정적인 정착을 위해 공사 내부 데이터 활용 강화부터 국민들을 위한 공공데이터 개방까지 4차 산업혁명 시대의 혁신 성장의 기틀을 마련하는 것을 목표로 두고 있다. 이를 위해 K사는 데이터 관리체계 수립, 전문 조직 구성, 전문가 육성, 데이터 거버넌스 수립 등 중장기 관점의 발전 방향을 수립할 예정이다.
>
> 빅데이터 센터의 DW(Data Warehouse)는 운영 시스템에 존재하는 데이터를 대형 유통점과 같이 한곳에 모아두고, 각 대리점(Data Mart)에 분석 영역별로 데이터를 제공한다. 제공된 데이터는 BI(Business Intelligence)툴 등의 분석 도구를 통해서 소비자(사용자)가 직접 분석해 활용할 수 있다.
>
> 빅데이터 프로젝트의 성공은 참여하는 전문가들의 수준에 달려 있다. 빅데이터 아키텍처, 정확한 분석, 체계화된 데이터 구조, 사용자의 요구에 쉽게 변화할 수 있는 유연성, 분석 결과 활용 등 고려해야 할 것들이 매우 많기 때문이다. 따라서 _____ K사의 빅데이터 센터는 이 점을 보완하기 위해 조직 내 분석 전문가 양성 및 업무 전문가에 대한 분석 교육 체계를 수립해 내부 분석 전문가 육성에 주력할 계획이다.

① 외부 빅데이터 관련 전문가의 영입 없이는 프로젝트 성공을 기대할 수 없다.

② 빅데이터 센터를 총괄하는 담당자가 필요하다.

③ 내부 전문가 없이 만족할 만한 성과를 얻을 수 없다.

④ 원하는 성과를 얻기 위해서는 다양한 분야의 전문가가 필요하다.

⑤ 내・외부 전문가에 대한 아낌없는 투자가 필요하다.

27 다음 글에 나타난 '라이헨바흐의 논증'에 대한 평가·비판으로 적절하지 않은 것은?

> 귀납은 현대 논리학에서 연역이 아닌 모든 추론, 즉 전제가 결론을 개연적으로 뒷받침하는 모든 추론을 가리킨다. 귀납은 기존의 정보나 관찰 증거 등을 근거로 새로운 사실을 추가하는 지식 확장적 특성을 지닌다. 이 특성으로 인해 귀납은 근대 과학 발전의 방법적 토대가 되었지만, 한편으로 귀납 자체의 논리적 한계를 지적하는 문제들에 부딪히기도 한다.
>
> 먼저 흄은 과거의 경험을 근거로 미래를 예측하는 귀납이 정당한 추론이 되려면 미래의 세계가 과거에 우리가 경험해 온 세계와 동일하다는 자연의 일양성(一樣性), 곧 한결같음이 가정되어야 한다고 보았다. 그런데 자연의 일양성은 선험적으로 알 수 있는 것이 아니라 경험에 기대어야 알 수 있는 것이다. 즉, "귀납이 정당한 추론이다."라는 주장은 "자연은 일양적이다."라는 다른 지식을 전제로 하는데, 그 지식은 다시 귀납에 의해 정당화되어야 하는 경험적 지식이므로 귀납의 정당화는 순환 논리에 빠져 버린다는 것이다. 이것이 귀납의 정당화 문제이다.
>
> 귀납의 정당화 문제로부터 과학의 방법인 귀납을 옹호하기 위해 라이헨바흐는 이 문제에 대해 현실적 구제책을 제시한다. 라이헨바흐는 자연이 일양적일 수도 있고 그렇지 않을 수도 있음을 전제한다. 먼저 자연이 일양적일 경우, 그는 지금까지의 우리의 경험에 따라 귀납이 점성술이나 예언 등의 다른 방법보다 성공적인 방법이라고 판단한다. 자연이 일양적이지 않다면, 어떤 방법도 체계적으로 미래 예측에 계속해서 성공할 수 없다는 논리적 판단을 통해 귀납은 최소한 다른 방법보다 나쁘지 않은 추론이라고 확언한다. 결국 자연이 일양적인지 그렇지 않은지 알 수 없는 상황에서는 귀납을 사용하는 것이 옳은 선택이라는 라이헨바흐의 논증은 귀납의 정당화 문제를 현실적 차원에서 해소하려는 시도로 볼 수 있다.

① 귀납이 지닌 논리적 허점을 완전히 극복한 것은 아니라는 비판의 여지가 있다.

② 귀납을 과학의 방법으로 사용할 수 있음을 지지하려는 목적에서 시도하였다는 데 의미가 있다.

③ 귀납과 다른 방법을 비교하기 위해 경험적 판단과 논리적 판단을 모두 활용한 것이 특징이다.

④ 귀납과 견주어 미래 예측에 더 성공적인 방법이 없다는 판단을 근거로 귀납의 가치를 보여 주고 있다.

⑤ 귀납이 현실적으로 옳은 추론 방법임을 밝히기 위해 자연의 일양성이 선험적 지식임을 증명한 데 의의가 있다.

28 다음 글을 읽고 추론할 수 있는 내용으로 가장 적절한 것은?

> 주주 자본주의는 주주의 이윤을 극대화하는 것을 회사 경영의 목표로 하는 시스템을 말한다. 이 시스템은 자본가 계급을 사업가와 투자가로 나누어 놓았다. 그런데 주주 자본주의가 바꿔놓은 것이 하나 더 있다. 그것은 바로 노동자의 지위다. 주식회사가 생기기 이전에는 노동자가 생산수단들을 소유할 수 없었지만 이제는 거의 모든 생산수단이 잘게 쪼개져 누구나 그 일부를 구입할 수 있다. 노동자는 사업가를 위해서 일하고 사업가는 투자가를 위해 일하지만, 투자가들 중에는 노동자도 있는 것이다.
>
> 주주 자본주의를 비판하는 사람들은 기업이 주주의 이익만을 고려한다면, 다수의 사람들이 이익을 얻는 것이 아니라 소수의 독점적인 투자가들만 이익을 보장받는다고 지적한다. 또한 그들은 주주의 이익뿐만 아니라 기업과 연계되어 있는 이해관계자들 전체, 즉 노동자, 소비자, 지역사회 등을 고려해야 한다고 주장한다. 이러한 입장을 이해관계자 자본주의라고 한다.
>
> 주주 자본주의와 이해관계자 자본주의는 '기업이 존재하는 목적이 무엇인가?'라는 물음에 대한 답변이라고 할 수 있다. 물론 오늘날의 기업들은 극단적으로 한 가지 형태를 띠는 것이 아니라 양자가 혼합된 모습을 보인다. 기업은 주주의 이익을 최우선적으로 고려하지만, 노조 활동을 인정하고, 지역과 환경에 투자하며, 기부와 봉사 등 사회적 활동을 위해 노력하기도 한다.

① 주주 자본주의에서 주주의 이익과 사회적 공헌이 상충할 때 기업은 사회적 공헌을 우선적으로 선택한다.

② 주주 자본주의에서는 과거에 생산수단을 소유할 수 없었던 이들이 그것을 부분적으로 소유할 수 있게 되었다.

③ 이해관계자 자본주의에서는 지역사회의 일반 주민까지도 기업 경영의 전반적 영역에서 주도적인 역할을 담당한다.

④ 주주 자본주의와 이해관계자 자본주의가 혼합되면 기업의 사회적 공헌활동은 주주 자본주의에서보다 약화될 것이다.

⑤ 주주 자본주의와 이해관계자 자본주의가 혼합된 형태의 기업은 지역사회의 이익을 높이는 것을 최우선적으로 고려한다.

29 다음 글의 서술상 특징으로 가장 적절한 것은?

> 제2차 세계대전이 끝나고 나서 미국과 소련 및 그 동맹국들 사이에서 공공연하게 전개된 제한적 대결 상태를 냉전이라고 한다. 냉전의 기원에 관한 논의는 냉전이 시작된 직후부터 최근까지 계속 진행되었다. 이는 단순히 냉전의 발발 시기와 이유에 대한 논의만이 아니라, 그 책임 소재를 묻는 것이기도 하다. 그 연구의 결과를 편의상 세 가지로 나누어 볼 수 있다.
>
> 가장 먼저 나타난 전통주의는 냉전을 유발한 근본적 책임이 소련의 팽창주의에 있다고 보았다. 소련은 세계를 공산화하기 위한 계획을 수립했고, 이 계획을 실행하기 위해 특히 동유럽 지역을 시작으로 적극적인 팽창 정책을 수행하였다. 그리고 미국이 자유 민주주의 세계를 지켜야 한다는 도덕적 책임감에 기초하여 그에 대한 봉쇄 정책을 추구하는 와중에 냉전이 발생했다고 본다. 그리고 미국의 봉쇄 정책이 성공적으로 수행된 결과 냉전이 종식되었다는 것이 이들의 입장이다.
>
> 여기에 비판을 가한 수정주의는 기본적으로 냉전의 책임이 미국 쪽에 있고, 미국의 정책은 경제적 동기에서 비롯되었다고 주장했다. 즉, 미국은 전후 세계를 자신들이 주도해 나가야 한다고 생각했고, 전쟁 중에 급증한 생산력을 유지할 수 있는 시장을 얻기 위해 세계를 개방 경제 체제로 만들고자 했다. 그러므로 미국 정책 수립의 기저에 깔린 것은 이념이 아니라는 것이다. 무엇보다 소련은 미국에 비해 국력이 미약했으므로 적극적 팽창 정책을 수행할 능력이 없었다는 것이 수정주의의 기본적 입장이었다. 오히려 미국이 유럽에서 공격적인 정책을 수행했고, 소련은 이에 대응했다는 것이다.
>
> 냉전의 기원에 관한 또 다른 주장인 탈수정주의는 위의 두 가지 주장에 대한 절충적 시도로서 냉전의 책임을 일방적으로 어느 한 쪽에 부과해서는 안 된다고 보았다. 즉, 냉전은 양국이 추진한 정책의 '상호작용'에 의해 발생했다는 것이다. 또 경제를 중심으로만 냉전을 보아서는 안 되며 안보 문제 등도 같이 고려하여 파악해야 한다고 보았다. 소련의 목적은 주로 안보 면에서 제한적으로 추구되었는데, 미국은 소련의 행동에 과잉 반응했고, 이것이 상황을 악화시켰다는 것이다. 이로 인해 냉전 책임론은 크게 후퇴하고 구체적인 정책 형성에 대한 연구가 부각되었다.

① 하나의 현상에 대한 다양한 견해를 제시하고 있다.
② 여러 가지 의견을 비교하면서 그 우월성을 논하고 있다.
③ 기존의 견해를 비판하면서 새로운 견해를 제시하고 있다.
④ 현상의 원인을 분석하여 다양한 해결책을 제시하고 있다.
⑤ 충분한 사례를 들어 자신의 주장을 뒷받침하고 있다.

30 다음은 태양광 산업 분야 투자액 및 투자건수에 관한 자료이다. 이에 대한 설명으로 적절하지 않은 것은?

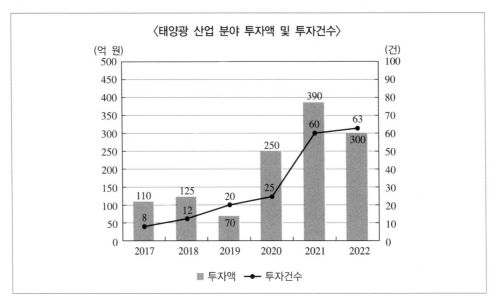

① 2018 ~ 2022년 동안 투자액의 전년 대비 증가율은 2021년이 가장 높다.

② 2018 ~ 2022년 동안 투자건수의 전년 대비 증가율은 2022년이 가장 낮다.

③ 2017년과 2020년 투자건수의 합은 2022년 투자건수보다 작다.

④ 투자액이 가장 큰 해는 2021년이다.

⑤ 투자건수는 매년 증가하였다.

31 다음 글을 읽고 추론할 수 있는 내용으로 적절한 것을 모두 고르면?

> 우리는 흔히 행위를 윤리적 관점에서 '해야 하는 행위'와 '하지 말아야 하는 행위'로 구분한다. 그리고 전자에는 '윤리적으로 옳음'이라는 가치 속성을, 후자에는 '윤리적으로 그름'이라는 가치 속성을 부여한다. 그런데 윤리적 담론의 대상이 되는 행위 중에는 윤리적으로 권장되는 행위나 윤리적으로 허용되는 행위도 존재한다.
>
> 윤리적으로 권장되는 행위는 자선을 베푸는 것과 같이 윤리적인 의무는 아니지만 윤리적으로 바람직하다고 판단되는 행위를 의미한다. 이와 달리 윤리적으로 허용되는 행위는 윤리적으로 그르지 않으면서 정당화 가능한 행위를 의미한다. 예를 들어, 응급환자를 태우고 병원 응급실로 달려가던 중 신호를 위반하고 질주하는 행위는 맥락에 따라 윤리적으로 정당화 가능한 행위라고 판단될 것이다. 우리가 윤리적으로 권장되는 행위나 윤리적으로 허용되는 행위에 대해 옳음이나 그름이라는 윤리적 가치 속성을 부여한다면, 이 행위들에는 윤리적으로 옳음이라는 속성이 부여될 것이다.
>
> 이런 점에서 '윤리적으로 옳음'이란 윤리적으로 해야 하는 행위, 권장되는 행위, 허용되는 행위 모두에 적용되는 매우 포괄적인 용어임에 유의할 필요가 있다. '윤리적으로 옳은 행위가 무엇인가?'라는 질문에 답할 때, 이러한 포괄성을 염두에 두지 않고, 윤리적으로 해야 하는 행위, 즉 적극적인 윤리적 의무에 대해서만 주목하는 경향이 있다. 하지만 구체적인 행위에 대해 '윤리적으로 옳은가?'라는 질문을 할 때에는 위와 같은 분류를 바탕으로 해당 행위가 해야 하는 행위인지, 권장되는 행위인지, 혹은 허용되는 행위인지 따져볼 필요가 있다.

보기

ㄱ. 어떤 행위는 그 행위가 이루어진 맥락에 따라 윤리적으로 허용되는지의 여부가 결정된다.
ㄴ. '윤리적으로 옳은 행위가 무엇인가?'라는 질문에 답하기 위해서는 적극적인 윤리적 의무에만 주목해야 한다.
ㄷ. 윤리적으로 권장되는 행위와 윤리적으로 허용되는 행위에 대해서는 윤리적으로 옳음이라는 가치 속성이 부여될 수 있다.

① ㄱ
② ㄴ
③ ㄱ, ㄷ
④ ㄴ, ㄷ
⑤ ㄱ, ㄴ, ㄷ

32 다음 도형을 오른쪽으로 뒤집고 시계 반대 방향으로 90° 회전 후, 위로 뒤집었을 때의 모양으로
옳은 것은?

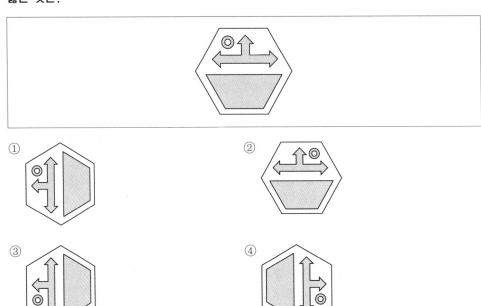

①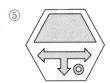

②

③

④

⑤

33 다음은 신재생에너지 산업에 관한 자료이다. 이에 대한 설명으로 가장 적절한 것은?

〈신재생에너지원별 산업 현황〉

구분	기업체 수 (개)	고용인원 (명)	매출액 (억 원)	내수 (억 원)	수출액 (억 원)	해외공장 매출 (억 원)	투자액 (억 원)
태양광	127	8,698	75,637	22,975	33,892	18,770	5,324
태양열	21	228	290	290	0	0	1
풍력	37	2,369	14,571	5,123	5,639	3,809	583
연료전지	15	802	2,837	2,143	693	0	47
지열	26	541	1,430	1,430	0	0	251
수열	3	46	29	29	0	0	0
수력	4	83	129	116	13	0	0
바이오	128	1,511	12,390	11,884	506	0	221
폐기물	132	1,899	5,763	5,763	0	0	1,539
합계	493	16,177	113,076	49,753	40,743	22,579	7,966

① 태양광에너지 분야의 기업체 수가 가장 많다.
② 태양광에너지 분야에 고용된 인원이 전체 고용인원의 반 이상을 차지한다.
③ 전체 매출액 중 풍력에너지 분야의 매출액이 차지하는 비율은 15% 이상이다.
④ 바이오에너지 분야의 수출액은 전체 수출액의 1% 미만이다.
⑤ 전체 매출액 대비 전체 투자액의 비율은 7.5% 이상이다.

34 다음은 중국의 의료 빅데이터 예상 시장 규모에 관한 자료이다. 이의 전년 대비 성장률을 구했을 때 그래프로 바르게 변환한 것은?

〈2015 ~ 2024년 중국 의료 빅데이터 예상 시장 규모〉

(단위 : 억 위안)

구분	2015년	2016년	2017년	2018년	2019년	2020년	2021년	2022년	2023년	2024년
규모	9.6	15.0	28.5	45.8	88.5	145.9	211.6	285.6	371.4	482.8

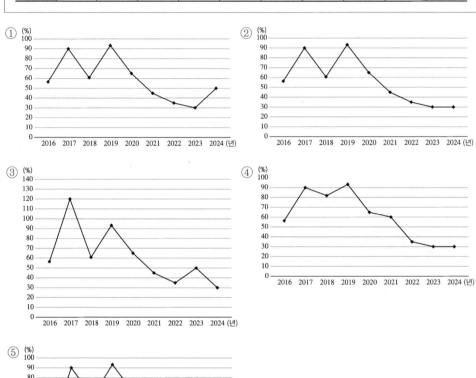

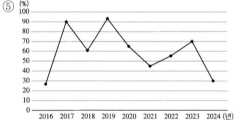

35 다음과 같이 쌓여 있는 블록에 최소한 몇 개의 블록을 더 쌓아야 직육면체 모양의 블록이 되겠는가?

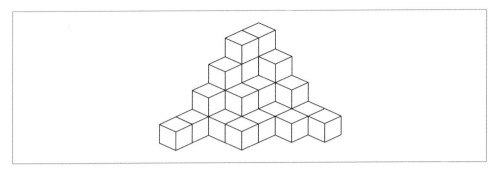

① 85개

② 89개

③ 95개

④ 99개

⑤ 101개

36 다음과 같은 모양을 만드는 데 사용된 블록의 개수로 옳은 것은?(단, 보이지 않는 곳의 블록은 있다고 가정한다)

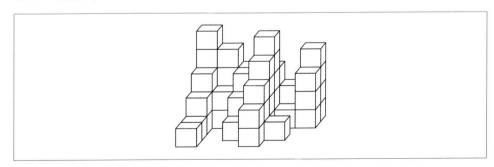

① 52개

② 53개

③ 54개

④ 55개

⑤ 56개

37 다음 글의 주된 전개 방식으로 가장 적절한 것은?

매체의 발달은 인지 방법을 바꾼다. 문자 중심으로 정보를 수용했던 시대가 영상 중심으로 전환되면서 문자 역시 '읽는 것'에서 '보는 것'으로 바뀌어 가고 있다. 새로운 인지 경험들은 새로운 의미들을 만들어 낸다. 이를 특정한 구성원 내에서 의미를 은폐하기 위해 사용하는 은어와 같이 여기기도 하지만, 새로운 인지 방식을 탄생시킨 매체를 적극적으로 유용한 계층에서 먼저 나타난 현상일 뿐이다. 그러기 때문에 줄임말, 초성 표기, 이모티콘이나, 야민정음*과 같은 현상들은 이전의 은어나 격이 낮은 비속어와는 맥락이 다르다고 할 수 있다. 이들은 매체의 발달로 인해 나타난 새로운 인지 경험이 만들어 낸 현상으로 이해할 수 있다.

줄임말은 은어와 같은 역할을 하기도 했지만 매체의 발달로 인해 확대되었고, 은어로서의 정체성도 희박해졌다. 음성언어로 진행되던 대화가 채팅을 통해 문자로 진행되면서 문자의 입력과 인지는 음성언어가 발화되고 수용되는 것만큼의 즉시성을 요구했다. 채팅에서는 문법의 정확성보다 제시된 메시지에 반응하는 시간의 간격을 최소화하는 것이 소통에서 중요한 요소였다. 그러기 때문에 줄임말의 사용이 점차 확대되었다.

또한, 모바일 디바이스의 경우 초창기에는 전송 용량의 엄격한 제한과 과금 때문에 제한된 환경에서 기의(Signified)를 경제적으로 표현하기 위한 모색의 결과로 다양한 형태의 줄임말들이 나타나게 되었다. 물론 이는 한글뿐만 아니라 알파벳을 비롯한 다양한 문자에서도 동일하게 나타나고 있는 현상이기도 하다.

이와는 또 다르게 최근의 야민정음과 같은 현상은 한글을 기표(Signifier)로 인식하지 않고 하나의 이미지로 인식하면서 나타난 현상이라고 할 수 있다. 이는 처음에 문자를 오독하면서 나타났던 현상인데, 여기서 오독은 사실 정확한 표현이 아니다. 오독보다는 오히려 착시에 의해 문자를 새롭게 인지하면서 나타난 현상이라고 정의할 수 있다. 이후 착시의 가능성이 있는 문자들을 의도적으로 변용하면서 나타난 현상이 야민정음이라고 할 수 있다. 특히 기존의 새로운 조어 방식은 이전에 없었던 기의를 만들어 내는 방식이 주를 이루었던 것에 비해, 야민정음은 기존의 기의들은 그대로 둔 채 기표들을 새로운 방식으로 해체하고 재구성하는 방식을 취하고 있다는 것이 특징적이다.

* 야민정음 : 국내의 한 커뮤니티 사이트에서 만들어진 언어표기 형태로, 글자를 시각적 형태에만 의존하여 다른 글자로 대체하는 것이다. 예 멍멍이 → 댕댕이, 귀여워 → 커여워, 눈물 → 롬곡 등

① 새로운 현상에 대한 원인을 찾고 분석하고 있다.
② 새로운 현상에 대한 해결방안을 제시하고 있다.
③ 새로운 현상을 분류하여 범주를 제시하고 있다.
④ 새로운 현상에 대해 형태를 묘사하고 있다.
⑤ 새로운 현상에 대한 변화과정을 설명하고 있다.

38 다음 〈보기〉에 나타난 '노자'의 입장에서 한 '자산'에 대한 비판으로 가장 적절한 것은?

> 거센 바람이 불고 화재가 잇따르자 정(鄭)나라의 재상 자산(子産)에게 측근 인사가 하늘에 제사를
> 지내라고 요청했지만, 자산은 "천도(天道)는 멀고, 인도(人道)는 가깝다."라며 거절했다. 그가 보기
> 에 인간에게 일어나는 일은 더 이상 하늘의 뜻이 아니었고, 자연 변화 또한 인간의 화복(禍福)과는
> 거리가 멀었다. 인간이 자연 변화를 파악하면 얼마든지 재난을 대비할 수 있고, 인간사는 인간 스스
> 로 해결할 문제라 생각한 것이다. 이러한 생각에 기초하여 그는 인간의 문제 해결 범위를 확대했고,
> 정나라의 현실 문제를 극복하고자 하였다.
> 그는 귀족이 독점하던 토지를 백성들도 소유할 수 있게 하였고, 이것을 문서화하여 세금을 부과하였
> 다. 이에 따라 백성들은 개간(開墾)을 통해 경작지를 늘려 생산을 증대하였고, 국가는 경작지를 계
> 량하고 등록함으로써 민부(民富)를 국부(國富)로 연결시켰다. 아울러 그는 중간 계급도 정치 득실을
> 논할 수 있도록 하여 귀족들의 정치 기반을 약화시키는 한편, 중국 역사상 처음으로 형법을 성문화
> 하여 정(鼎, 발이 셋이고 귀가 둘 달린 솥)에 새김으로써 모든 백성이 법을 알고 법에 따라 처신하게
> 하는 법치의 체계를 세웠다. 성문법 도입은 귀족의 임의적인 법 제정과 집행을 막아 그들의 지배력
> 을 약화시키는 조치였으므로 당시 귀족들은 이 개혁 조치에 반발하였다.

> **보기**
>
> 노자(老子)는, 만물의 생성과 변화는 자연스럽고 무의지적이지만, 스스로의 작용에 의해 극대화된
> 다고 보았다. 인간도 이러한 자연의 원리에 따라 삶을 영위해야 한다고 보아 통치자의 무위(無爲)를
> 강조했다. 또한 사회의 도덕, 법률, 제도 등은 모두 인간의 삶을 인위적으로 규정하는 허위라 파악
> 하고, 그것의 해체를 주장했다.

① 사회 제도에 의거하는 정치 개혁은 사회 발전을 극대화할 것이다.
② 인간의 문제를 스스로 해결하려는 시도는 결국 현실 사회를 허위로 가득 차게 할 것이다.
③ 사회 규범의 법제화는 자발적인 도덕의 실현으로 이어질 것이다.
④ 현실주의적 개혁은 궁극적으로 백성들에게 안정과 혜택을 줄 것이다.
⑤ 자연이 인간의 화복을 주관하지 않는다는 생각은 사회의 도덕, 법률, 제도의 존재를 부정할 수
없다.

39 다음과 같은 모양을 만드는 데 사용된 블록의 개수로 옳은 것은?(단, 보이지 않는 곳의 블록은 있다고 가정한다)

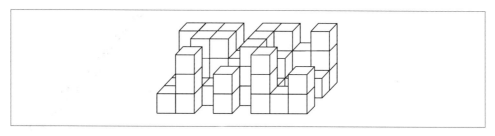

① 56개   ② 57개

③ 58개   ④ 59개

⑤ 60개

40 다음 중 주어진 도형을 만들기 위해 필요하지 않은 조각으로 옳은 것은?

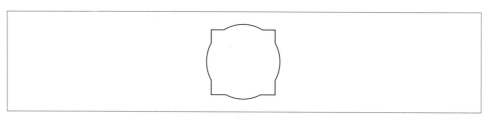

①   ②

③   ④

⑤

41 다음 글의 내용으로 가장 적절한 것은?

> 1651년에 러시아는 헤이룽강 상류 지역에 진출하여 알바진 성을 쌓고 군사 기지로 삼았다. 다음해 러시아군은 헤이룽강을 타고 동쪽으로 진출하였다. 러시아군은 그 강과 우수리강이 합류하는 지점에 이르러 새로 군사 기지를 건설하려 했다. 청은 러시아가 우수리강 하구에 기지를 만들려 한다는 소식을 접하고 영고탑(寧古塔)에 주둔하던 부대로 하여금 러시아군을 막게 했다. 청군은 즉시 북상해 러시아군과 교전했으나 화력에 압도당하여 패배하였다.
>
> 이에 청은 파병을 요청해왔다. 조선은 이를 받아들여 변급이라는 장수를 파견하였다. 변급의 부대는 두만강을 건너 영고탑으로 이동한 후, 그곳에 있던 청군과 함께 북상하였다. 출발 이후 줄곧 걸어서 북상한 조선군은 도중에 청군과 함께 배에 올라 강을 타고 이동하였다. 그 무렵 기지를 출발한 러시아 함대는 알바진과 우수리강 하구 사이의 중간에 있는 헤이룽강의 지류 입구로 접어들어 며칠 동안 남하하고 있었다. 양측은 의란이라는 곳에서 만나 싸웠다. 당시 조선과 청의 연합군이 탑승한 배는 크고 견고한 러시아 배의 적수가 되지 못했다. 이에 연합군은 청군이 러시아 함대를 유인하고, 조선군이 강변의 산 위에서 숨어 있다가 적이 나타나면 사격을 가하는 전법을 택했다. 작전대로 조선군이 총탄을 퍼붓자 러시아 함대는 큰 피해를 입고 퇴각하였다. 조선군은 사상자 없이 개선하였다. 청은 1658년에 또 파병을 요청했다. 조선은 이를 받아들여 신유라는 사람을 대장으로 삼아 군대를 파견하였다. 조선군은 청군과 합세하고자 예전에 변급의 부대가 이용했던 경로와 방법으로 영고탑까지 북상했다. 함께 이동하기 시작한 조·청 연합군은 쑹화강과 헤이룽강의 합류 지점에 이르러 러시아군과 교전했다. 청군은 보유한 전선을 최대한 투입했다. 조선군도 배 위에서 용감히 싸웠다. 조선군이 갈고리를 이용해 러시아 배로 건너가 싸우자 러시아 병사들은 배를 버리고 도망쳤다. 조선군은 러시아군에 비해 성능이 떨어지는 총을 보유했지만, 평소 갈고 닦은 전투력을 바탕으로 승리할 수 있었다.
>
> 패배한 러시아군은 알바진으로 후퇴하였다. 러시아와 청은 몇 차례 회담을 거쳐 네르친스크 조약을 맺었다. 이 조약에 따라 러시아는 알바진과 우수리강의 하구 지점을 잇는 수로를 포기하고 그 북쪽의 외흥안령 산맥까지 물러났다. 또 그 산맥 남쪽 지역을 청의 영토로 인정하였다.

① 신유의 부대는 두만강을 건너 북상하다가 의란에서 러시아군과 교전하였다.

② 변급의 부대는 러시아군을 우수리강의 하구 지점에서 만나 전투를 벌였다.

③ 변급의 부대는 러시아군과 교전할 때 산 위에 대기하다가 러시아 함대를 향해 사격하는 방법으로 승리했다.

④ 변급의 부대가 러시아군과 만나 싸운 장소는 네르친스크 조약의 체결에 따라 러시아 영토에 편입되었다.

⑤ 신유의 부대는 배를 타고 두만강 하구로 나갔다가 그 배로 쑹화강과 헤이룽강의 합류 지점으로 들어가 러시아군과 싸웠다.

42 다음 제시된 단락을 읽고, 이어질 단락을 논리적 순서대로 바르게 나열한 것은?

2015년 1월 1일부터 담배의 가격이 올랐다. 담배가 신체에 해악을 미친다는 것은 널리 알려진 사실인 만큼, 흡연을 억제하는 것은 국민건강을 증진할 의무가 있는 정부로서는 당연히 해야 할 일이다. 그런데 단지 담배가격만 올리는 것이 금연에 도움이 될까?

(가) 실례로 보건복지부는 담뱃세 인상 이외에도 담뱃갑에 혐오스러운 사진 등을 부착하여 흡연이 건강에 미치는 영향에 대한 경각심을 고취하도록 하자는 의견을 낸 바 있으나, 이 의견은 해당 법안에 포함되지 않았다.

(나) 보건복지부의 의견이 시사하듯이, 흡연을 억제하는 것은 단지 경제적 장벽에 의해서만 이루어질 것이 아니고, 심리적 혹은 문화적인 요인들을 부가하면서 이루어져야 한다.

(다) 어떠한 사회적 문제의 해결에서 그 문제에 접근하는 방법을 하나로 한정하기보다는, 다각적인 접근을 통해서 하나의 접근법이 놓칠 수 있는 맹점들을 보완하는 것이 효율적이기 때문이다.

(라) 물론 담배에 붙는 세금을 올리면서 담배의 가격을 올리면, 담배의 경제적 장벽이 높아지므로 담배 소비행위 자체를 억제할 수 있다. 그럼에도 불구하고 담배에는 전자담배 등의 대체재가 있으므로 근본적인 해결책으로 보기는 어렵다.

① (가) – (라) – (다) – (나)
② (가) – (다) – (라) – (나)
③ (라) – (가) – (나) – (다)
④ (라) – (가) – (다) – (나)
⑤ (다) – (라) – (가) – (나)

43 다음은 지역별 전력 최종에너지 소비량 변화에 관한 자료이다. 이에 대한 〈보기〉의 설명으로 적절하지 않은 것은?

〈지역별 전력 최종에너지 소비량 변화〉

구분	2012년		2022년		연평균 증가율(%)
	소비량(천 TOE)	비중(%)	소비량(천 TOE)	비중(%)	
전국	28,588	100.0	41,594	100.0	3.8
서울	3,485	12.2	3,903	9.4	1.1
부산	1,427	5.0	1,720	4.1	1.9
대구	1,063	3.7	1,286	3.1	1.9
인천	1,562	5.5	1,996	4.8	2.5
광주	534	1.9	717	1.7	3.0
대전	624	2.2	790	1.9	2.4
울산	1,793	6.3	2,605	6.3	3.8
세종	–	–	227	0.5	–
경기	5,913	20.7	9,034	21.7	4.3
강원	1,065	3.7	1,394	3.4	2.7
충북	1,244	4.4	1,974	4.7	4.7
충남	1,931	6.8	4,067	9.8	7.7
전북	1,169	4.1	1,899	4.6	5.0
전남	1,617	5.7	2,807	6.7	5.7
경북	2,852	10.0	3,866	9.3	3.1
경남	2,072	7.2	2,913	7.0	3.5
제주	238	0.8	381	0.9	4.8

보기

전력 소비량은 모든 지역에서 소비가 증가하였다. 특히 ㉠ 충청남도의 연평균 증가율은 7.7%로 가장 높은 상승세를 나타냈으며, 이어서 ㉡ 전라도가 5%대의 연평균 증가율을 보이며, 뒤를 이었다. 반면에 ㉢ 서울을 제외한 인천 지역은 증가율이 가장 낮은 것으로 나타났다.
인구가 가장 많은 경기도의 소비량 비중은 20%대를 유지하면서, 지속해서 가장 높은 수준의 전력을 소비하는 지역으로 나타났으며, ㉣ 2012년 두 번째로 많은 전력을 소비했던 서울은 충청남도에 밀려 2022년에는 세 번째가 되었다. 한편, ㉤ 전국 에너지 소비량은 10년 사이 천만 TOE 이상의 증가를 나타냈다.

① ㉠ 　　　　　② ㉡
③ ㉢ 　　　　　④ ㉣
⑤ ㉤

44 다음은 한국산업인력공단에서 시행하는 직무분야별 기능사 자격통계 현황에 관한 자료이다. 이에 대한 설명으로 적절하지 않은 것은?

〈직무분야별 시험 응시 및 합격 현황〉

(단위 : 명, %)

구분		필기시험				실기시험			
		신청자	응시자	합격자	합격률	신청자	응시자	합격자	합격률
디자인 분야	전체	29,661	25,780	16,601	64.4	24,453	19,274	11,900	61.7
	여성	20,585	18,031	12,283	68.1	17,138	13,367	8,333	62.3
	남성	9,076	7,749	4,318	55.7	7,315	5,907	3,567	60.4
영사 분야	전체	471	471	181	38.4	281	281	103	36.7
	여성	123	123	49	39.8	65	65	34	52.3
	남성	348	348	132	37.9	216	216	69	31.9
운전·운송 분야	전체	391	332	188	56.6	189	175	149	85.1
	여성	7	6	1	16.7	1	1	0	0
	남성	384	326	187	57.4	188	174	149	85.6
토목 분야	전체	10,225	8,974	4,475	49.9	8,406	7,733	5,755	74.4
	여성	950	794	459	57.8	881	771	493	63.9
	남성	9,275	8,180	4,016	49.1	7,525	6,962	5,262	75.6
건축 분야	전체	13,105	11,072	5,085	45.9	24,040	20,508	14,082	68.7
	여성	5,093	4,292	2,218	51.7	5,666	4,620	3,259	70.5
	남성	8,012	6,780	2,867	42.3	18,374	15,888	10,823	68.1

※ 합격률은 응시자 대비 합격자이며, 소수점 이하 둘째 자리에서 반올림한 값이다.

① 필기시험 전체 합격률이 실기시험 전체 합격률보다 높은 직무분야는 두 분야이다.
② 남성 실기시험 응시자가 가장 많은 분야는 남성 필기시험 응시자도 가장 많다.
③ 여성 필기시험 응시자가 남성보다 많은 분야는 실기시험 응시자도 여성이 더 많다.
④ 건축 분야의 여성 실기시험 합격률은 토목 분야의 남성 실기시험 합격률보다 5.1%p 낮다.
⑤ 필기·실기시험 전체 응시율이 100%인 직무분야는 영사 분야이다.

45 A전자는 3일 동안 진행되는 국제 전자제품 박람회에 참가하여 휴대폰, 가전, PC 총 3개의 부스를 마련하였다. 〈조건〉에 따라 근무한다고 할 때, 다음 중 옳지 않은 것은?

> **조건**
>
> - 마케팅팀 K과장, T대리, Y사원, P사원과 개발팀 S과장, D대리, O대리, C사원이 부스에 들어갈 수 있다.
> - 부스에는 마케팅팀 1명과 개발팀 1명이 들어가는데, 각 부스 근무자는 매일 바뀐다.
> - 모든 직원은 3일 중 2일을 근무해야 한다.
> - 같은 직급끼리 한 부스에 근무하지 않으며, 한번 근무한 부스는 다시 근무하지 않는다.
> - T대리는 1일 차에 가전 부스에서 근무한다.
> - S과장은 2일 차에 휴대폰 부스에서 근무한다.
> - PC 부스는 2일 차와 3일 차 연속으로 개발팀 근무자가 대리이다.
> - 3일 차에 과장들은 출장을 가기 때문에 어느 부스에서도 근무하지 않는다.
> - 휴대폰 부스는 장비 문제로 1일 차에는 운영하지 않는다.

① 1일 차에 근무하는 마케팅팀 사원은 없다.
② 개발팀 대리들은 휴대폰 부스에 근무하지 않는다.
③ 3일 차에 P사원이 가전 부스에 근무하면 Y사원은 PC 부스에 근무한다.
④ PC 부스는 과장이 근무하지 않는다.
⑤ 가전 부스는 마케팅팀 과장과 개발팀 과장이 모두 근무한다.

46 크기가 서로 다른 5개의 도형 ★, ◎, ◇, □, ▲이 있다. 각 도형의 조건이 아래의 4개의 식을 만족할 때, 다음 〈보기〉의 ?에 들어갈 숫자로 알맞은 것은?

$$▲ = 2(★ + ◎)$$
$$◎ = ★ + ◇$$
$$2◎ = ◇ + □$$
$$2◇ = □$$

> **보기**
>
> $$\boxed{?} × ◇ = ★ + ◎ + □ + ▲$$

① 6 　　　　　　② 7
③ 8 　　　　　　④ 9
⑤ 10

47 최씨 남매와 김씨 남매, 박씨 남매 6명은 야구 경기를 관람하기 위해 함께 야구장에 갔다. 다음 〈조건〉을 참고할 때, 항상 옳은 것은?

> **조건**
>
> • 양 끝자리는 같은 성별이 앉지 않는다.
> • 박씨 여성은 왼쪽에서 세 번째 자리에 앉는다.
> • 김씨 남매는 서로 인접하여 앉지 않는다.
> • 박씨와 김씨는 인접하여 앉지 않는다.
> • 김씨 남성은 맨 오른쪽 끝자리에 앉는다.

[야구장 관람석]

① 최씨 남매는 왼쪽에서 첫 번째 자리에 앉을 수 없다.

② 최씨 남매는 서로 인접하여 앉는다.

③ 박씨 남매는 서로 인접하여 앉지 않는다.

④ 최씨 남성은 박씨 여성과 인접하여 앉는다.

⑤ 김씨 여성은 최씨 여성과 인접하여 앉지 않는다.

48 다음 블록을 그림 상에서 보았을 때, 최소한 몇 개의 블록을 더 쌓아야 직육면체 모양의 블록이 되겠는가?

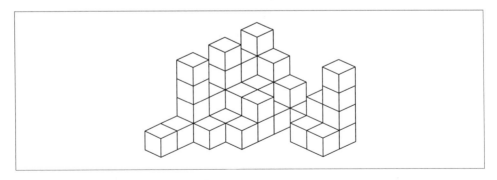

① 125개

③ 135개

② 130개

④ 140개

⑤ 145개

PART 3

인성검사

3 인성검사

01 개요

KCC그룹의 인재상과 적합한 인재인지를 평가하는 테스트로, 직무를 수행하는 데 필요한 성격, 가치관, 태도를 측정하는 테스트이다.

구분	시간	문항 수	출제유형
유형 Ⅰ	60분	340문항	자신이 동의하는 정도에 따라 '① 전혀 그렇지 않다, ② 그렇지 않다, ③ 그렇다, ④ 매우 그렇다'로 응답하는 문제
유형 Ⅱ		60문항	제시된 두 문장 중 자신이 동의하는 정도에 따라 '(가)에 가까울수록 ①에 가깝게, (나)에 가까울수록 ④에 가깝게' 응답하는 문제

※ 계열사별로 시행 여부에 차이가 있을 수 있다.

02 수검요령 및 유의사항

인성검사는 특별한 수검요령이 없다. 다시 말하면 모범답안도 없고, 정답도 없다는 이야기이다. 또한 국어문제처럼 말의 뜻을 풀이하는 것도 아니다. 군이 수검요령을 말하자면, 진실하고 솔직한 자신의 생각이 모범답안이라고 할 수 있다.

인성검사에서 가장 중요한 것은 첫째, 솔직한 답변이다. 자신이 지금까지 경험을 통해서 축적해 온 생각과 행동을 허구 없이 솔직하게 기재하는 것이다. 예를 들어, "나는 타인의 물건을 훔치고 싶은 충동을 느껴본 적이 있다."라는 질문에 피검사자들은 많은 생각을 하게 된다. 생각해 보라. 유년기에 또는 성인이 되어서 타인의 물건을 훔치는 일을 저지른 적은 없더라도, 훔치고 싶은 충동은 누구나 조금이라도 다 느껴보았을 것이다. 그런데 이 질문에 고민을 하는 사람이 간혹 있다. 이 질문에 "예"라고 대답하면 담당 검사관들이 자신을 사회적으로 문제가 있는 사람으로 여기지는 않을까 하는 생각에 "아니요"라는 답을 기재하게 된다. 이런 솔직하지 않은 답변은 답변의 신뢰와 솔직함을 나타내는 타당성 척도에 좋지 않은 점수를 주게 된다.

둘째, 일관성 있는 답변이다. 인성검사의 수많은 질문 문항 중에는 비슷한 뜻의 질문이 여러 개 숨어 있는 경우가 많이 있다. 그 질문들은 피검사자의 '솔직한 답변'과 '심리적인 상태'를 알아보기 위해 내포되어 있는 문항들이다. 가령 "나는 유년시절 타인의 물건을 훔친 적이 있다."라는 질문에 "예"라고 대답했는데, "나는 유년시절 타인의 물건을 훔쳐보고 싶은 충동을 느껴본 적이 있다."라는 질문에는 "아니요"라는 답을 기재한다면 어떻겠는가? 일관성 없이 '대충 기재하자.'라는 식의 심리적 무성의한 답변이 되거나, 정신적으로 문제가 있는 사람으로 보일 수 있다.

인성검사는 많은 문항 수를 풀어나가기 때문에 피검사자들은 지루함과 따분함을 느낄 수 있고 반복된 의미의 질문으로 의한 인내상실 등이 나타날 수 있다. 인내를 가지고 솔직하게 자신의 생각을 대답하는 것이 무엇보다 중요한 요령이다.

(1) 충분한 휴식으로 불안을 없애고 정서적인 안정을 취한다. 심신이 안정되어야 자신의 마음을 표현할 수 있다.
(2) 생각나는 대로 솔직하게 응답한다. 자신을 너무 과대포장하지도, 너무 비하시키지도 말라. 답변을 꾸며서 하면 앞뒤가 맞지 않게끔 구성돼 있어 불리한 평가를 받게 되므로 솔직하게 답하도록 한다.
(3) 검사문항에 대해 지나치게 골똘히 생각해서는 안 된다. 지나치게 몰두하면 엉뚱한 답변이 나올 수 있으므로 불필요한 생각은 삼간다.
(4) 검사시간에 너무 신경 쓸 필요는 없다. 인성검사는 시간제한이 없는 경우가 많으며 시간제한이 있다 해도 충분한 시간이다.
(5) 인성검사는 대개 문항 수가 많기에 자칫 건너뛰는 경우가 있는데, 가능한 한 모든 문항에 답해야 한다. 응답하지 않은 문항이 많을 경우 평가자가 정확한 평가를 내리지 못해 불리한 평가를 내릴 수 있기 때문이다.
(6) 일관성이 없는 답변이 지속될 경우 알림이 올 수 있다. 솔직하게 풀지 않으면 경고를 받으며, 두 번 이상 경고를 받을 시 처음부터 다시 진행해야 한다.

03 인성검사 모의연습

유형 I

※ 아래 문항을 읽고 평소 자신의 모습이나 생각과 가장 일치하는 응답 하나에 체크 하십시오. [1~340]

번호	질문	전혀 아니다	약간 아니다	보통 이다	약간 그렇다	매우 그렇다
1	남의 생일이나 명절 때 선물을 사러 다니는 일이 귀찮게 느껴진다.	①	②	③	④	⑤
2	조심스러운 성격이라고 생각한다.	①	②	③	④	⑤
3	사물을 신중하게 생각하는 편이다.	①	②	③	④	⑤
4	동작이 기민한 편이다.	①	②	③	④	⑤
5	포기하지 않고 노력하는 것이 중요하다.	①	②	③	④	⑤
6	혼자 하는 일이 더 편하다.	①	②	③	④	⑤
7	노력의 여하보다 결과가 중요하다.	①	②	③	④	⑤
8	자기주장이 강하다.	①	②	③	④	⑤
9	장래의 일을 생각하면 불안해질 때가 있다.	①	②	③	④	⑤
10	소외감을 느낄 때가 있다.	①	②	③	④	⑤

번호	질문	전혀 아니다	약간 아니다	보통 이다	약간 그렇다	매우 그렇다
11	푸념을 한 적이 없다.	①	②	③	④	⑤
12	남과 친해지려면 용기가 필요하다.	①	②	③	④	⑤
13	통찰력이 있다고 생각한다.	①	②	③	④	⑤
14	집에서 가만히 있으면 기분이 우울해진다.	①	②	③	④	⑤
15	매사에 느긋하고 차분하게 대처한다.	①	②	③	④	⑤
16	좋은 생각이 떠올라도 실행하기 전에 여러모로 검토한다.	①	②	③	④	⑤
17	누구나 권력자를 동경하고 있다고 생각한다.	①	②	③	④	⑤
18	몸으로 부딪혀 도전하는 편이다.	①	②	③	④	⑤
19	당황하면 갑자기 땀이 나서 신경 쓰일 때가 있다.	①	②	③	④	⑤
20	친구들은 나를 진지한 사람으로 생각하고 있다.	①	②	③	④	⑤
21	감정적으로 될 때가 많다.	①	②	③	④	⑤
22	다른 사람의 일에 관심이 없다.	①	②	③	④	⑤
23	다른 사람으로부터 지적받는 것은 싫다.	①	②	③	④	⑤
24	지루하면 마구 떠들고 싶어진다.	①	②	③	④	⑤
25	남들이 침착하다고 한다.	①	②	③	④	⑤
26	혼자 있는 것을 좋아한다.	①	②	③	④	⑤
27	한 자리에 가만히 있는 것을 싫어한다.	①	②	③	④	⑤
28	시간이 나면 주로 자는 편이다.	①	②	③	④	⑤
29	조용한 것보다는 활동적인 것이 좋다.	①	②	③	④	⑤
30	맡은 분야에서 항상 최고가 되려고 한다.	①	②	③	④	⑤
31	하루 종일 책상 앞에 앉아 있어도 지루해하지 않는 편이다.	①	②	③	④	⑤
32	알기 쉽게 요점을 정리한 다음 남에게 잘 설명하는 편이다.	①	②	③	④	⑤
33	생물 시간보다는 미술 시간에 흥미가 있다.	①	②	③	④	⑤
34	남이 자신에게 상담을 해오는 경우가 많다.	①	②	③	④	⑤
35	친목회나 송년회 등에서 총무 역할을 좋아하는 편이다.	①	②	③	④	⑤
36	실패하든 성공하든 그 원인은 꼭 분석한다.	①	②	③	④	⑤

번호	질문	전혀 아니다	약간 아니다	보통 이다	약간 그렇다	매우 그렇다
37	실내 장식품이나 액세서리 등에 관심이 많다.	①	②	③	④	⑤
38	남에게 보이기 좋아하고 지기 싫어하는 편이다.	①	②	③	④	⑤
39	대자연 속에서 마음대로 몸을 움직이는 일이 좋다.	①	②	③	④	⑤
40	파티나 모임에서 자연스럽게 돌아다니며 인사하는 성격이다.	①	②	③	④	⑤
41	자신의 장래에 대해 자주 생각해본다.	①	②	③	④	⑤
42	혼자 있는 것에 익숙하다.	①	②	③	④	⑤
43	별 근심이 없다.	①	②	③	④	⑤
44	나의 환경에 아주 만족한다.	①	②	③	④	⑤
45	상품을 고를 때 디자인과 색에 신경을 많이 쓴다.	①	②	③	④	⑤
46	카리스마가 있다는 말을 들어본 적이 있다.	①	②	③	④	⑤
47	외출할 때 날씨가 좋지 않아도 그다지 신경을 쓰지 않는다.	①	②	③	④	⑤
48	손님을 불러들이는 호객행위도 마음만 먹으면 할 수 있을 것 같다.	①	②	③	④	⑤
49	신중하고 주의 깊은 편이다.	①	②	③	④	⑤
50	잘못된 부분을 보면 그냥 지나치지 못한다.	①	②	③	④	⑤
51	사놓고 쓰지 않는 물건이 많이 있다.	①	②	③	④	⑤
52	마음에 들지 않는 사람은 만나지 않으려고 노력한다.	①	②	③	④	⑤
53	스트레스 관리를 잘한다.	①	②	③	④	⑤
54	악의 없이 한 말에도 화를 낸다.	①	②	③	④	⑤
55	자신을 비난하는 사람은 피하는 편이다.	①	②	③	④	⑤
56	깨끗이 정돈된 상태를 좋아한다.	①	②	③	④	⑤
57	기분에 따라 목적지를 바꾼다.	①	②	③	④	⑤
58	다른 사람들의 주목을 받는 것을 좋아한다.	①	②	③	④	⑤
59	타인의 충고를 받아들이는 편이다.	①	②	③	④	⑤
60	이유 없이 기분이 우울해질 때가 있다.	①	②	③	④	⑤
61	감정을 표현하는 것은 헛된 일이라고 생각한다.	①	②	③	④	⑤
62	영화를 보고 운 적이 많다.	①	②	③	④	⑤

번호	질문	전혀 아니다	약간 아니다	보통 이다	약간 그렇다	매우 그렇다
63	남을 도와주다가 내 일을 끝내지 못한 적이 있다.	①	②	③	④	⑤
64	누가 시키지 않아도 스스로 일을 찾아서 한다.	①	②	③	④	⑤
65	다른 사람이 바보라고 생각되는 경우가 있다.	①	②	③	④	⑤
66	부모에게 불평을 한 적이 한 번도 없다.	①	②	③	④	⑤
67	내성적이라고 생각한다.	①	②	③	④	⑤
68	돌다리도 두드리고 건너는 타입이라고 생각한다.	①	②	③	④	⑤
69	굳이 말하자면 시원시원한 성격이다.	①	②	③	④	⑤
70	나는 끈기가 강하다.	①	②	③	④	⑤
71	어떠한 일에 쉽게 구애받는 편이며 장인의식도 강하다.	①	②	③	④	⑤
72	우리나라 분재를 파리에서 파는 방법 따위를 생각하기 좋아한다.	①	②	③	④	⑤
73	종일 돌아다녀도 그다지 피곤을 느끼지 않는다.	①	②	③	④	⑤
74	컴퓨터의 키보드 조작도 연습하면 잘할 수 있을 것 같다.	①	②	③	④	⑤
75	자동차나 모터보트 등의 운전에 흥미를 갖고 있다.	①	②	③	④	⑤
76	인기 연예인의 인기비결을 곧잘 생각해 본다.	①	②	③	④	⑤
77	과자나 빵을 판매하는 일보다 만드는 일이 나에게 맞을 것 같다.	①	②	③	④	⑤
78	대체로 걱정하거나 고민하지 않는다.	①	②	③	④	⑤
79	비판적인 말을 들어도 쉽게 상처받지 않는다.	①	②	③	④	⑤
80	초등학교 선생님보다는 등대지기가 더 재미있을 것 같다.	①	②	③	④	⑤
81	규정을 어떤 경우에도 지켜야 한다.	①	②	③	④	⑤
82	보고 들은 것을 문장으로 옮기는 것을 좋아한다.	①	②	③	④	⑤
83	남에게 뭔가 가르쳐주는 일이 좋다.	①	②	③	④	⑤
84	창의적 업무보다 계획되고 반복적인 업무가 적성에 맞다.	①	②	③	④	⑤
85	나이 차가 많은 사람과도 잘 어울린다.	①	②	③	④	⑤
86	전표 계산 또는 장부 기입 같은 일을 싫증내지 않고 할 수 있다.	①	②	③	④	⑤
87	책이나 신문을 열심히 읽는 편이다.	①	②	③	④	⑤
88	신경이 예민한 편이며, 감수성도 예민하다.	①	②	③	④	⑤

번호	질문	전혀 아니다	약간 아니다	보통 이다	약간 그렇다	매우 그렇다
89	연회석에서 망설임 없이 노래를 부르거나 장기를 보이는 편이다.	①	②	③	④	⑤
90	즐거운 캠프를 위해 계획 세우기를 좋아한다.	①	②	③	④	⑤
91	데이터를 분류하거나 통계내는 일을 싫어하지는 않는다.	①	②	③	④	⑤
92	드라마나 소설 속의 등장인물의 생활과 사고방식에 흥미가 있다.	①	②	③	④	⑤
93	자신의 미적 표현력을 살리면 상당히 좋은 작품이 나올 것 같다.	①	②	③	④	⑤
94	화려한 것을 좋아하며 주위의 평판에 신경을 쓰는 편이다.	①	②	③	④	⑤
95	여럿이서 여행할 기회가 있다면 즐겁게 참가한다.	①	②	③	④	⑤
96	여행 소감을 쓰는 것을 좋아한다.	①	②	③	④	⑤
97	상품전시회에서 상품 설명을 한다면 잘할 수 있을 것 같다.	①	②	③	④	⑤
98	변화가 적고 손이 많이 가는 일도 꾸준히 하는 편이다.	①	②	③	④	⑤
99	신제품 홍보에 흥미가 있다.	①	②	③	④	⑤
100	열차 시간표 한 페이지 정도라면 정확하게 옮겨 쓸 자신이 있다.	①	②	③	④	⑤
101	이성적인 사람 밑에서 일하고 싶다.	①	②	③	④	⑤
102	작은 소리에도 신경이 쓰인다.	①	②	③	④	⑤
103	미래에 대한 고민이 많다.	①	②	③	④	⑤
104	컨디션에 따라 행동한다.	①	②	③	④	⑤
105	항상 규칙적으로 생활한다.	①	②	③	④	⑤
106	지금까지 감정적이 된 적은 거의 없다.	①	②	③	④	⑤
107	다른 사람의 의견을 잘 수긍하는 편이다.	①	②	③	④	⑤
108	결심을 하더라도 생각을 바꾸는 일이 많다.	①	②	③	④	⑤
109	다시는 떠올리고 싶지 않은 기억이 있다.	①	②	③	④	⑤
110	과거를 잘 생각하는 편이다.	①	②	③	④	⑤
111	평소 감정이 메마른 것 같다는 생각을 한다.	①	②	③	④	⑤
112	가끔 하늘을 올려다 본다.	①	②	③	④	⑤
113	생각조차 하기 싫은 사람이 있다.	①	②	③	④	⑤
114	멍하니 있는 경우가 많다.	①	②	③	④	⑤

번호	질문	전혀 아니다	약간 아니다	보통 이다	약간 그렇다	매우 그렇다
115	잘하지 못하는 것이라도 자진해서 한다.	①	②	③	④	⑤
116	가만히 있지 못할 정도로 불안해질 때가 많다.	①	②	③	④	⑤
117	자주 깊은 생각에 잠긴다.	①	②	③	④	⑤
118	이유도 없이 다른 사람과 부딪힐 때가 있다.	①	②	③	④	⑤
119	타인의 일에는 별로 관여하고 싶지 않다고 생각한다.	①	②	③	④	⑤
120	무슨 일이든 자신을 가지고 행동한다.	①	②	③	④	⑤
121	유명인과 서로 아는 사람이 되고 싶다.	①	②	③	④	⑤
122	지금까지 후회를 한 적이 없다.	①	②	③	④	⑤
123	언제나 생기가 있다.	①	②	③	④	⑤
124	무슨 일이든 생각해 보지 않으면 만족하지 못한다.	①	②	③	④	⑤
125	다소 무리를 하더라도 피로해지지 않는다.	①	②	③	④	⑤
126	굳이 말하자면 장거리 주자에 어울린다고 생각한다.	①	②	③	④	⑤
127	여행을 가기 전에는 세세한 계획을 세운다.	①	②	③	④	⑤
128	능력을 살릴 수 있는 일을 하고 싶다.	①	②	③	④	⑤
129	관심 분야가 자주 바뀐다.	①	②	③	④	⑤
130	인생에서 중요한 것은 높은 목표를 갖는 것이다.	①	②	③	④	⑤
131	부끄러움을 잘 탄다.	①	②	③	④	⑤
132	상상력이 풍부하다.	①	②	③	④	⑤
133	자신을 자신감 있게 표현할 수 있다.	①	②	③	④	⑤
134	열등감은 좋지 않다고 생각한다.	①	②	③	④	⑤
135	후회할 때가 자주 있다.	①	②	③	④	⑤
136	매사를 태평하게 보는 편이다.	①	②	③	④	⑤
137	한 번 시작한 일은 끝을 맺는다.	①	②	③	④	⑤
138	행동으로 옮기기까지 시간이 걸린다.	①	②	③	④	⑤
139	다른 사람들이 하지 못하는 일을 하고 싶다.	①	②	③	④	⑤
140	해야 할 일은 신속하게 처리한다.	①	②	③	④	⑤

번호	질문	전혀 아니다	약간 아니다	보통 이다	약간 그렇다	매우 그렇다
141	병이 아닌지 걱정이 들 때가 있다.	①	②	③	④	⑤
142	다른 사람의 충고를 기분 좋게 듣는 편이다.	①	②	③	④	⑤
143	다른 사람에게 의존적일 때가 많다.	①	②	③	④	⑤
144	타인에게 간섭받는 것은 싫다.	①	②	③	④	⑤
145	자의식 과잉이라는 생각이 들 때가 있다.	①	②	③	④	⑤
146	수다를 좋아한다.	①	②	③	④	⑤
147	잘못된 일을 한 적이 한 번도 없다.	①	②	③	④	⑤
148	모르는 사람과 이야기하는 것은 용기가 필요하다.	①	②	③	④	⑤
149	끙끙거리며 생각할 때가 있다.	①	②	③	④	⑤
150	다른 사람에게 항상 움직이고 있다는 말을 듣는다.	①	②	③	④	⑤
151	매사에 얽매인다.	①	②	③	④	⑤
152	잘하지 못하는 게임은 하지 않으려고 한다.	①	②	③	④	⑤
153	어떠한 일이 있어도 출세하고 싶다.	①	②	③	④	⑤
154	막무가내라는 말을 들을 때가 많다.	①	②	③	④	⑤
155	신경이 예민한 편이라고 생각한다.	①	②	③	④	⑤
156	쉽게 침울해진다.	①	②	③	④	⑤
157	쉽게 싫증을 내는 편이다.	①	②	③	④	⑤
158	옆에 사람이 있으면 싫다.	①	②	③	④	⑤
159	토론에서 이길 자신이 있다.	①	②	③	④	⑤
160	친구들과 남의 이야기를 하는 것을 좋아한다.	①	②	③	④	⑤
161	전망을 세우고 행동할 때가 많다.	①	②	③	④	⑤
162	일에는 결과가 중요하다고 생각한다.	①	②	③	④	⑤
163	활력이 있다.	①	②	③	④	⑤
164	항상 천재지변을 당하지 않을까 걱정하고 있다.	①	②	③	④	⑤
165	때로는 후회할 때도 있다.	①	②	③	④	⑤
166	다른 사람에게 위해를 가할 것 같은 기분이 든 때가 있다.	①	②	③	④	⑤

번호	질문	전혀 아니다	약간 아니다	보통 이다	약간 그렇다	매우 그렇다
167	진정으로 마음을 허락할 수 있는 사람은 없다.	①	②	③	④	⑤
168	기다리는 것에 짜증내는 편이다.	①	②	③	④	⑤
169	친구들로부터 줏대 없는 사람이라는 말을 듣는다.	①	②	③	④	⑤
170	사물을 과장해서 말한 적은 없다.	①	②	③	④	⑤
171	인간관계가 폐쇄적이라는 말을 듣는다.	①	②	③	④	⑤
172	매사에 신중한 편이라고 생각한다.	①	②	③	④	⑤
173	눈을 뜨면 바로 일어난다.	①	②	③	④	⑤
174	난관에 봉착해도 포기하지 않고 열심히 해본다.	①	②	③	④	⑤
175	실행하기 전에 재확인할 때가 많다.	①	②	③	④	⑤
176	리더로서 인정을 받고 싶다.	①	②	③	④	⑤
177	어떤 일이 있어도 의욕을 가지고 열심히 하는 편이다.	①	②	③	④	⑤
178	다른 사람의 감정에 민감하다.	①	②	③	④	⑤
179	다른 사람들에게 남을 배려하는 마음씨가 있다는 말을 듣는다.	①	②	③	④	⑤
180	사소한 일로 우는 일이 많다.	①	②	③	④	⑤
181	반대에 부딪혀도 자신의 의견을 바꾸는 일은 없다.	①	②	③	④	⑤
182	누구와도 편하게 이야기할 수 있다.	①	②	③	④	⑤
183	가만히 있지 못할 정도로 침착하지 못할 때가 있다.	①	②	③	④	⑤
184	다른 사람을 싫어한 적은 한 번도 없다.	①	②	③	④	⑤
185	그룹 내에서는 누군가의 주도하에 따라가는 경우가 많다.	①	②	③	④	⑤
186	차분하다는 말을 듣는다.	①	②	③	④	⑤
187	스포츠 선수가 되고 싶다고 생각한 적이 있다.	①	②	③	④	⑤
188	모두가 싫증을 내는 일도 혼자서 열심히 한다.	①	②	③	④	⑤
189	휴일은 세부적인 계획을 세우고 보낸다.	①	②	③	④	⑤
190	완성된 것보다 미완성인 것에 흥미가 있다.	①	②	③	④	⑤
191	훌쩍 여행을 떠나고 싶을 때가 자주 있다.	①	②	③	④	⑤
192	대인관계가 귀찮다고 느낄 때가 있다.	①	②	③	④	⑤

번호	질문	전혀 아니다	약간 아니다	보통 이다	약간 그렇다	매우 그렇다
193	자신의 권리를 주장하는 편이다.	①	②	③	④	⑤
194	낙천가라고 생각한다.	①	②	③	④	⑤
195	싸움을 한 적이 없다.	①	②	③	④	⑤
196	자신의 의견을 상대에게 잘 주장하지 못한다.	①	②	③	④	⑤
197	좀처럼 결단하지 못하는 경우가 있다.	①	②	③	④	⑤
198	하나의 취미를 오래 지속하는 편이다.	①	②	③	④	⑤
199	한 번 시작한 일은 반드시 마무리한다.	①	②	③	④	⑤
200	내 방식대로 일하는 편이 좋다.	①	②	③	④	⑤
201	필요 이상으로 고민하는 것이 별로 없다.	①	②	③	④	⑤
202	다른 사람을 가르치는 일을 좋아한다.	①	②	③	④	⑤
203	특이한 일을 하는 것이 좋고 착장도 독창적이다.	①	②	③	④	⑤
204	주변 사람들의 평가에 신경이 쓰인다.	①	②	③	④	⑤
205	견문을 간략한 문장으로 정리해 표현하는 것을 좋아한다.	①	②	③	④	⑤
206	우산 없이 외출해도 비나 눈이 올까봐 불안하지 않다.	①	②	③	④	⑤
207	활자가 많은 기사나 도서를 집중해서 읽는 편이다.	①	②	③	④	⑤
208	단체 관광할 기회가 생긴다면 기쁘게 참여하겠다.	①	②	③	④	⑤
209	거래 내역 계산, 출납부 기록·정리 등이 귀찮지 않다.	①	②	③	④	⑤
210	학창시절에 도서부장보다는 체육부장을 선호했다.	①	②	③	④	⑤
211	주변 사람들과 함께 고민할 때 보람을 느낀다.	①	②	③	④	⑤
212	일이 실패한 원인을 찾아내지 못하면 스트레스를 받는다.	①	②	③	④	⑤
213	파티에서 장기자랑을 하는 것에 거리낌이 없는 편이다.	①	②	③	④	⑤
214	미적 감각을 활용해 좋은 소설을 쓸 수 있을 것 같다.	①	②	③	④	⑤
215	남에게 보이는 것을 중시하고 경쟁에서 꼭 이겨야 한다.	①	②	③	④	⑤
216	자료를 종류대로 정리하고 통계를 작성하는 일이 싫지 않다.	①	②	③	④	⑤
217	노심초사하거나 애태우는 일이 별로 없다.	①	②	③	④	⑤
218	기행문 등을 창작하는 것을 좋아한다.	①	②	③	④	⑤

PART 3

번호	질문	전혀 아니다	약간 아니다	보통 이다	약간 그렇다	매우 그렇다
219	제품 설명회에서 홍보하는 일도 잘할 자신이 있다.	①	②	③	④	⑤
220	대중에게 신상품을 홍보하는 일에 활력과 열정을 느낀다.	①	②	③	④	⑤
221	나 자신의 이익을 꼭 지키려는 편이다.	①	②	③	④	⑤
222	발전이 적고 많이 노력해야 하는 일도 잘할 자신이 있다.	①	②	③	④	⑤
223	홀로 지내는 일에 능숙한 편이다.	①	②	③	④	⑤
224	연극배우나 탤런트가 되고 싶다는 꿈을 꾼 적이 있다.	①	②	③	④	⑤
225	항공기 시간표에 늦지 않고 도착할 자신이 있다.	①	②	③	④	⑤
226	언행이 조심스러운 편이다.	①	②	③	④	⑤
227	남에게 설명할 때 이해하기 쉽게 핵심을 간추려 말한다.	①	②	③	④	⑤
228	예쁜 인테리어 소품이나 장신구 등에 흥미를 느낀다.	①	②	③	④	⑤
229	다른 사람이 내가 하는 일에 참견하는 게 몹시 싫다.	①	②	③	④	⑤
230	자연 속에서 혼자 명상하는 것을 좋아한다.	①	②	③	④	⑤
231	발명품 전시회에 큰 흥미를 느낀다.	①	②	③	④	⑤
232	'모난 돌이 정 맞는다'는 핀잔을 들을 때가 종종 있다.	①	②	③	④	⑤
233	연습하면 복잡한 기계 조작도 잘할 자신이 있다.	①	②	③	④	⑤
234	전통 공예품을 판매하는 새로운 방법을 궁리하곤 한다.	①	②	③	④	⑤
235	단순한 게임이라도 이기지 못하면 의욕을 잃는 편이다.	①	②	③	④	⑤
236	시계태엽 등 기계의 작동 원리를 궁금해 한 적이 많다.	①	②	③	④	⑤
237	타인의 욕구를 알아채는 감각이 날카로운 편이다.	①	②	③	④	⑤
238	공동 작업보다는 혼자서 일하는 것이 더 재미있다.	①	②	③	④	⑤
239	창의적으로 혁신적인 신상품을 만드는 일에 흥미를 느낀다.	①	②	③	④	⑤
240	포기하지 않고 착실하게 노력하는 것이 가장 중요하다.	①	②	③	④	⑤
241	몸가짐이 민첩한 편이라고 생각한다.	①	②	③	④	⑤
242	다른 사람들의 험담을 하는 것을 꺼리지 않는다.	①	②	③	④	⑤
243	일주일 단위의 단기 목표를 세우는 것을 좋아한다.	①	②	③	④	⑤
244	쉽게 권태를 느끼는 편이다.	①	②	③	④	⑤

번호	질문	전혀 아니다	약간 아니다	보통 이다	약간 그렇다	매우 그렇다
245	새로운 환경으로 옮겨가는 것을 싫어한다.	①	②	③	④	⑤
246	불만 때문에 화를 낸 적이 별로 없다.	①	②	③	④	⑤
247	옷을 고르는 취향이 여간해서 변하지 않는다.	①	②	③	④	⑤
248	융통성이 부족해 신속하게 판단을 하지 못할 때가 많다.	①	②	③	④	⑤
249	모든 일에 여유롭고 침착하게 대처하려고 노력한다.	①	②	③	④	⑤
250	슬픈 내용의 소설을 읽으면 눈물이 잘 나는 편이다.	①	②	③	④	⑤
251	타인이 나에게 왜 화를 내는지 모를 때가 많다.	①	②	③	④	⑤
252	어려운 상황에서도 평정심을 지키며 직접 맞서는 편이다.	①	②	③	④	⑤
253	타인에게 나의 의사를 잘 내세우지 못하는 편이다.	①	②	③	④	⑤
254	1년 후에는 현재보다 변화된 다른 삶을 살고 싶다.	①	②	③	④	⑤
255	항상 새로운 흥미를 추구하며 개성적이고 싶다.	①	②	③	④	⑤
256	결심한 것을 실천하는 데 시간이 다소 걸리는 편이다.	①	②	③	④	⑤
257	타인의 설득을 수용해 자신의 생각을 바꿀 때가 많다.	①	②	③	④	⑤
258	나는 타인들이 불가능하다고 생각하는 일을 하고 싶다.	①	②	③	④	⑤
259	나는 성공해서 대중의 주목을 끌고 싶다.	①	②	③	④	⑤
260	나의 성향은 보수보다는 진보에 가깝다고 생각한다.	①	②	③	④	⑤
261	갈등 상황에서 갈등을 해소하기보다는 기피하곤 한다.	①	②	③	④	⑤
262	반드시 해야 하는 일은 먼저 빨리 마무리하려 한다.	①	②	③	④	⑤
263	옆에 사람이 있으면 성가심을 느껴 피하게 된다.	①	②	③	④	⑤
264	낯선 음식에 도전하기보다는 좋아하는 음식만 먹는다.	①	②	③	④	⑤
265	타인의 기분을 배려하려고 주의를 기울이는 편이다.	①	②	③	④	⑤
266	괴로움이나 어려움을 잘 참고 견디는 편이다.	①	②	③	④	⑤
267	예술 작품에 대한 새로운 해석에 더 큰 관심이 간다.	①	②	③	④	⑤
268	사물과 현상을 꿰뚫어보는 능력이 있다고 자부한다.	①	②	③	④	⑤
269	권력자가 되기를 바라지 않는 사람은 없다고 생각한다.	①	②	③	④	⑤
270	조직의 분위기 쇄신에 빨리 적응하지 못하는 편이다.	①	②	③	④	⑤

PART 3

번호	질문	전혀 아니다	약간 아니다	보통 이다	약간 그렇다	매우 그렇다
271	남들이 내 생각에 찬성하지 않아도 내 생각을 고수한다.	①	②	③	④	⑤
272	좋은 생각도 실행하기 전에 여러 방면으로 따져본다.	①	②	③	④	⑤
273	곤란한 상황에서도 담대하게 행동하는 편이다.	①	②	③	④	⑤
274	윗사람에게 자신의 감정을 표현한 적이 한 번도 없다.	①	②	③	④	⑤
275	새로운 사고방식과 참신한 생각에 민감하게 반응한다.	①	②	③	④	⑤
276	누구와도 편하게 이야기할 수 없다.	①	②	③	④	⑤
277	잘 아는 일이라도 세심하게 주의를 기울이는 편이다.	①	②	③	④	⑤
278	겉으로 드러내기보다는 마음속으로만 생각하는 편이다.	①	②	③	④	⑤
279	고졸 채용의 확산 등 학력 파괴는 매우 좋은 제도이다.	①	②	③	④	⑤
280	어떤 사람이나 일을 기다리다가 역정이 날 때가 많다.	①	②	③	④	⑤
281	행동거지에 거침이 없고 활발한 편이다.	①	②	③	④	⑤
282	새로운 제도의 도입에 방해되는 것은 얼마든지 폐지할 수 있다.	①			④	⑤
283	별다른 까닭 없이 타인과 마찰을 겪을 때가 있다.	①	②	③	④	⑤
284	규범의 엄수보다는 기대한 결과를 얻는 것이 중요하다.	①	②	③	④	⑤
285	불안 때문에 침착함을 유지하기 어려울 때가 많다.	①	②	③	④	⑤
286	대인관계가 닫혀 있다는 말을 종종 듣는다.	①	②	③	④	⑤
287	현재의 시류에 맞지 않는 전통적 제도는 시급히 폐지해야 한다고 생각한다.	①	②		④	⑤
288	모든 일에 진중하며 세심한 편이라고 생각한다.	①	②	③	④	⑤
289	잠자리에서 일어나는 즉시 외출할 준비를 시작한다.	①	②	③	④	⑤
290	나의 존재를 남들보다 크게 나타내어 보이고 싶다.	①	②	③	④	⑤
291	일을 하다가 장해를 만나도 이겨내기 위해 매진한다.	①	②	③	④	⑤
292	내 성격이 온순하고 얌전하다는 평가를 자주 받는다.	①	②	③	④	⑤
293	지도자로서 긍정적인 평가를 받고 싶다.	①	②	③	④	⑤
294	때로는 다수보다 소수의 의견이 최선에 가깝다고 생각한다.	①	②	③	④	⑤
295	자신의 우쭐대는 언행을 뉘우치는 일이 별로 없다.	①	②	③	④	⑤
296	일을 실제로 수행하기 전에 거듭해서 확인하는 편이다.	①	②	③	④	⑤

번호	질문	전혀 아니다	약간 아니다	보통 이다	약간 그렇다	매우 그렇다
297	'악법도 법'이라는 말에 전적으로 동의한다.	①	②	③	④	⑤
298	나에 대한 집단의 평가를 긍정적으로 이해한다.	①	②	③	④	⑤
299	일을 추진할 때는 항상 의지를 갖고 정성을 들인다.	①	②	③	④	⑤
300	자신감이 부족해 좌절을 느낄 때가 종종 있다.	①	②	③	④	⑤
301	선망의 대상이 되는 유명한 사람이 되고 싶은 적이 있다.	①	②	③	④	⑤
302	타인의 주장에서 '사실'과 '의견'을 꼼꼼히 구분한다.	①	②	③	④	⑤
303	친구와 갈등을 빚을 때 친구를 원망할 때가 많다.	①	②	③	④	⑤
304	과제 수행을 위해 자주 깊은 생각에 잠긴다.	①	②	③	④	⑤
305	자신이 무기력하다고 느껴질 때가 종종 있다.	①	②	③	④	⑤
306	휴일에는 외출해 등산 같은 야외 활동을 즐긴다.	①	②	③	④	⑤
307	정치권의 선거 후보 단일화 움직임은 다양성을 훼손할 수 있으므로 민주주의 실현을 저해한다고 생각한다.	①	②	③	④	⑤
308	사람들이 꺼려하는 일도 혼자서 열심히 할 자신이 있다.	①	②	③	④	⑤
309	타인이 나에게 상처를 주면 몹시 화가 난다.	①	②	③	④	⑤
310	사람을 많이 만나는 것을 좋아한다.	①	②	③	④	⑤
311	디자인을 다듬는 것보다는 실용성을 높이는 것이 중요하다고 생각한다.	①	②	③	④	⑤
312	어떤 경우에도 다른 사람의 생각을 고려하지 않는다.	①	②	③	④	⑤
313	그날그날의 구체적 수행 목표에 따라 생활하려 노력한다.	①	②	③	④	⑤
314	사전 계획에 없는 지출을 하고 나면 불안해진다.	①	②	③	④	⑤
315	주변 사람들은 내가 말수가 적다고 평가한다.	①	②	③	④	⑤
316	익숙하지 않은 일을 할 때 새로운 자극을 느낀다.	①	②	③	④	⑤
317	여성 할당제 등 상대적 약자를 위한 제도는 반드시 필요하다.	①	②	③	④	⑤
318	자신이 남들보다 무능력하다고 느껴질 때가 많다.	①	②	③	④	⑤
319	환경에 따라 감정이 잘 바뀌는 편이다.	①	②	③	④	⑤
320	소수의 사람들하고만 사귀는 편이다.	①	②	③	④	⑤
321	낭만적인 소설보다는 현실적인 소설에서 감동을 받는다.	①	②	③	④	⑤
322	걱정거리가 있어도 대수롭지 않게 생각한다.	①	②	③	④	⑤

번호	질문	전혀 아니다	약간 아니다	보통 이다	약간 그렇다	매우 그렇다
323	상호 신뢰와 조화가 반드시 최우선이라고 생각한다.	①	②	③	④	⑤
324	무슨 일이든 일단 시도를 해야 이룰 수 있다고 생각한다.	①	②	③	④	⑤
325	내가 가지고 있는 물건은 남의 것보다 나빠 보인다.	①	②	③	④	⑤
326	내가 먼저 친구에게 말을 거는 편이다.	①	②	③	④	⑤
327	부모님의 권위를 존중해 그분들의 의견에 거의 반대하지 않는다.	①	②	③	④	⑤
328	다른 사람의 마음에 상처를 준 일이 별로 없다.	①	②	③	④	⑤
329	게으름 부리는 것을 몹시 싫어한다.	①	②	③	④	⑤
330	유명인이 입은 옷을 보면 그 옷을 꼭 사고 싶어진다.	①	②	③	④	⑤
331	친구만 있어도 행복할 수 있다고 생각한다.	①	②	③	④	⑤
332	감상자와 시대에 따라 음악의 의미는 변한다고 생각한다.	①	②	③	④	⑤
333	일사일촌(一社一村) 운동은 매우 필요하다고 생각한다.	①	②	③	④	⑤
334	복잡한 문제가 생기면 뒤로 미루는 편이다.	①	②	③	④	⑤
335	세상과 인생에는 희망적인 면이 더 많다고 생각한다.	①	②	③	④	⑤
336	여러 사람들 앞에서 발표하는 것에 능숙하지 않다.	①	②	③	④	⑤
337	모험적인 것보다는 현실적인 가능성에 관심이 더 끌린다.	①	②	③	④	⑤
338	금융 소외 계층을 위한 개인 회생 제도는 반드시 필요하다고 생각한다.	①	②	③	④	⑤
339	자신을 유능하지 못한 인간이라고 생각할 때가 있다.	①	②	③	④	⑤
340	세상에 불변하는 가치는 하나도 없다고 생각한다.	①	②	③	④	⑤

※ 각 문제에 대해 자신이 동의하는 정도에 따라 (가)에 가까울수록 ①에 가깝게, (나)에 가까울수록 ④에 가깝게 응답하십시오. [1~60]

01

(가) 꿈을 갖고 있지만 좀 더 현실적인 사람이 좋다.
(나) 꿈을 드러내지 않는 사람이 좋다.

①　　　　　　　　②　　　　　　　　③　　　　　　　　④

02

(가) 어려움에 처한 사람을 보면 동정한다.
(나) 어려움에 처한 사람을 보면 그 이유를 생각해 본다.

①　　　　　　　　②　　　　　　　　③　　　　　　　　④

03

(가) 어려움에 처한 사람을 보면 이겨내겠지 하고 생각한다.
(나) 어려움에 처한 사람을 봐도 별로 신경쓰지 않는다.

①　　　　　　　　②　　　　　　　　③　　　　　　　　④

04

(가) 혼자 행동하는 것을 좋아한다.
(나) 동료와 함께 행동하는 것을 좋아한다.

①　　　　　　　　②　　　　　　　　③　　　　　　　　④

05

(가) 혼자든 동료와 함께든 관계없다.
(나) 동료와 함께하면 불편하지만 내색하지 않는다.

①　　　　　　　　②　　　　　　　　③　　　　　　　　④

06

> (가) 무슨 일이 생기면 자신 때문이라고 생각한다.
> (나) 정확하게 원인을 분석해 잘잘못을 따진다.

①   ②   ③   ④

07

> (가) 공동으로 한 일이더라도 내게 잘못이 없으면 자책하지 않는다.
> (나) 가능하면 내 잘못이 아니라고 생각하고 잊어버린다.

①   ②   ③   ④

08

> (가) 주위의 의견에 자주 휘둘리는 편이다.
> (나) 한번 결정한 의견은 반대가 있더라도 계속 고집하는 편이다.

①   ②   ③   ④

09

> (가) 반대 의견이 내 의견보다 논리적이라면 바로 순응하는 편이다.
> (나) 내 결정과 반대 의견이 많으면 쉽게 결정을 내리지 못하는 편이다.

①   ②   ③   ④

10

> (가) 인간관계가 귀찮다고 생각하는 경우가 많다.
> (나) 인간관계가 자신의 모든 것을 나타낸다고 생각한다.

①   ②   ③   ④

11

(가) 다른 사람들과 관계를 쌓는 것을 좋아한다.
(나) 다른 사람과의 관계는 신경쓰지 않는다.

①   ②   ③   ④

12

(가) 남들 앞에서 의견을 발표하는 데 자신이 있다.
(나) 자신은 없지만 꼭 필요한 발표는 할 수 있다.

①   ②   ③   ④

PART 3

13

(가) 부끄럼이 많아 최대한 발표 기회를 줄인다.
(나) 사람들 앞에서 발표하는 것이 무섭지 않다.

①   ②   ③   ④

14

(가) 정확한 이론이 가장 중요하다.
(나) 빠른 행동이 가장 중요하다.

①   ②   ③   ④

15

(가) 둘 다 중요하지만 행동보다는 이론이 중요하다.
(나) 둘 다 중요하지만 이론보다는 행동이 중요하다.

①   ②   ③   ④

16

(가) 휴일에는 주로 약속을 잡아 외출하는 편이다.
(나) 휴일은 주로 집에서 지내는 편이다.

①   ②   ③   ④

17

(가) 휴일에 나가는 것이 싫지는 않지만 다른 사람이 먼저 약속하지 않으면 외출하지 않는다.
(나) 휴일에는 집에서 쉬고 싶지만 주위에서 계속 찾아 어쩔 수 없이 외출하는 편이다.

①   ②   ③   ④

18

(가) 한 번 시작한 일은 끝까지 해내고 만다.
(나) 선택지는 항상 여러 개를 가지고 있다.

①   ②   ③   ④

19

(가) 굳은 마음으로 일을 시작해도 힘들 땐 많이 흔들리는 편이다.
(나) 열심히 했지만 어쩔 수 없이 안 되는 일이 생기는 편이다.

①   ②   ③   ④

20

(가) 예측이 되지 않으면 아무것도 할 수 없고 불안하다.
(나) 예측이 되지 않아도 전혀 신경 쓰이지 않는다.

①   ②   ③   ④

21

(가) 예측이 되지 않으면 조금 불안하다.
(나) 예측이 되지 않아도 일부러 신경 쓰지 않는 편이다.

①   ②   ③   ④

22

(가) 도전하는 일을 하고 싶다.
(나) 생산성 있는 일을 하고 싶다.

①   ②   ③   ④

23

(가) 어떤 일이든 상관없이 열심히 한다.
(나) 남들이 부러워할 만한 일을 하고 싶다.

①   ②   ③   ④

24

(가) 자처해서 행동하는 편이다.
(나) 누군가의 뒤를 따라 행동하는 편이다.

①   ②   ③   ④

25

(가) 지금은 어쩔 수 없이 따라하지만 불만이 많은 편이다.
(나) 누군가의 지시를 받아 행동하는 것이 편하지만 주로 나 혼자 판단하는 편이다.

①   ②   ③   ④

PART 3

26

(가) 친한 친구하고만 어울리는 편이다.
(나) 처음 만난 사람에게도 친하게 다가가는 편이다.

①   ②   ③   ④

27

(가) 처음 만난 사람과도 시간이 조금 필요하지만 친해질 수 있다.
(나) 상대방의 성격에 따라 금방 친해지기도 하고 그렇지 않기도 하다.

①   ②   ③   ④

28

(가) 새로운 방법을 모색하는 편이다.
(나) 경험을 중시하는 편이다.

①   ②   ③   ④

29

(가) 새로운 방법을 모색한 후 불가능할 때 경험을 찾는 편이다.
(나) 경험을 먼저 활용한 후 불가능할 때 새로운 방법을 찾는 편이다.

①   ②   ③   ④

30

(가) 무언가를 결정할 때에는 자신의 감정에 따르는 편이다.
(나) 무언가를 결정할 때에는 논리적으로 생각하는 편이다.

①   ②   ③   ④

31

(가) 무언가를 결정할 때에는 다른 사람의 의견을 들어보는 편이다.
(나) 무언가를 결정할 때에는 주로 윗사람의 의견을 따르는 편이다.

①   ②   ③   ④

32

(가) 쇼핑은 생각났을 때 하는 편이다.
(나) 쇼핑은 미리 예산을 세우고 하는 편이다.

①   ②   ③   ④

PART 3

33

(가) 쇼핑은 꼭 필요할 때 외에는 하지 않는 편이다.
(나) 항상 쇼핑할 때 생각보다 많은 지출을 하는 편이다.

①   ②   ③   ④

34

(가) 지나치게 걱정하는 경우가 많다.
(나) 무슨 일이든 지나치게 걱정하지는 않는다.

①   ②   ③   ④

35

(가) 겉으로는 걱정 하지 않는 척하면서 계속 걱정하는 경우가 많다.
(나) 걱정하는 척하지만 실제로는 거의 걱정하지 않는 편이다.

①   ②   ③   ④

36

> (가) 쉽게 뜨거워지고 쉽게 식는 편이다.
> (나) 쉽게 뜨거워지고 천천히 식는 편이다.

①   ②   ③   ④

37

> (가) 천천히 뜨거워지고 쉽게 식는 편이다.
> (나) 천천히 뜨거워지고 천천히 식는 편이다.

①   ②   ③   ④

38

> (가) 남은 남, 나는 나라고 생각한다.
> (나) 혼자서는 살 수 없기 때문에 어쩔 수 없이 함께 어울려 산다고 생각한다.

①   ②   ③   ④

39

> (가) 남에게 주의를 받으면 화가 난다.
> (나) 남에게 주의를 받아도 내가 아니라고 생각하면 전혀 개의치 않는다.

①   ②   ③   ④

40

> (가) 남은 전혀 신경쓰지 않는다.
> (나) 남에게 주의를 받으면 가능한 빨리 잘못된 부분을 바로잡는 편이다.

①   ②   ③   ④

41

(가) 계획을 세우고 행동하는 것을 좋아한다.
(나) 생각한 것을 바로 행동으로 옮기는 것을 좋아한다.

①　　　　　　　　　②　　　　　　　　　③　　　　　　　　　④

42

(가) 약간의 계획을 세운 후 가능한 한 빨리 행동해 오류를 수정하는 편이다.
(나) 계획을 세우면서 오류가 발생하면 그 오류가 수정되기 전까지는 절대 행동으로 옮기지 않는다.

①　　　　　　　　　②　　　　　　　　　③　　　　　　　　　④

43

(가) 몸을 움직이는 것을 좋아한다.
(나) 가만히 있는 것을 좋아한다.

①　　　　　　　　　②　　　　　　　　　③　　　　　　　　　④

44

(가) 가만히 있는 것이 좋지만 많이 움직이는 편이다.
(나) 몸을 움직이는 것이 좋지만 가능한 가만히 있으려고 하는 편이다.

①　　　　　　　　　②　　　　　　　　　③　　　　　　　　　④

45

(가) 노력파라고 생각한다.
(나) 노력보다는 항상 운이 좋다고 생각한다.

①　　　　　　　　　②　　　　　　　　　③　　　　　　　　　④

46

(가) 임기응변에 강하다고 생각한다.
(나) 예상치 않은 어려움을 접하면 어쩔 수 없이 포기하고 새로운 일을 찾는 편이다.

①   ②   ③   ④

47

(가) 지인을 발견해도 만나고 싶지 않을 때가 많다.
(나) 다른 사람에게 자신이 소개되는 것을 좋아한다.

①   ②   ③   ④

48

(가) 다른 사람이 부럽다고 생각한 적이 한 번도 없다.
(나) 다른 사람이 나를 어떻게 생각하는지 궁금할 때가 많다.

①   ②   ③   ④

49

(가) 남의 말을 호의적으로 받아들인다.
(나) 칭찬을 들어도 비판적으로 생각한다.

①   ②   ③   ④

50

(가) 자신의 권리를 주장하는 편이다.
(나) 부당한 일을 당해도 참고 넘어가는 편이다.

①   ②   ③   ④

51

(가) 자기 주장이 강하다.
(나) 자신의 의견을 상대방에게 잘 주장하지 못한다.

①   ②   ③   ④

52

(가) 나는 털털한 편이다.
(나) 나는 끈기가 강하다.

①   ②   ③   ④

53

(가) 새로운 일을 하는 것을 망설인다.
(나) 항상 앞으로의 일을 생각하지 않으면 진정이 되지 않는다.

①   ②   ③   ④

54

(가) 지금까지 가본 적이 없는 곳에 가는 것을 좋아한다.
(나) 모르는 사람과 만나는 일은 마음이 무겁다.

①   ②   ③   ④

55

(가) 행동하기 전에 먼저 생각한다.
(나) 굳이 말하자면 활동적인 편이다.

①   ②   ③   ④

PART 3

56

(가) 여행은 사전에 모든 계획을 세우고 가는 것이 좋다.
(나) 행선지만 정해 놓고 무작정 출발하는 여행이 좋다.

①   ②   ③   ④

57

(가) 어느 정도의 기본 계획만 가지고 여행을 가는 것이 좋다.
(나) 마음 가는대로 하는 여행이 좋다.

①   ②   ③   ④

58

(가) 무언가 큰일을 하고 싶다.
(나) 작아도 의미 있는 일을 하고 싶다.

①   ②   ③   ④

59

(가) 남들만큼만 할 수 있으면 된다.
(나) 남들보다 돋보이기만 하면 된다.

①   ②   ③   ④

60

(가) 융통성이 있다.
(나) 자신의 페이스를 잃지 않는다.

①   ②   ③   ④

PART 4

면접

01 | 면접 유형 및 실전 대책

01 면접 주요사항

면접의 사전적 정의는 면접관이 지원자를 직접 만나보고 인품(人品)이나 언행(言行) 따위를 시험하는 일로, 흔히 필기시험 후에 최종적으로 심사하는 방법이다. 최근 주요 기업의 인사담당자들을 대상으로 채용 시 면접이 차지하는 비중을 설문조사했을 때, 50 ~ 80% 이상이라고 답한 사람이 전체 응답자의 80%를 넘었다. 이와 대조적으로 지원자들을 대상으로 취업 시험에서 면접을 준비하는 기간을 물었을 때, 대부분의 응답자가 2 ~ 3일 정도라고 대답했다.

지원자가 일정 수준의 스펙을 갖추기 위해 자격증 시험과 토익을 치르고 이력서와 자기소개서까지 쓰다 보면 면접까지 챙길 여유가 없는 것이 사실이다. 그리고 서류전형과 인적성검사를 통과해야만 면접을 볼 수 있기 때문에 자연스럽게 면접은 취업시험 과정에서 그 비중이 작아질 수밖에 없다. 하지만 아이러니하게도 실제 채용 과정에서 면접이 차지하는 비중은 절대적이라고 해도 과언이 아니다.

기업들은 채용 과정에서 토론 면접, 인성 면접, 프레젠테이션 면접, 역량 면접 등의 다양한 면접을 실시한다. 1차 커트라인이라고 할 수 있는 서류전형을 통과한 지원자들의 스펙이나 능력은 서로 엇비슷하다고 판단되기 때문에 서류상의 자격증이나 토익 성적보다는 지원자의 인성을 파악하기 위해 면접을 더욱 강화하는 것이다. 일부 기업은 의도적으로 압박 면접을 실시하기도 한다. 지원자가 당황할 수 있는 질문을 던져서 그것에 대한 지원자의 반응을 살펴보는 것이다.

면접은 다르게 생각한다면 '나는 누구인가'에 대한 물음이다. 취업난 속에서 자격증을 취득하고 토익 성적을 올리기 위해 앞만 보고 달려 온 지원자들은 자신에 대해서 고민하고 탐구할 수 있는 시간을 평소 쉽게 가질 수 없었을 것이다. 자신을 잘 알고 있어야 자신에 대해서 자신감 있게 말할 수 있다. 대체로 사람들은 자신에게 관대한 편이기 때문에 자신에 대해서 어떤 기대와 환상을 가지고 있는 경우가 많다. 하지만 면접은 제3자에 의해 개인의 능력을 객관적으로 평가받는 시험이다. 어떤 지원자들은 다른 사람에게 자신을 표현하는 것을 어려워한다. 반면에 평소에 잘 사용하지 않는 용어를 내뱉으면서 거창하게 자신을 포장하는 지원자도 많다. 면접의 기본은 자기 자신을 면접관에게 알기 쉽게 표현하는 것이다. 이러한 표현을 바탕으로 자신이 앞으로 하고자 하는 것과 그에 대한 이유를 설명해야 한다. 최근에는 자신감을 향상시키거나 말하는 능력을 키울 수 있는 학원도 많기 때문에 얼마든지 자신의 단점을 극복할 수 있다.

1. 자기소개

자기소개를 시키는 이유는 면접자가 지원자의 자기소개서를 압축해서 듣고, 지원자의 첫인상을 평가할 시간을 가질 수 있기 때문이다. 면접을 위한 워밍업이라고 할 수 있으며, 첫인상을 결정하는 과정이므로 매우 중요한 순간이다.

(1) 정해진 시간에 자기소개를 마쳐야 한다.

쉬워 보이지만 의외로 많은 지원자들이 정해진 시간을 넘기거나 혹은 빨리 끝내서 면접관에게 지적을 받는다. 본인이 면접을 받는 마지막 지원자가 아닌 이상, 정해진 시간을 지키지 않는 것은 수많은 지원자를 상대하기에 바쁜 면접관과 대기 시간에 지친 다른 지원자들에게 불쾌감을 줄 수 있다.

또한 회사에서 시간관념은 절대적인 것이므로 반드시 자기소개 시간을 지켜야 한다. 말하기는 1분에 200자 원고지 2장 분량의 글을 읽는 만큼의 속도가 가장 적당하다. 이를 A4 용지에 10point 글자 크기로 작성하면 반장 분량이 된다.

(2) 간단하지만 신선한 문구로 자기소개를 시작하자.

요즈음 많은 지원자가 이 방법을 사용하고 있기 때문에 웬만한 소재의 문구가 아니면 면접관의 관심을 받을 수 없다. 시대적으로 유행하는 광고 카피를 패러디하는 경우와 격언 등을 인용하는 경우, 그리고 지원한 회사의 CI나 경영이념, 인재상 등을 사용하는 경우 등이 좋은 예이다. 지원자는 이러한 여러 문구 중에 자신의 첫인상을 북돋아 줄 수 있는 것을 선택해서 말해야 한다. 자신의 이름을 문구 속에 적절하게 넣어서 말한다면 좀 더 효과적인 자기소개가 될 것이다.

(3) 무엇을 먼저 말할 것인지 고민하자.

면접관이 많이 던지는 질문 중 하나가 지원동기이다. 그래서 요즘에는 성장기를 바로 건너뛰고, 지원한 회사에 들어오기 위해 대학에서 어떻게 준비했는지를 설명하는 자기소개가 대세이다.

(4) 면접관의 호기심을 자극해 관심을 불러일으킬 수 있게 말하라.

면접관에게 질문을 많이 받는 지원자의 합격률이 반드시 높은 것은 아니지만, 질문을 전혀 안 받는 것보다는 좋은 평가를 기대할 수 있다. 질문을 받기 위해 면접관의 호기심을 자극할 수 있는 가장 좋은 방법은 대학생활을 이야기하면서 자신의 장기를 잠깐 넣는 것이다. 물론 장기자랑에 자신감이 있어야 한다 (최근에는 장기자랑을 개인별로 시키는 곳이 많아졌다).

지원한 분야와 관련된 수상 경력이나 프로젝트 등을 말하는 것도 좋다. 이는 지원자의 업무 능력과 직접 연결되는 것이므로 효과적인 자기 홍보가 될 수 있다. 일부 지원자들은 자신만의 특별한 경험을 이야기하는데, 이때는 그 경험이 보편적으로 사람들의 공감대를 얻을 수 있는 것인지 다시 생각해봐야 한다.

(5) 마지막 고개를 넘기가 가장 힘들다.

첫 단추도 중요하지만, 마지막 단추도 중요하다. 하지만 왠지 격식을 따지는 인사말은 지나가는 인사말 같고, 다르게 하자니 예의에 어긋나는 것 같은 기분이 든다. 이때는 처음에 했던 자신만의 문구를 다시 한 번 말하는 것도 좋은 방법이다. 자연스러운 끝맺음이 될 수 있도록 적절한 연습이 필요하다.

2. 1분 자기소개 시 주의사항

(1) 자기소개서와 자기소개가 똑같다면 감점일까?

자기소개서의 내용을 잘 정리한 자기소개는 좋은 결과를 만들 수 있다. 하지만 자기소개서와 상반된 내용을 말하는 것은 적절하지 않다. 지원자의 신뢰성을 의심받을 수 있기 때문이다.

(2) 말하는 자세를 바르게 익혀라.

면접에서 바른 자세가 중요하다는 것은 익히 알고 있다. 하지만 문제는 무의식적으로 나오는 흐트러진 자세 때문에 나쁜 인상을 줄 수 있다는 것이다. 이러한 습관을 고칠 수 있는 가장 좋은 방법은 캠코더로 녹화하거나 스터디를 통해 모의 면접을 해보면서 끊임없이 피드백을 받는 것이다.

3. 대화법

전문가들이 말하는 대화법의 핵심은 '상대방을 배려하면서 이야기하라.'는 것이다. 대화는 나와 다른 사람의 소통이다. 내용에 대한 공감이나 이해가 없다면 대화는 더 이상 진전되지 않는다.

4. 첫인상

취업을 위해 성형수술을 받는 남성들에 대한 이야기는 더 이상 뉴스거리가 되지 않는다. 그만큼 많은 사람이 좁은 취업문을 뚫기 위해 이미지 향상에 신경을 쓰고 있다. 이는 면접관에게 좋은 첫인상을 주기 위한 것으로, 지원서에 올리는 증명사진을 이미지 프로그램을 통해 수정하는 이른바 '사이버 성형'이 유행하는 것과 같은 맥락이다. 실제로 외모가 채용 과정에서 영향을 끼치는가에 대한 설문조사에서도 60% 이상의 인사담당자들이 그렇다고 답변했다.

하지만 외모와 첫인상을 절대적인 관계로 이해하는 것은 잘못된 판단이다. 외모가 첫인상에서 많은 부분을 차지하지만, 외모 외에 다른 결점이 발견된다면 그로 인해 장점들이 가려질 수도 있다. 첫인상은 말 그대로 한 번밖에 기회가 주어지지 않으며 몇 초 안에 결정된다. 첫인상을 결정짓는 요소 중 시각적인 요소가 80% 이상을 차지한다. 첫눈에 들어오는 생김새나 복장, 표정 등에 의해서 결정되는 것이다. 면접을 시작할 때 자기소개를 시키는 것도 지원자별로 첫인상을 평가하기 위해서이다. 첫인상이 중요한 이유는 만약 첫인상이 부정적으로 인지될 경우, 지원자의 다른 좋은 면까지 거부당하기 때문이다. 이러한 현상을 심리학에서는 초두효과(Primacy Effect)라고 한다.

이는 먼저 제시된 정보가 추후 알게 된 정보보다 더 강력한 영향을 미치는 현상으로, 앞서 제시된 정보가 나중의 것보다 기억이 더 잘 되고, 인출도 더 잘 된다는 것이다. 예를 들어 첫인상이 착하게 기억되면 나중에 나쁜 행동을 하더라도 순간의 실수로 생각되는 반면, 첫인상이 나쁘다면 착한 행동을 하더라도 그 진위에 의심을 사게 되는 것이다. 이처럼 한 번 형성된 첫인상은 여간해서 바꾸기 힘들다. 따라서 평소에 첫인상을 좋게 만들기 위한 노력을 꾸준히 해야만 한다.

좋은 첫인상이 반드시 외모에만 집중되는 것은 아니다. 오히려 깔끔한 옷차림과 부드러운 표정 그리고 말과 행동 등에 의해 전반적인 이미지가 만들어진다. 누구나 이러한 것 중에 한두 가지 단점을 가지고 있다. 요즈음은 이미지 컨설팅을 통해서 자신의 단점들을 보완하는 지원자도 있다. 특히, 표정이 밝지 않은 지원자는 평소 웃는 연습을 의식적으로 하여 면접을 받는 동안 계속해서 여유 있는 표정을 짓는 것이 중요하다. 성공한 사람들은 인상이 좋다는 것을 명심하자.

1. 면접의 유형

과거 천편일률적인 일대일 면접과 달리 현재는 면접에 다양한 유형이 도입되어 "면접은 이렇게 보는 것이다." 라고 말할 수 있는 정해진 유형이 없어졌다. 그러나 대부분의 기업에서 현재까지는 집단 면접과 다대일 면접이 진행되고 있으므로 어느 정도 유형을 파악하여 사전에 대비가 가능하다. 면접의 기본인 단독 면접부터 다대일 면접, 집단 면접, PT 면접 유형과 그 대책에 대해 알아보자.

(1) 단독 면접

단독 면접이란 응시자와 면접관이 1 대 1로 마주하는 형식을 말한다. 면접위원 한 사람과 응시자 한사람이 마주 앉아 자유로운 화제를 가지고 질의응답을 되풀이하는 방식이다. 이 방식은 면접의 가장 기본적인 방법으로 소요시간은 10 ~ 20분 정도가 일반적이다.

① 단독 면접의 장점

필기시험 등으로 판단할 수 없는 성품이나 능력을 알아내는 데 가장 적합하다고 평가받아 온 면접방식으로 응시자 한 사람 한 사람에 대해 여러 면에서 비교적 폭넓게 파악할 수 있다. 응시자의 입장에서는 한 사람의 면접관만을 대하는 것이므로 상대방에게 집중할 수 있으며, 긴장감도 다른 면접방식에 비해서는 적은 편이다.

② 단독 면접의 단점

면접관의 주관이 강하게 작용해 객관성을 저해할 소지가 있으며, 면접 평가표를 활용한다 하더라도 일면적인 평가에 그칠 가능성을 배제할 수 없다. 또한 시간이 많이 소요되는 것도 단점이다.

> **단독 면접 준비 Point**
>
> 단독 면접에 대비하기 위해서는 평소 일대일로 논리 정연하게 대화를 나눌 수 있는 능력을 기르는 것이 중요하다. 그리고 면접장에서는 면접관을 선배나 선생님 혹은 아버지를 대하는 기분으로 면접에 임하는 것이 부담도 훨씬 적고 실력을 발휘할 수 있는 방법이 될 것이다.

(2) 다대일 면접

다대일 면접은 일반적으로 가장 많이 사용되는 면접방법으로 보통 2 ~ 5명의 면접관이 1명의 응시자에게 질문하는 형태의 면접방법이다. 면접관이 여러 명이므로 다각도에서 질문을 하여 응시자에 대한 정보를 많이 알아낼 수 있다는 점 때문에 선호하는 면접방법이다.

하지만 응시자의 입장에서는 면접관에 따라 질문도 각양각색이고 동료 응시자가 없으므로 숨 돌릴틈도 없게 느껴진다. 또한 관찰하는 눈도 많아서 조그만 실수라도 지나치는 법이 없기 때문에 정신적 압박과 긴장감이 높은 면접방법이다. 따라서 응시자는 긴장을 풀고 한 명의 면접관이 질문하더라도 면접관 전원을 향해 대답한다는 마음으로 또박또박 대답하는 자세가 필요하다.

① 다대일 면접의 장점

면접관이 집중적인 질문과 다양한 관찰을 통해 응시자가 과연 조직에 필요한 인물인가를 완벽히 검증할 수 있다.

② 다대일 면접의 단점

면접시간이 보통 10 ~ 30분 정도로 긴 편이고 응시자에게 지나친 긴장감을 조성하는 면접방법이다.

다대일 면접 준비 Point

질문을 들을 때 시선은 면접위원을 향하고 다른 데로 돌리지 말아야 하며, 대답할 때에도 고개를 숙이거나 입속에서 우물거리는 소극적인 태도는 피하도록 한다. 면접위원과 대등하다는 마음가짐으로 편안한 태도를 유지하면 대답도 자연스러운 상태에서 좀 더 충실히 할 수 있고, 이에 따라 면접위원이 받는 인상도 달라진다.

(3) 집단 면접

집단 면접은 다수의 면접관이 여러 명의 응시자를 한꺼번에 평가하는 방식으로 짧은 시간에 능률적으로 면접을 진행할 수 있다. 각 응시자에 대한 질문 내용, 질문 횟수, 시간 배분이 똑같지는 않으며, 모두에게 같은 질문이 주어지기도 하고, 각각 다른 질문을 받기도 한다.

또 어떤 응시자가 한 대답에 대한 의견을 묻는 등 그때그때의 분위기나 면접관의 의향에 따라 변수가 많다. 집단 면접은 응시자의 입장에서는 개별 면접에 비해 긴장감은 다소 덜한 반면에 다른 응시자들과 확실하게 비교되므로 응시자는 몸가짐이나 표현력·논리성 등이 결여되지 않도록 자신의 생각이나 의견을 솔직하게 발표하여 집단 속에 묻히거나 밀려나지 않도록 주의해야 한다.

① 집단 면접의 장점

집단 면접의 장점은 면접관이 응시자 한 사람에 대한 관찰시간이 상대적으로 길고, 비교 평가가 가능하기 때문에 결과적으로 평가의 객관성과 신뢰성을 높일 수 있다는 점이며, 응시자는 동료들과 함께 면접을 받기 때문에 긴장감이 다소 덜하다는 것을 들 수 있다. 또한 동료가 답변하는 것을 들으며, 자신의 답변 방식이나 자세를 조정할 수 있다는 것도 큰 이점이다.

② 집단 면접의 단점

응답하는 순서에 따라 응시자마다 유리하고 불리한 점이 있고, 면접위원의 입장에서는 각각의 개인적인 문제를 깊게 다루기가 곤란하다는 것이 단점이다.

집단 면접 준비 Point

너무 자기 과시를 하지 않는 것이 좋다. 대답은 자신이 말하고 싶은 내용을 간단명료하게 말해야 한다. 내용이 없는 발언을 한다거나 대답을 질질 끄는 태도는 좋지 않다. 또 말하는 중에 내용이 주제에서 벗어나거나 자기중심적으로만 말하는 것도 피해야 한다. 집단 면접에 대비하기 위해서는 평소에 설득력을 지닌 자신의 논리력을 계발하는 데 힘써야 하며, 다른 사람 앞에서 자신의 의견을 조리 있게 개진할 수 있는 발표력을 갖추는 데에도 많은 노력을 기울여야 한다.

• 실력에는 큰 차이가 없다는 것을 기억하라.
• 동료 응시자들과 서로 협조하라.
• 답변하지 않을 때의 자세가 중요하다.
• 개성 표현은 좋지만 튀는 것은 위험하다.

(4) 집단 토론식 면접

집단 토론식 면접은 집단 면접과 형태는 유사하지만 질의응답이 아니라 응시자들끼리의 토론이 중심이 되는 면접방법으로 최근 들어 급증세를 보이고 있다.

이는 공통의 주제에 대해 다양한 견해들이 개진되고 결론을 도출하는 과정, 즉 토론을 통해 응시자의 다양한 면에 대한 평가가 가능하다는 집단 토론식 면접의 장점이 널리 확산된 데 따른 것으로 보인다. 사실 집단 토론식 면접을 활용하면 주제와 관련된 지식 정도와 이해력, 판단력, 설득력, 협동성은 물론 리더십, 조직 적응력, 적극성과 대인관계 능력 등을 파악하는 것이 용이하다고 한다. 토론식 면접에서는 자신의 의견을 명확히 제시하면서도 상대방의 의견을 경청하는 토론의 기본자세가 필수적이며, 지나친 경쟁심이나 자기 과시욕은 접어두는 것이 좋다.

또한 집단 토론의 목적이 결론을 도출해 나가는 과정에 있다는 것을 감안하여 무리하게 자신의 주장을 관철시키기보다 오히려 토론의 질을 높이는 데 기여하는 것이 좋은 인상을 줄 수 있다는 점을 알아야 한다. 취업 희망자들은 토론식 면접이 급속도로 확산되는 추세임을 감안해 특히 철저한 준비를 해야 한다. 평소에 신문의 사설이나 매스컴.등의 토론 프로그램을 주의 깊게 보면서 논리 전개 방식을 비롯한 토론 과정을 익히도록 하고, 친구들과 함께 간단한 주제를 놓고 토론을 진행해 볼 필요가 있다. 또한 사회·시사문제에 대해 자기 나름대로의 관점을 정립해두는 것도 꼭 필요하다.

집단 토론식 면접 준비 Point

- 토론은 정답이 없다는 것을 명심한다.
- 내 주장을 강조하지 않는다.
- 남이 말할 때 끼어들지 않는다.
- 필기구를 준비하여 메모하면서 면접에 임한다.
- 주제에 자신이 없다면 첫 번째 발언자가 되지 않는다.
- 자신의 입장을 먼저 밝힌다.
- 상대측의 사소한 발언에 집착하지 않고 전체적인 의미에 초점을 놓치지 않아야 한다.
- 남의 의견을 경청한다.
- 예상 밖의 반론에 당황스럽다 하더라도 유연함을 잃지 않아야 한다.

(5) PT 면접

PT 면접, 즉 프레젠테이션 면접은 최근 들어 집단 토론 면접과 더불어 그 활용도가 점차 커지고 있다. PT 면접은 기업마다 특성이 다르고 인재상이 다른 만큼 인성 면접만으로는 알 수 없는 지원자의 문제해결 능력, 전문성, 창의성, 기본 실무능력, 논리성 등을 관찰하는 데 중점을 두는 면접으로, 지원자 간의 변별력이 높아 대부분의 기업에서 적용하고 있으며, 확산하는 추세이다.

면접 시간은 기업별로 차이가 있지만, 전문지식, 시사성 관련 주제를 제시한 다음 보통 20~50분 정도 준비하여 5분가량 발표할 시간을 준다. 단순히 질의응답으로 이루어지는 것이 아니라 면접관은 주제에 대해 일정 시간 동안 지원자의 발언과 발표하는 모습 등을 관찰하게 된다. 정확한 답이나 지식보다는 논리적 사고와 의사표현력이 더 중시되기 때문에 자신의 생각을 어떻게 설명하느냐가 매우 중요하다. PT 면접에서 같은 주제라도 직무별로 평가요소가 달리 나타난다. 예를 들어, 영업직은 설득력과 의사소통 능력에 중점을 둘 수 있겠고, 관리직은 신뢰성과 창의성 등을 더 중요하게 평가한다.

- 면접관의 관심과 주의를 집중시키고, 발표 태도에 유의한다.
- 모의 면접이나 거울 면접으로 미리 점검한다.
- PT 내용은 세 가지 정도로 정리해서 말한다.
- PT 내용에는 자신의 생각이 담겨 있어야 한다.
- PT 중간에 자문자답 방식을 활용한다.
- 평소 지원하는 업계의 동향이나 직무에 대한 전문지식을 쌓아둔다.
- 부적절한 용어 사용이나 무리한 주장 등은 하지 않는다.

2. 면접의 실전 대책

(1) 면접 대비사항

① 지원 회사에 대한 사전지식을 충분히 갖는다.

필기시험 또는 서류전형의 합격통지가 온 후 면접시험 날짜가 정해지는 것이 보통이다. 이때 지원자는 면접시험을 대비해 사전에 본인이 지원한 계열사 또는 부서에 대해 폭넓은 지식을 가질 필요가 있다.

지원 회사에 대해 알아두어야 할 사항

- 회사의 연혁
- 회장 또는 사장의 이름, 그의 출신학교, 그의 관심사
- 회장 또는 사장이 요구하는 신입사원의 인재상
- 회사의 사훈, 사시, 경영이념, 창업정신
- 회사의 대표적 상품, 특색
- 업종별 계열회사의 수
- 해외지사의 수와 그 위치
- 신 개발품에 대한 기획 여부
- 자신이 생각하는 회사의 장단점
- 회사의 잠재적 능력개발에 대한 제언

② 충분한 수면을 취한다.

충분한 수면으로 안정감을 유지하고 첫 출발의 신선한 마음가짐을 갖는다.

③ 얼굴을 생기 있게 한다.

첫인상은 면접에 있어서 가장 결정적인 당락요인이다. 면접관들은 생기있는 얼굴과 눈동자가 살아 있는 사람, 즉 기가 살아 있는 사람을 선호한다.

④ 아침에 인터넷에 의한 정보나 신문을 읽는다.

그날의 뉴스가 질문 대상에 오를 수가 있다. 특히 경제면, 정치면, 문화면 등을 유의해서 보아 둘 필요가 있다.

이력서, 자기소개서, 회사안내책자, 지갑, 도장, 신분증(주민등록증), 손수건, 휴지, 필기도구, 예비스타킹 등을 준비하자.

(2) 면접 시 옷차림

면접에서 옷차림은 간결하고 단정한 느낌을 주는 것이 가장 중요하다. 색상과 디자인면에서 지나치게 화려한 색상이나, 노출이 심한 디자인은 자칫 면접관의 눈살을 찌푸리게 할 수 있다. 단정한 차림을 유지하면서 자신만의 독특한 멋을 연출하는 것, 지원하는 회사의 분위기를 파악했다는 센스를 보여주는 것 등이 면접복장의 포인트다.

복장 점검

- 구두는 잘 닦여 있는가?
- 옷은 깨끗이 다려져 있으며 스커트 길이는 적당한가?
- 손톱은 길지 않고 깨끗한가?
- 머리는 흐트러짐 없이 단정한가?

(3) 면접요령

① 첫인상을 중요시한다.

상대에게 인상을 좋게 주지 않으면 어떠한 얘기를 해도 이쪽의 기분이 충분히 전달되지 않을 수 있다. 예를 들면 '저 친구는 표정이 없고 무엇을 생각하고 있는지 전혀 알 길이 없다.'라고 생각하게 만들면 최악의 상태다. 청결한 복장과 바른 자세로 면접장에 침착하게 들어가 건강하고 신선한 이미지를 주도록 한다.

② 좋은 표정을 짓는다.

얘기할 때의 표정은 중요한 사항 중 하나다. 거울 앞에서는 웃는 얼굴의 연습을 해본다. 웃는 얼굴은 상대를 편안하게 만들고 특히 면접 등 긴박한 분위기에서는 큰 효과를 나타낼 것이다. 그렇다고 하여 항상 웃고만 있어서는 안 된다. 본인이 할 얘기를 진정으로 전하고 싶을 때는 진지한 표정으로 상대의 눈을 바라보며 얘기한다.

③ 결론부터 이야기한다.

본인의 의사나 생각을 상대에게 정확하게 전달하기 위해서는 먼저 무엇을 말하고자 하는가를 명확히 결정해 두어야 한다. 대답을 할 경우에는 결론을 먼저 이야기하고 나서 그에 따르는 설명과 이유를 나중에 덧붙이면 논지(論旨)가 명확해지고 이야기가 깔끔하게 정리된다. 보통 한 가지 사실을 이야기하거나 설명하는 데는 3분이면 충분하다. 복잡한 이야기도 어느 정도의 길이로 요약해서 이야기하면 상대도 이해하기 쉽고 자기도 정리할 수 있다. 긴 이야기는 오히려 상대를 불쾌하게 할 수가 있다.

④ 질문의 요지를 파악한다.

면접 때의 이야기는 간결성만으로 부족하다. 상대의 질문이나 이야기에 대해 적절하고 필요한 대답을 하지 않으면 대화는 끊어지고 자기의 생각도 제대로 표현하지 못한다. 이는 면접관이 지원자의 인품이나 사고방식 등을 명확히 파악할 수 없도록 만들게 된다. 면접에서는 면접관이 무엇을 묻고 있는지, 무슨 이야기를 하고 있는지 그 요점을 정확히 알아내야 한다.

(4) 면접 시 주의사항

① 지각은 있을 수 없다.

면접 당일에 시간을 맞추지 못하여 지각하는 것은 있을 수 없는 일이다. 약속을 못 지키는 사람은 좋은 평가를 받을 수 없다. 면접 당일에는 지정시간 10~20분쯤 전에 미리 면접장에 도착해 마음을 가라앉히고 준비해야 한다.

② 손가락을 움직이지 마라.

면접 시에 손가락을 까딱거리거나 만지작거리는 행동은 유난히 눈에 띌 뿐만 아니라 면접관의 눈에 거슬리기 마련이다. 다리를 떠는 행동은 말할 것도 없다. 불안정하거나 산만하다는 느낌을 줄 수 있으므로 주의할 필요가 있다.

③ 옷매무새를 자주 고치지 마라.

여성의 경우 외모에 너무 신경 쓴 나머지 머리를 계속 쓸어 올리거나, 깃과 치마 끝을 만지작거리는 경우가 많다. 짧은 미니스커트를 입고 와서 면접시간 내내 치마 끝을 내리는 행위는 면접관으로 하여금 인상을 찌푸리게 만든다. 인사담당자의 말에 의하면 이런 사람이 의외로 많다고 한다.

④ 적당한 목소리 톤으로 말해라.

면접관과의 거리가 어느 정도 떨어져 있기 때문에 작은 소리로 웅얼거리는 것은 좋지 않다. 그러나 너무 큰 소리로 소리를 질러가며 말하는 사람은 오히려 거북스럽게 느껴진다.

⑤ 성의 있는 응답 자세를 보여라.

질문에 대해 너무 '예, 아니오'로만 답변하면 성의 없다는 인상을 심어주게 된다. 따라서 설명을 덧붙일 수 있는 질문에 대해서는 지루하지 않을 만큼의 설명을 붙인다.

⑥ 구두를 깨끗이 닦는다.

앉아있는 사람의 구두는 면접관의 위치에서 보면 눈에 잘 띈다. 그러나 의외로 구두에 대해 신경써서 미리 깨끗이 닦아둔 사람은 드물다. 면접 전날 반드시 구두를 깨끗이 닦아준다.

⑦ 지나친 화장은 피한다.

여성의 경우 지나치게 화장을 짙게 하면 거부감을 불러일으킬 수 있다. 또한 머리도 단정히 정리해서 이마가 가급적이면 드러나 보이게 하는 것이 좋다. 여기저기 흘러나온 머리는 지저분하고 답답한 느낌을 준다. 지나친 액세서리도 금물이다.

⑧ 기타 사항

㉠ 앉으라고 할 때까지 앉지 마라. 의자로 재빠르게 다가와 앉으면 무례한 사람처럼 보이기 쉽다.

㉡ 응답 시 너무 말을 꾸미지 마라.

㉢ 질문이 떨어지자마자 답변을 외운 것처럼 바쁘게 대답하지 마라.

㉣ 혹시 잘못 대답하였다고 해서 혀를 내밀거나 머리를 긁지 마라.

㉤ 머리카락에 손대지 마라. 정서불안으로 보이기 쉽다.

㉥ 면접실에 다른 지원자가 들어올 때 절대로 일어서지 마라.

ⓢ 동종업계나 라이벌 회사에 대해 비난하지 마라.

ⓞ 면접관 책상에 있는 서류를 보지 마라.

ⓩ 농담을 하지 마라. 쾌활한 것은 좋지만 지나치게 경망스러운 태도는 취업에 대한 의지가 부족하게 보인다.

ⓒ 질문에 대해 대답할 말이 생각나지 않는다고 천장을 쳐다보거나 고개를 푹 숙이고 바닥을 내려다 보지 마라.

ⓚ 면접관이 서류를 검토하는 동안 말하지 마라.

ⓣ 과장이나 허세로 면접관을 압도하려 하지 마라.

ⓟ 최종 결정이 이루어지기 전까지 급여에 대해 언급하지 마라.

ⓗ 은연중에 연고를 과시하지 마라.

면접 전 마지막 체크 사항

- 기업이나 단체의 소재지(본사·지사·공장 등)를 정확히 알고 있다.
- 기업이나 단체의 정식 명칭(Full Name)을 알고 있다.
- 약속된 면접시간 10분 전에 도착하도록 스케줄을 짤 수 있다.
- 면접실에 들어가서 공손히 인사한 후 또렷한 목소리로 자기 수험번호와 성명을 말할 수 있다.
- 앉으라고 할 때까지는 의자에 앉지 않는다는 것을 알고 있다.
- 자신에 대해 3분간 이야기할 수 있는 준비가 되어 있다.
- 자신의 긍정적인 면을 상대방에게 바르게 전달할 수 있다.

PART 4

02 | KCC그룹 실제 면접

KCC는 '기본에 충실하고 조직방향과 일치하는 전문지식을 가진 사람, 불굴의 의지와 창의력으로 실천하는 사람, 고객과 조직에 정직하고 사명감과 책임감을 갖는 사람'이라는 인재상을 내세워 그에 적합한 인재를 선발하기 위해 면접을 진행하고 있다.

KCC는 현재 인적성검사와 면접을 하루에 다 치르도록 하고 있다. KCC의 면접은 2015년부터 토론 면접 대신 PT 면접이 생겼으며, PT 면접과 함께 인성 면접이 곧바로 진행된다. 면접관 4~5명으로 다대다의 면접 방식으로 치러지며, 개인별로 약 25분(PT 발표 5분, 질의 응답 5분, 인성 면접 10분) 동안 진행된다.

01　PT 면접

직무와 관련된 이슈나 주제를 통해 실무능력을 측정하는 방식으로 진행된다. PT 면접의 주제는 면접장에서 주어지는데, 총 5개 문제 중에서 하나를 선택해서 면접 대기실에서 20분 동안 발표 준비를 끝낸 후, 5분 동안 면접관에게 화이트보드에 쓰면서 프레젠테이션을 하게 되며, 발표를 끝낸 후 5분 동안 피드백을 받게 된다. 지원자의 전공지식과 직무에 대한 관심도와 지식 등이 요구되므로 이에 초점을 맞춰 준비하도록 해야 한다. 주어진 시간 안에 체계적으로 정리하는 분석력과 발표력 또한 중요한 사항이므로 철저히 준비해야 하며, 주어진 시간을 초과하면 감점이 될 수 있으므로 주의해야 한다.

[주제 : 영업활동을 하면서 발생할 수 있는 14가지 정도의 상황 중 한 가지를 골라 대응방안을 발표하시오.]
- 도료에 사용되는 에폭시 고분자에 대한 설명과 이를 활용한 제품을 설계하시오.
- 베르누이의 법칙을 설명하여 그 예와 활용에 대해서 설명하시오.
- 물 원자 하나의 부피를 구해 보시오.
- 품질기준 강화를 제시했는데, 품질기준을 강화하면 제품 가격이 상승할 것이고, 가격경쟁력이 약화되는데, 왜 품질기준 강화를 제시하는가?
- 본인이 발표한 영업활동 중 발생한 상황을 한 마디로 정리해 보시오.
- 제시한 방안대로 했는데, 고객사에서 막무가내로 납품된 도료를 교환해달라고 하면 어떻게 할 것인가?
- 당사 제품 중 하나를 고객사에 홍보해 보시오.
- 고객사에서 새롭게 영업부에 입사한 신입사원이 실수가 많다며 숙련된 사원으로 바꿔달라고 요청해왔다. 어떻게 할 것인가?
- 당사 주요 제품 외에 추가적으로 어떤 상품을 팔면 좋을 것 같은지 말해 보시오.

PT 면접이 끝나면 곧바로 인성 면접이 시작된다. 인성 면접은 이력서에 나와 있는 내용과 자기소개서를 바탕으로 한 질문이 주어지며, 지원자의 전공 관련 상식, 이슈가 되었던 사회문제, 시사상식 등이 주를 이룬다. 간혹 영어로 간략하게 자기소개를 시키는 경우도 있다.

[인성 질문]
- 급한 일로 돈을 빌릴 수 있는 친구가 몇 명인지 말해 보시오.
- MZ세대를 정의해보고 특징을 말해 보시오.
- 순환근무에 대해 어떻게 생각하는지 말해 보시오.
- 당사 주요 고객사가 어디인지 말해 보시오.
- 진상손님, 까다로운 고객을 어떻게 대처할 것인지 말해 보시오.
- 인생에서 가장 힘들었을 때를 설명해 보시오.
- 자기소개를 해 보시오.
- 지원동기를 말해 보시오.
- 건설 분야에 지원한 이유를 말해 보시오.
- 울산 공장에서 무얼 만드는지 말해 보시오.
- 자신의 특기를 설명해 보시오.
- 자신의 취미를 소개해 보시오.
- 현재 소지품으로 3가지 창의적인 활동을 해 보시오.
- 주량은 얼마나 되는가?
- 본인의 장단점에 대해 말해 보시오.
- 아르바이트는 어떤 것들을 해보았는가?
- 졸업 작품 과제에 대해 자세히 설명해 보시오.
- 지금까지 면접관이 많은 질문을 했는데, 지원자가 면접관에게 묻고 싶은 것이 있는가?
- 이수한 전공 선택과목을 말해 보시오.
- 지금 개도국에서 KCC로 현지에 공장을 지어달라는 요청이 들어오고 있다. 해외근무도 관계없는가?
- 지방 공장 근무가 많을 것이다. 문제없는가?
- KCC 면접에 들어올 때 어떤 질문은 가장 자신 있게 대답할 수 있을 것이라 준비해 왔는가?
- 가장 중요하게 생각하는 가치가 무엇인가?
- 국제금융위기처럼 현재 한국 사회에서 금융이 오히려 사회발전에 해를 끼치는 경우를 말해 보시오.
- KCC의 사훈이 무엇인가?
- KCC에 대해서 아는 대로 말해 보시오.
- KCC가 왜 본인을 뽑아야 하는가?
- 본인의 전공을 선택한 이유는 무엇인가?
- 자신의 전공과 지원 분야에 대해 상관성을 말해 보시오.
- 자신이 살아오면서 얼마 정도의 투자를 했는지 산술적으로 수치를 내보시오.
- 인상 깊게 읽었던 책과 그 이유를 말해 보시오.
- 학점이 아주 좋은데, 공부만 한 것은 아닌가?

- KCC의 광고에 대한 느낌을 말해 보시오.
- 지하철에서 비데를 팔 수 있는가? 어떻게 팔 것이며, 그 시스템 구조를 말해 보시오.
- 졸업 후 현재까지 무엇을 어떻게 하였고 무슨 준비를 하였는가?
- 해외연수 경험이 있는가?
- 프로정신으로 영업에 접근한다면 어떻게 할 것인가?
- 하루 동안 인맥을 동원하여 모을 수 있는 자금은?
- 주말 여행계획이 있어도 부르면 출근할 것인가?
- 아프리카에 간다면 가져갈 5가지는 무엇인가?
- 공무원 연금 개혁에 대해 의견을 말해보라.
- 평생직장과 경력 위주의 이직에 대한 생각을 말해보라.
- KCC에 입사한다면 회사에 기여할 방법은 무엇인가?
- 10년 후 자신의 모습은 어떨 것이라고 생각하는가?
- 전공이 직무와 관련이 없는데 해당 직무를 선택한 이유는 무엇인가?
- 희망연봉은 어떻게 되는가?
- 일과 육아 중 어떤 것을 선택할 것인가?
- 우리 회사 광고 모델이 누구인지 아는가?
- 은수저, 금수저에 대해 어떻게 생각하는가?
- 우리 회사에 어떤 식으로 기여할 수 있겠는가?
- 본인을 어필해 보시오.
- KCC에 바라는 점이 있다면 무엇인가?
  - TIP KCC는 사회공헌활동이 많이 부족하여 사회공헌활동에 관련된 답변을 하면 좋다.

[전공 질문]
- 크라우드펀딩을 설명해 보시오.
- B2B영업과 B2C영업의 차이를 말해 보시오.
- 유리전이온도가 변하는가?
- 유기화학에서의 작용기 또는 관능기에 대해 설명하시오.
- 고분자 점탄성 특성에 대해 설명하시오.
- 화학결합 중 가장 강한 것은 무엇인가?
- PN접합에 대하여 설명하시오.
- 임피던스가 무엇인가?
- 제어에서 캐스케이드에 대하여 설명하시오.
- 서브프라임 모기지론이란?
- 세라믹의 과거와 현재에 대해 말해 보시오.
- 서울의 주유소 개수를 확인할 수 있는 방법은?
- 서울 시내의 차량 수를 말해 보시오.
- EMC의 가장 중요한 특징은?

[영어 질문]

- 미국의 장단점을 영어로 말해 보시오.
- 자기소개를 영어로 해 보시오.
- 옆 지원자의 영어 자기소개를 듣고 번역해 보시오.
- 입사 후 포부를 영어로 말해 보시오.
- 미국의 장점과 단점에 대해 영어로 말해 보시오.
- 아침에 회사까지 온 과정을 영어로 말해 보시오.

합격의 공식 SD에듀

S D E D U

성공한 사람은 대개 지난번 성취한 것 보다 다소 높게,
그러나 과하지 않게 다음 목표를 세운다.
이렇게 꾸준히 자신의 포부를 키워간다.

- 커트 르윈 -

앞선 정보 제공! 도서 업데이트

언제, 왜 업데이트될까?

도서의 학습 효율을 높이기 위해 자료를 추가로 제공할 때!
공기업·대기업 필기시험에 변동사항 발생 시 정보 공유를 위해!
공기업·대기업 채용 및 시험 관련 중요 이슈가 생겼을 때!

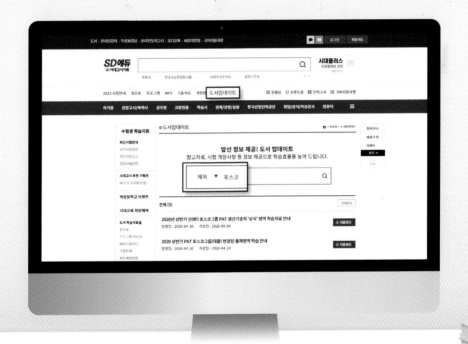

01 SD에듀 도서
www.sdedu.co.kr/book
홈페이지 접속

02 상단 카테고리
「도서업데이트」
클릭

03 해당
기업명으로
검색

참고자료, 시험 개정사항 등 정보 제공으로 **학습효율**을 높여 드립니다.

SD에듀

대기업 인적성검사 시리즈

신뢰와 책임의 마음으로 수험생 여러분에게 다가갑니다.

※도서의 이미지 및 구성은 변동될 수 있습니다.

2024 최신판

KCC그룹

온라인
인적성검사

편저 | SDC(Sidae Data Center)

정답 및 해설

합격의 별을
따자

2023년 기출복원문제

대표출제유형 완전 분석

모의고사 4회

SDC
SDC는 SD에듀 데이터 센터의 약자로
약 30만 개의 NCS · 적성 문제 데이터를
바탕으로 최신출제경향을 반영하여
문제를 출제합니다.

SD에듀
(주)시대고시기획

PART 1

적성검사

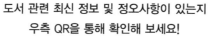 도서 관련 최신 정보 및 정오사항이 있는지
우측 QR을 통해 확인해 보세요!

01　응용수리

01	02	03	04	05	06	07	08	09	10
⑤	②	④	⑤	④	①	⑤	②	⑤	④
11	12	13	14	15	16	17	18	19	20
④	③	②	③	⑤	⑤	④	③	⑤	②

01　　　　　　　　정답 ⑤

4% 소금물의 양을 xg이라 하자.

$$\frac{24 \times \frac{8}{100} + x \times \frac{4}{100}}{24+x} \times 100 = 5 \rightarrow \frac{192+4x}{24+x} = 5$$

$192+4x = 5(24+x) \rightarrow 192+4x = 120+5x$

$\therefore x = 72$

따라서 8% 소금물 24g에 4% 소금물 72g을 넣으면 5% 소금물이 된다.

02　　　　　　　　정답 ②

직사각형의 넓이는 (가로)×(세로)이므로 넓이를 $\frac{1}{3}$ 이하로

작아지게 하려면 길이를 $\frac{1}{3}$ 이하로 줄이면 된다.

따라서 가로의 길이가 10cm 이하가 되게 하려면 최소 20cm 이상 줄여야 한다.

03　　　　　　　　정답 ④

걷는 속력은 A씨가 오른쪽으로 0.8m/s, B씨는 왼쪽으로 x m/s라고 하자. 같은 지점에서 반대방향으로 걸어가는 두 사람의 30초 후 거리는 각자 움직인 거리의 합이다. B씨가 무빙워크를 탈 때와 타지 않을 때의 거리를 각각 구하면,

ⅰ) B씨가 무빙워크를 탈 때

$(0.6+0.8) \times 30 + (0.6+x) \times 30 = 42+18+30x = (60+30x)$m

ⅱ) B씨가 무빙워크를 타지 않을 때

$(0.6+0.8) \times 30 + x \times 30 = (42+30x)$m

따라서 B씨가 무빙워크를 탈 때와 타지 않을 때의 거리 차이는 $(60+30x)-(42+30x)=18$m이다.

풀이 꿀팁

빠른 풀이는 속력의 차이를 알면 금방 구할 수 있다. A씨는 조건이 같고, B씨의 조건이 무빙워크를 탈 때와 타지 않을 때의 속력이 다르다. B씨의 걷는 속도는 일정하며, 무빙워크를 타면 무빙워크의 속력이 더해져 무빙워크의 속력만큼 더 멀리 움직일 수 있다.

따라서 두 경우 거리 차이는 30초간 무빙워크가 움직인 거리인 $0.6 \times 30 = 18$m가 된다.

04　　　　　　　　정답 ⑤

욕조에 물을 가득 채웠을 때 물의 양을 1이라고 하면 A탱크는

1분에 $\frac{1 \times 75\%}{18} = \frac{0.75}{18}$ 만큼 채울 수 있고 B탱크는 1분에

$\frac{0.75}{18} \times 1.5$만큼 채울 수 있다.

A탱크가 15분간 욕조를 채운 양은 $\frac{0.75}{18} \times 15$이므로, 욕조를

가득 채우기까지 남은 양은 $1 - \frac{0.75}{18} \times 15$이다.

따라서 남은 양을 B탱크가 채웠을 때 걸리는 시간은

$$\frac{1 - \frac{0.75}{18} \times 15}{\frac{0.75}{18} \times 1.5} = \frac{18 - 0.75 \times 15}{0.75 \times 1.5} = \frac{18 - 11.25}{1.125} = \frac{6.75}{1.125}$$

$=6$분이다.

05　　　　　　　　정답 ④

A가 목적지까지 이동하는 거리와 걸리는 시간을 계산하면 다음과 같다.

• 이동거리 : $0.8+4.8\left(=36 \times \frac{8}{60}\right) = 5.6$km

• 소요시간 : $12+8 = 20$분

따라서 자전거를 이용해 같은 시간 동안 같은 경로로 이동할 때 평균 속력은 $5.6 \div 20 = 0.28$km/분이다.

06

작년 직원 중 안경을 쓴 사람을 x명, 안경을 쓰지 않은 사람은 y명이라고 하면 $x+y=45$이므로 $y=45-x$이다.
또한 올해는 작년보다 $58-45=13$명 증가하였으므로 다음과 같다.

$x \times 0.2 + (45-x) \times 0.4 = 13$

$\rightarrow -0.2x = 13 - 45 \times 0.4$

$\rightarrow -0.2x = -5$

$\rightarrow x = 25$

따라서 올해 입사한 사람 중 안경을 쓴 사람의 수는 $x \times 0.2 = 25 \times 0.2 = 5$명이다.

07

정답 ⑤

X경로의 거리를 $x$km, Y경로의 거리를 $y$km, A의 이동 속력을 $r$km/h, B의 이동 속력은 $z$km/h라 하자.

$\dfrac{x}{r} = \dfrac{x}{z} + 1 \cdots \text{㉠}$

$\dfrac{x}{r} + 1 = \dfrac{y}{z} \cdots \text{㉡}$

$x + 160 = y$이므로 ㉠에 대입하면 $\dfrac{x}{r} + 1 = \dfrac{x+160}{z}$ 이고

㉡과 연립하면 $\dfrac{x}{z} + 1 + 1 = \dfrac{x+160}{z}$

$\rightarrow \dfrac{x}{z} + 2 = \dfrac{x}{z} + \dfrac{160}{z} \rightarrow 2 = \dfrac{160}{z} \rightarrow z = 80$이다.

08

정답 ②

박대리의 이동 시간을 x시간이라 가정하면, 김부장의 이동 시간은 $\left(x + \dfrac{1}{2}\right)$시간이 된다. 두 사람의 이동거리가 같아지는 시간을 구하면 다음과 같다.

$x \times 4 = \left(x + \dfrac{1}{2}\right) \times 3 \rightarrow 4x - 3x = \dfrac{3}{2} \rightarrow x = \dfrac{3}{2}$

따라서 박대리가 회사에서 출발하여 90분$\left(= \dfrac{3}{2} \text{시간}\right)$ 후에 김부장을 따라잡는다.

09

정답 ⑤

작년에 입사한 남자 신입사원 수를 x명, 여자 신입사원 수를 y명이라고 하자.

$x + y = 55 \cdots \text{㉠}$

$1.5x + 0.6y = 60 \cdots \text{㉡}$

㉠과 ㉡을 연립하면

$x = 30,\ y = 25$

따라서 올해 여자 신입사원 수는 $25 \times 0.6 = 15$명이다.

10

정답 ④

O사원이 걸어간 거리는 $1.8 \times 0.25 = 0.45$km이고, 자전거를 탄 거리는 $1.8 \times 0.75 = 1.35$km이다. 3km/h와 30km/h를 각각 분단위로 환산하면 각각 0.05km/분, 0.5km/분이다. 이를 기준으로 이동시간을 계산하면 O사원이 걸은 시간은 $\dfrac{0.45}{0.05} = 9$분이고, 자전거를 탄 시간은 $\dfrac{1.35}{0.5} = 2.7$분이다. 즉, 총 이동시간은 $9 + 2.7 = 11.7$분이고, 0.7분을 초로 환산하면 $0.7 \times 60 = 42$초이다.
따라서 O사원이 출근하는 데 걸린 시간은 11분 42초이다.

11

정답 ④

증발하기 전 농도가 15%인 소금물의 양을 xg이라고 하자. 이 소금물의 소금의 양은 $0.15x$g이고, 5% 증발했으므로 증발한 후의 소금물의 양은 $0.95x$g이다. 또한, 농도가 30%인 소금물의 소금의 양은 $200 \times 0.3 = 60$g이다.

$\dfrac{0.15x + 60}{0.95x + 200} = 0.2 \rightarrow 0.15x + 60 = 0.2(0.95x + 200)$

$\rightarrow 0.15x + 60 = 0.19x + 40 \rightarrow 0.04x = 20 \rightarrow x = 500$

따라서 증발 전 농도가 15%인 소금물의 양은 500g이다.

12

정답 ③

어떤 프로젝트를 진행하는 일의 양을 1이라고 하고, B사원이 혼자 프로젝트를 시작해서 끝내기까지의 시간을 x시간이라고 하면, 2시간 동안 A사원과 B사원이 함께 한 일의 양은 $\left(\dfrac{1}{4} + \dfrac{1}{x}\right) \times 2$이고, A가 40분 동안 혼자서 한 일의 양은 $\dfrac{1}{4} \times \dfrac{40}{60}$ 이다. 따라서 식을 세우면 다음과 같다.

$\left(\dfrac{1}{4} + \dfrac{1}{x}\right) \times 2 + \dfrac{1}{4} \times \dfrac{40}{60} = 1 \rightarrow \dfrac{x+4}{2x} + \dfrac{1}{4} \times \dfrac{2}{3} = 1$

$\rightarrow \dfrac{x+4}{2x} = \dfrac{5}{6}$

$\rightarrow 4x = 24$

$\therefore x = 6$

그러므로 B가 혼자서 프로젝트를 수행했을 때 시작부터 끝내기까지 걸리는 시간은 6시간이다.

13

정답 ②

두 소행성이 충돌할 때까지 걸리는 시간을 x초라 하면
거리=속력×시간 $\rightarrow 10x + 5x = 150$

$\therefore x = 10$

따라서 두 소행성은 10초 후에 충돌한다.

14

정답 ③

농도 10%인 소금물의 양을 xg이라 하면

$$\frac{0.1x+3.2}{x+40} \times 100 = 9.2$$

$\rightarrow 0.1x + 3.2 = 0.092(x+40)$

$\rightarrow 0.008x = 0.48$

$\therefore x = 60$

따라서 농도 10% 소금물의 양은 60g이다.

15

정답 ⑤

B업체 견인차의 속력을 $x$km/h(단, $x \neq 0$)라 하자.

A업체 견인차의 속력이 63km/h일 때, 40분만에 사고지점에 도착하므로 A업체부터 사고지점까지의 거리는 $63 \times \dfrac{40}{60} = 42$km이다.

사고지점은 B업체보다 A업체에 40km 더 가까우므로 B업체에서 사고지점까지의 거리는 $42+40=82$km이다.

B업체의 견인차가 A업체의 견인차보다 늦게 도착하지 않으려면 사고지점에 도착하는 데 걸리는 시간이 40분보다 적거나 같아야 한다.

$$\frac{82}{x} \leq \frac{2}{3} \rightarrow 2x \geq 246$$

$\therefore x \geq 123$

따라서 최소 속력은 123km/h이다.

16

정답 ⑤

A, B, C물건 세 개를 모두 좋아하는 사람의 수를 x명이라고 하면

$(280+160+200)-110-3x+x=400-30$

$\therefore x=80$

따라서 세 물건을 모두 좋아하는 사람의 수는 80명이다.

17

정답 ④

고급반 가, 나, 다 수업은 이어서 개설되므로 하나의 묶음으로 생각한다. 고급반 가, 나, 다 수업이 하나의 묶음 안에서 개설되는 경우의 수는 3!가지이다.

초급반 A, B, C수업은 이어서 개설되지 않으므로 6개 수업을 순차적으로 개설하는 방법은 다음과 같은 두 가지 경우가 있다.

초급반 A, B, C	고급반 가, 나, 다	초급반 A, B, C	초급반 A, B, C

초급반 A, B, C	초급반 A, B, C	고급반 가, 나, 다	초급반 A, B, C

두 가지 경우에서 초급반 A, B, C수업의 개설 순서를 정하는 경우의 수는 3!가지이다.

따라서 6개 수업을 순차적으로 개설하는 경우의 수는 $3! \times 2 \times 3! = 72$가지이다.

18

정답 ③

500m의 거리에 가로등과 벤치를 각각 50m, 100m 간격으로 설치하므로, 총 거리를 간격으로 나누면 각각 10개, 5개이다. 단, 시작 지점은 포함되지 않았으므로 1개씩을 더해주면 가로등은 11개, 벤치는 6개가 되어 총 17개이다.

19

정답 ⑤

기차는 다리에 진입하여 완전히 벗어날 때까지 다리의 길이인 800m에 기차의 길이 100m를 더한 총 900m(0.9km)를 36초(0.01시간) 동안 이동했다.

따라서 기차의 $(속력) = \dfrac{(거리)}{(시간)} = \dfrac{0.9}{0.01} = 90$km/h이다.

20

정답 ②

동생이 출발한 뒤 만나게 될 때까지 걸리는 시간을 x분이라 하면

$80 \times 5 + 80x = 100x$

$\therefore x = 20$

따라서 두 사람은 동생이 출발한 뒤 20분 후에 만난다.

01	02	03	04	05	06	07	08		
③	③	④	④	③	②	②	④		

01

정답 ③

한국의 2020년 가구당 월간 전기요금은 $200 \times 320 = 64,000$원이고, 2021년은 $192 \times 335 = 64,320$원이다. 따라서 2021년에 월간 전기요금이 320원 더 높으므로 적절하지 않은 내용이다.

오답분석

① 2021년 주택용 전기요금이 가장 높은 국가는 일본이며, 같은 해 월간 주택용 전기사용량은 '한국 - 일본 - 프랑스 - 미국' 순으로 일본이 두 번째로 적다.

② 2020 ~ 2022년 주택용 전기요금이 가장 낮은 국가는 2022년 미국이며, 미국의 주택용 월간 전기사용량은 네 국가 중 가장 많다.

④ 2021년도 일본 월간 전기사용량 대비 프랑스 월간 전기사용량은 $\frac{366 - 341}{341} \times 100 \fallingdotseq 7.33\%$이므로 프랑스의 월간 주택용 전기사용량은 같은 해 일본의 월간 주택용 전기사용량보다 5% 이상 많다.

⑤ 2020 ~ 2022년 한국의 주택용 전기요금은 전년 대비 감소하고, 월간 주택용 전기사용량은 전년 대비 증가한다. 따라서 2020 ~ 2022년 한국의 주택용 전기요금과 월간 주택용 전기사용량의 증감추이는 반대이다.

02

정답 ③

삶의 만족도가 한국보다 낮은 국가는 에스토니아, 포르투갈, 헝가리이다. 세 국가의 장시간 근로자 비율의 평균은 $\frac{3.6 + 9.3 + 2.7}{3} = 5.2\%$이다.

따라서 이탈리아의 장시간 근로자 비율은 5.4%이므로 적절하지 않다.

오답분석

① 삶의 만족도가 가장 높은 국가는 덴마크이며, 덴마크의 장시간 근로자 비율이 가장 낮다.

② 삶의 만족도가 가장 낮은 국가는 헝가리이며, 헝가리의 장시간 근로자 비율은 2.7%이다. $2.7 \times 10 = 27 < 28.1$이므로 한국의 장시간 근로자 비율은 헝가리의 장시간 근로자 비율의 10배 이상이다.

④ 여가·개인 돌봄시간이 가장 긴 국가는 덴마크이고, 가장 짧은 국가는 멕시코이다. 두 국가의 삶의 만족도 차이는 $7.6 - 7.4 = 0.2$점이다.

⑤ 장시간 근로자 비율이 미국보다 낮은 국가는 덴마크, 프랑스, 이탈리아, 에스토니아, 포르투갈, 헝가리이며, 이들 국가의 여가·개인 돌봄시간은 모두 미국보다 길다.

03

정답 ④

13 ~ 18세의 청소년이 가장 많이 고민하는 문제는 53.1%로 공부(성적, 적성)이고, 19 ~ 24세는 38.7%로 직업이 첫 번째이고, 16.2%로 공부가 두 번째이다. 따라서 ④가 적절하다.

04

정답 ④

한국, 중국의 개인주의 지표는 유럽, 일본, 미국의 개인주의 지표에 비해 항상 아래에 위치한다.

오답분석

①·⑤ 세대별 개인주의 가치성향 차이는 한국이 가장 크다.

② 대체적으로 모든 나라가 나이와 개인주의 가치관이 반비례하고 있다.

③ 자료를 보면 중국의 1960년대생과 1970년대생의 개인주의 지표가 10 정도 차이가 난다.

05

정답 ③

A와 B음식점 간 가장 큰 차이를 보이는 부문은 분위기이다 (A : 약 4.5, B : 1).

06

정답 ②

• 수도권 지역에서 경기가 차지하는 비중
$93,252$(서울)$+16,915$(인천)$+68,124$(경기)$=178,291$천 명

$\rightarrow \frac{68,124}{178,291} \times 100 \fallingdotseq 38.21\%$

• 수도권 지역에서 인천이 차지하는 비중

$\rightarrow \frac{16,915}{178,291} \times 100 \fallingdotseq 9.49\%$

$9.49 \times 4 = 37.96\% < 38.21\%$

따라서 수도권 지역에서 경기가 차지하는 비중은 인천이 차지하는 비중의 4배 이상이다.

오답분석

① 의료인력이 수도권 지역 특히 서울, 경기에 편중되어 있으므로 불균형상태를 보이고 있다.

③ 서울과 경기를 제외한 나머지 지역 중 의료인력수가 가장 많은 지역은 부산(28,871천 명)이고, 가장 적은 지역은 세종(575천 명)이다. 부산과 세종의 의료인력의 차는 28,296천 명으로 이는 경남(21,212천 명)보다 크다.

④ 제시된 자료에 의료인력별 수치가 나와 있지 않으므로 의료인력수가 많을수록 의료인력 비중이 고르다고 말할 수는 없다.
⑤ 세종이 가장 적으며 두 번째로 적은 곳은 제주이다.

07
정답 ②

상수도 구역별 각 농도 및 pH에 맞는 등급을 정리하면 다음 표와 같다.

구분	A구역	B구역	C구역	D구역	E구역	F구역
DO (mg/L)	4.2	5.2	1.1	7.9	3.3	2.4
BOD (mg/L)	8.0	4.8	12	0.9	6.5	9.2
pH	5.0	6.0	6.3	8.2	7.6	8.1
등급	pH 수치가 기준 범위에 속하지 않는다.	약간 나쁨 4	매우 나쁨 6	매우 좋음 1a	약간 나쁨 4	나쁨 5

따라서 pH가 가장 높은 구역은 8.2인 D구역이며, BOD농도는 0.9mg/L, DO농도는 7.9mg/L이므로 수질 등급 기준표에서 D구역이 해당하는 등급은 '매우 좋음'인 1a등급이다.

오답분석
① BOD농도가 5mg/L 이하인 상수도 구역은 B구역과 D구역이며, 3등급은 없다.
③ 상수도 구역에서 등급이 '약간 나쁨(4등급)' 또는 '나쁨(5등급)'인 구역은 B·E·F구역으로 세 곳이다.
④ 수질 등급 기준을 보면 DO농도는 높을수록, BOD농도는 낮을수록 좋은 등급을 받는다.
⑤ 수소이온농도가 높을수록 pH의 수치는 0에 가까워지고, '매우 좋음' 등급의 pH 수치 범위는 6.5 ~ 8.5이기 때문에 적절하지 않은 내용이다.

08
정답 ④

20대의 연도별 흡연율은 40대 흡연율로, 30대는 50대의 흡연율로 잘못 반영되었다. 따라서 ④가 적절하지 않다.

풀이 꿀팁
자료의 어떤 항목을 어떤 방식으로 표현했는지를 확인해야 한다. 단순히 증가와 감소의 정도만 파악하여 문제를 풀 수 있는 경우도 있지만 수치를 계산해야 하는 경우나 특정 항목만 그래프로 변환하는 경우도 있으므로 필요한 정보를 선택적으로 확인하는 것이 좋다.

03 수추리

01	02	03	04	05				
③	②	①	③	④				

01
정답 ③

오각형 모서리 숫자의 규칙은 다음과 같다.

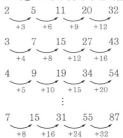

따라서 여섯 번째 오각형 모서리 숫자의 합은
$7+15+31+55+87=195$이다.

풀이 꿀팁
수추리는 풀이 방법이 간단한 것에 비해 수험생들이 가장 어려운 유형으로 손꼽는 유형 중 하나이다. 수추리 유형은 계산이 복잡한 대신 규칙을 찾는 것이 어렵지 않으므로 사칙연산 같은 기본 규칙부터 적용한다.

02
정답 ②

아래 방향은 $+7$, 왼쪽 방향은 -4의 규칙을 가지고 있다.
따라서 빈칸에 들어갈 수는 $11-4=7$이다.

03
정답 ①

빈칸 바로 위의 연속된 세 수를 더한 것이 아래 칸 가운데 수가 된다.
따라서 빈칸에 들어갈 수는 $2+8+5=15$이다.

04
정답 ③

제3항부터 다음과 같은 규칙을 가지고 있다.
$\{(n-2)항\}^2-(n-1)항=(n)항,\ n \geq 3$
따라서 빈칸에 들어갈 수는 20이다.

05

정답 ④

기간은 a일로 가정하면 A세포는 세포 한 개당 4^a개로 늘어고, B세포는 기간을 b일이라 하면 늘어나는 개수는 한 개당 3^b개가 된다. 각 세포의 개수에 대한 부등식을 세우면 다음과 같다. $(\log 5 = 1 - \log 2 = 1 - 0.30 = 0.70)$

- A세포 : 1개$\times 4^a \geq 250$개 $\rightarrow a \times \log 4 \geq \log 250$

  $\rightarrow a \times 2\log 2 \geq 1 + 2\log 5 \rightarrow a \geq \dfrac{1 + 1.40}{0.60}$

  $\rightarrow a \geq 4$

- B세포 : 2개$\times 3^b \geq 250$개 $\rightarrow \log 2 + b \times \log 3 \geq \log 250$

  $\rightarrow b \times \log 3 \geq 1 + 2\log 5 - \log 2$

  $\rightarrow b \geq \dfrac{1 + 1.40 - 0.30}{0.48} \rightarrow b \geq 4.375$

따라서 A세포는 4일 이상이며, B세포는 5일 이상임을 알 수 있다.

02 | 언어

01 독해

01	02	03	04	05	06	07	08	09	10
④	①	③	④	④	④	⑤	①	④	④

11	12	13	14	15	16				
③	④	③	④	④	④				

01 　　　　　　　　　　　　정답 ④

꼭 필요한 부위에만 접착제와 대나무 못을 사용하여 목재가 수축·팽창하더라도 뒤틀림과 휘어짐이 최소화될 수 있도록 하였다.'라는 문장을 볼 때, 접착제와 대나무 못을 사용하면 수축과 팽창이 발생하지 않게 된다는 말은 적절하지 않다.

02 　　　　　　　　　　　　정답 ①

보행 동선의 분기점에 설치하는 것은 점형블록이며, 선형블록은 보행 동선의 분기점에 설치된 점형블록과 연계하여 목적 방향으로 설치한다.

오답분석

⑤ 점형블록을 설치할 경우 세로 폭은 보도의 폭을 고려하여 30～90cm 범위 안에서 설치해야 한다. 이때, 점형블록의 세로 길이는 30cm이므로 최대 3개까지 설치할 수 있다.

03 　　　　　　　　　　　　정답 ③

저장강박증이 있는 사람들은 물건에 대한 애정이 없어서 관리를 하지 않기 때문에 ③은 적절하지 않다.

04 　　　　　　　　　　　　정답 ④

제시문은 분자 상태의 수소와 산소가 결합하여 물이 되는 과정을 설명한 것으로, 수소 분자와 산소 분자가 원자로 분해되고, 분해된 산소 원자 하나와 수소 원자 두 개가 결합하여 물이라는 화합물이 생성된다고 했다. 따라서 산소 분자와 수소 분자가 '각각' 물이 된다고 했으므로 이는 잘못된 해석이다.

05 　　　　　　　　　　　　정답 ④

키드, 피어슨 등은 인종이나 민족, 국가 등의 집단 단위로 '생존경쟁'과 '적자생존'을 적용하여 우월한 집단이 열등한 집단을 지배하는 것을 주장하였는데, 이는 사회 진화론의 개념을 집단 단위에 적용시킨 것이다.

오답분석

① 사회 진화론은 생물 진화론을 개인과 집단에 적용시킨 사회 이론이다.
② 사회 진화론의 중심 개념이 19세기에 등장한 것일 뿐, 그 자체가 19세기에 등장한 것인지는 알 수 없다.
③ '생존경쟁'과 '적자생존'의 개념이 민족과 같은 집단의 범위에 적용되면 민족주의와 결합한다.
⑤ 문명개화론자들은 사회 진화론을 수용하였다.

06 　　　　　　　　　　　　정답 ④

슈퍼문일 때는 지구와 달의 거리가 35만 7,000km 정도로 가까워지며, 이때 지구에서 보름달을 바라보는 시각도는 0.56도로 커지므로 0.49의 시각도보다 크다는 판단은 적절하다.

오답분석

① 케플러의 행성운동 제1법칙에 따라 태양계의 모든 행성은 태양을 중심으로 타원 궤도로 돈다. 따라서 지구도 태양을 타원 궤도로 돌기 때문에 지구에서 태양까지의 거리는 항상 일정하지 않을 것이다.
② 달이 지구에 가까워지면 달의 중력이 더 강하게 작용하여, 달을 향한 쪽의 해수면이 평상시보다 더 높아진다. 즉, 지구와 달의 거리에 따라 해수면의 높이가 달라지므로 서로 관계가 있다.
③ 달이 지구에 가까워지면 평소 달이 지구를 당기는 힘보다 더 강하게 지구를 당긴다. 따라서 이와 반대로 달이 지구에서 멀어지면 지구를 당기는 달의 힘은 약해질 것이다.
⑤ 달의 중력 때문에 높아진 해수면이 지구의 자전을 방해하게 되고, 이 때문에 지구의 자전 속도가 느려져 100만 년에 17초 정도씩 길어진다고 하였으므로 지구의 자전 속도는 점점 느려지고 있다.

07 정답 ⑤

두 번째 문단 첫째 줄에서 언급되고 있다.

오답분석
① 거대 기계는 그 자체로 비인간화와 억압의 구조를 강화하기 쉽다고 하였다.
② 간디는 인간적 규모를 넘어선 거대 기계의 인간 소외 현상에 주목했지만, 기계 자체를 반대한 적은 없다.
③ 근대 산업 문명은 사람들을 병들게 하고 내면적인 평화와 명상의 생활을 불가능하게 만든다.
④ 간디는 경제 성장이 참다운 인간의 행복에 기여한다고 생각하지 않았다.

08 정답 ①

일반 시민들이 SNS를 통해 문제를 제기하면서 전통적 언론에서 뒤늦게 그 문제에 대해 보도하는 현상이 생기게 된 것이다.

오답분석
㉠·㉢ 현대의 전통적 언론도 의제설정기능을 수행할 수는 있지만, 과거 언론에 비해 의제설정기능의 역할이 약화되었다.
㉣ SNS로 인해 역의제설정 현상이 강해지고 있다.

09 정답 ④

두 번째 문단에서 굴절파는 지하의 깊이와는 상관없이, 매질의 성격에 따라 이동하는 속도가 달라진다고 나와 있다.

10 정답 ④

우리나라는 식량의 75% 이상을 해외에서 조달해오고 있으며, 이러한 특성상 기후 변화가 계속된다면 식량공급이 어려워져 식량난이 심각해질 수 있다.

오답분석
① 기후 변화가 환경오염의 촉매제가 된 것이 아니라, 환경오염이 기후 변화의 촉매제가 되었다.
② 알프스나 남극 공기를 포장해 파는 시대가 올지도 모른다는 말은 그만큼 공기질 저하가 심각하다는 것을 나타낸 것이다.
③ 한정된 식량 자원에 의한 굶주림이 일부 저개발 국가에서 일반화되었지만, 저개발 국가에서 인구의 폭발적인 증가가 일어났다고는 볼 수 없다.
⑤ 급변하는 기후 변화와 부족한 식량자원은 식량의 저질화로 이어질 가능성을 높이고 있다.

11 정답 ③

상업적 성공을 바탕으로 매너리즘에 빠진 할리우드 영화는 이를 극복하기 위해 엉성한 이야기 구조와 구성 방식, 실험 정신을 특징으로 하는 누벨바그의 창의적 시도를 받아들였다는 내용을 통해 ③을 알 수 있다.

12 정답 ④

세 번째 문단에서 '상품에 응용된 과학 기술이 복잡해지고 첨단화되면서 상품 정보에 대한 소비자의 정확한 이해도 기대하기 어려워졌다.'는 내용과 일맥상통한다.

13 정답 ③

첫 번째 문단의 '동일곡이지만 템포의 기준을 어떻게 잡아서 재현해 내느냐에 따라서 그 음악의 악상은 달라진다.'라는 문장을 통해 템포의 완급에 따라 악상이 변화하는 것을 알 수 있다.

오답분석
① 서양 음악과 한국 전통 음악의 차이는 심장의 고동을 중시하는 서양의 민족의식과 호흡을 중시하는 우리 민족의식에 따른 차이에서 발생한다는 글 전체의 내용을 통해 확인할 수 있다.
②·⑤ 다섯 번째 문단에서 확인할 수 있다.
④ 두 번째 문단에서 확인할 수 있다.

14 정답 ④

제시문의 두 번째 문단에서 전기자동차 산업이 확충되고 있음을 언급하면서 구리가 전기자동차의 배터리를 만드는 데 핵심 재료임을 설명하고 있기 때문에 전기자동차 산업 확충에 따른 산업금속 수요의 증가가 글의 핵심 내용으로 적절하다.

오답분석
①·⑤ 제시문에서 언급하고 있는 내용이기는 하나 핵심 내용으로 보기는 어렵다.
② 제시문에서 '그린 열풍'을 언급하고 있으나, 그 현상의 발생 원인은 제시되어 있지 않다.
③ 제시문에서 산업금속 공급난이 우려된다고 언급하고 있으나 그로 인한 문제는 제시되어 있지 않다.

15

정답 ④

박쥐가 많은 바이러스를 보유하고 있는 것은 밀도 높은 군집생활을 하기 때문이며, 그에 대항하는 면역도 갖추었기 때문에 긴 수명을 가질 수 있었다.

오답분석

① 박쥐의 수명이 대다수의 포유동물보다 길다는 것은 맞지만, 평균적인 포유류 수명보다 짧은지는 알 수 없다.
② 박쥐는 뛰어난 비행 능력으로 긴 거리를 비행해 다닐 수 있다.
③ 박쥐는 현재 강력한 바이러스 대항 능력을 갖추었다.
⑤ 박쥐의 면역력을 연구하여 치료제를 개발할 수 있다.

16

정답 ④

장피에르 교수 외 고대 그리스 수학자들의 학문에 대한 공통적 입장은 새로운 진리를 찾는 기쁨이라는 것이다.

오답분석

①·③ 제시문과 반대되는 내용이므로 적절하지 않다.
②·⑤ 제시문에 언급되어 있지 않아 알 수 없다.

02 문장배열

01	02	03	04	05	06	07	08	09	10
①	④	③	⑤	④	②	⑤	④	②	④
11	12	13	14	15					
②	③	⑤	①	⑤					

01

정답 ①

(라)는 나무를 양육할 때 주로 저지르는 실수로 나무 간격을 촘촘하게 심는 것을 언급하고 있다. 따라서 그 이유를 설명하는 (다)가 다음으로 이어지는 것이 옳다. 또한 (나) 역시 또 다른 식재계획 시 주의점에 대해서 이야기하고 있으므로 (다) 뒤에 나열하는 것이 가장 올바른 순서이다.

02

정답 ④

(나)는 '반면', (다)는 '이처럼', (라)는 '가령'으로 시작하므로 첫 번째 문장으로 적합하지 않다. 따라서 (가)가 첫 번째 문장으로 적절하다. 다음으로 전통적 인식론자의 의견을 예시로 보여준 (라)가 적절하며, 이어서 그와 반대되는 베이즈주의자의 의견이 제시되는 (나)가 적절하다. 마지막으로 (나)의 내용을 결론짓는 (다)의 순서로 나열되는 것이 가장 적절하다.

03

정답 ③

먼저 이산화탄소 흡수원의 하나인 연안 생태계를 소개하는 (다)문단이 오는 것이 적절하며, 다음으로 이러한 연안 생태계의 장점을 소개하는 (나)문단이 오는 것이 적절하다. 다음으로는 (나)에서 언급한 연안 생태계의 장점 중 갯벌의 역할을 부연 설명하는 (가)문단이 오는 것이 적절하며, (가)문단 뒤로는 '또한'으로 시작하며 연안 생태계의 또 다른 장점을 소개하는 (라)문단이 오는 것이 적절하다. 따라서 (다) – (나) – (가) – (라) 순으로 연결되어야 한다.

04

정답 ⑤

제시문은 디젤 엔진과 가솔린 엔진을 비교하며, 디젤 엔진의 특징과 효율성을 설명하고 있다. 따라서 (바) 루돌프 디젤의 새로운 엔진 개발 – (나) 기존 가솔린 엔진의 단점 – (아) 가솔린 엔진의 기본 원리 – (가) 가솔린 엔진의 노킹 현상 – (마) 디젤 엔진의 기본 원리 – (사) 디젤 엔진의 높은 압축 비율 – (다) 오늘날 자동차 엔진으로 자리 잡은 디젤 엔진 – (라) 기술 발전으로 디젤 엔진의 문제 극복으로 연결되어야 한다.

05

정답 ④

제시된 달력은 ESS에 대한 설명이므로 바로 뒤에는 ESS의 축압기와 ESS의 저장방식을 구분하여 설명하는 (라)가 오는 것이 적절하다. 다음으로 이러한 ESS가 관심 받고 있는 이유로 ESS의 장점을 설명하는 (나)가 (라) 뒤에 이어지는 것이 적절하며, (나) 다음으로는 ESS의 또 다른 장점을 설명하는 (가)가 오는 것이 적절하다. 마지막으로 이러한 ESS의 장점으로 인해 정부의 지원이 추진되고 있다는 내용의 (다)로 이어지는 것이 적절하다. 따라서 올바른 순서는 (라) – (나) – (가) – (다)이다.

06

정답 ②

(다)는 '다시 말하여'라는 뜻의 부사 '즉'으로 시작하여, '경기적 실업은 자연스럽게 해소될 수 없다.'는 주장을 다시 한 번 설명해주는 역할을 하므로 제시문 바로 다음에 위치하는 것이 자연스럽다. 다음으로는 이처럼 경기적 실업이 자연스럽게 해소될 수 없는 이유 중 하나인 화폐환상현상을 설명하는 (나) 문단이 오는 것이 적절하다. 마지막으로 화폐환상현상으로 인해 실업이 지속되는 것을 설명하고, 정부의 적극적 역할을 해결책으로 제시하는 케인즈학파의 주장을 이야기하는 (가) 문단이 오는 것이 적절하다. 따라서 (다) – (나) – (가) 순으로 연결되어야 한다.

07

정답 ⑤

제시문은 DNA의 발견과 재조명에 대하여 설명하는 글이다. 제시된 단락에서 인이 다량 함유되었다는 이유로 당시 생화학 분야에서 조명 받지 못하고 퇴화 물질로 간주된 DNA의 이야기로 끝맺고 있으므로 이에 대한 반전이 이어질 것이라 추측할 수 있다. 따라서 (라) 다른 세포에 악당 유전 정보를 주입하는 바이러스 대상 실험이 DNA를 기존의 편견에서 벗어나게 해줌 → (나) 바이러스의 유전 정보가 단백질에 들어 있는지, DNA에 들어 있는지 아무도 알지 못함 → (가) 유전학자인 알프레드 허시와 마사 체이스가 DNA에 함유된 인이 바이러스가 침투한 세포에 주입되어 전달됨을 확인 → (다) 유전 정보의 전달자가 DNA인 것으로 밝혀짐의 순서대로 나열하는 것이 적절하다.

08

정답 ④

제시문은 공범개념에 대해서 논하고 있는 글로서, 첫 문장이 '직접정범을 제외한 정범'과 '협의의 공범'을 제시했다면 그 후에는 둘 중 하나에 대한 설명이 나와야 한다. 협의의 공범에 대한 설명을 시작하고 있는 (가)는 '앞서 본'을 통해 (가) 앞에 '직접정범을 제외한 정범'에 대한 설명을 하고 있음을 암시하고 있다. 따라서 (나) '직접정범을 제외한 정범'에 대한 설명 → (다) (나)에 대한 보충 설명 → (가) 협의의 공범에 대한 설명 → (라) (가)에 대한 보충 설명의 순서대로 나열하는 것이 적절하다.

09

정답 ②

제시문은 개념상으로 구별되는 기본권과 인권의 차이에 대하여 설명하고 있다. 먼저 제시된 단락에서는 개념상으로 인권과 기본권이 구별된다고 언급하고 있으므로 이어질 단락에서는 인권과 기본권의 차이에 대하여 구체적으로 언급하는 것이 적절하다. 따라서 (나) 인권과 기본권의 차이점 → (가) 기본권에 대한 보충 설명 → (라) 주관적 공권으로서의 성격을 가지는 기본권 → (다) 성질에 따라 견해가 나뉘는 주관적 공권으로서의 권리의 순서대로 이어지는 것이 적절하다.

10

정답 ④

(라)의 앞부분에서는 위기 상황을 제시하고, 뒷부분에서는 인류의 각성을 촉구하는 내용을 다루고 있다. 따라서 각성의 당위성을 이끌어내는 내용인 보기는 (라)에 들어가는 것이 적절하다.

11

정답 ②

보기의 문장은 우리나라 작물의 낮은 자급률을 보여주는 구체적인 수치이다. 따라서 우리나라 작물의 낮은 자급률을 이야기하는 '하지만 실상은 벼, 보리, 배추 등을 제외한 많은 작물의 종자를 수입하고 있어 그 자급률이 매우 낮다고 한다.' 뒤인 (나)에 위치하는 것이 적절하다.

12

정답 ③

보기의 '벨의 특허와 관련된 수많은 소송'은 (나) 바로 뒤의 문장에서 언급하는 '누가 먼저 전화를 발명했는지'에 대한 소송을 의미한다. (다)의 앞부분에서는 이러한 소송이 치열하게 이어졌음을 이야기하지만, (다)의 뒷부분에서는 벨이 무혐의 처분과 함께 최초 발명자라는 판결을 받았음을 이야기한다. 따라서 소송이 종료되었다는 보기의 문장은 (다)에 들어가는 것이 가장 적절하다.

13

정답 ⑤

보기의 핵심은 맹장이라도 길 찾기가 중요하다는 것이다. (마)의 앞에서 '길을 잃어버리는 것'을 '전체의 핵심을 잡지 못하는 것'으로 비유한 내용을 찾을 수 있다. (마) 뒤의 내용 역시 요점과 핵심의 중요성을 강조하고 있으므로 보기는 (마)에 들어가야 한다.

14

보기의 '이 둘'은 제시문의 산제와 액제를 의미하므로 이 둘에 관해 설명하고 있는 위치에 들어가야 함을 알 수 있다. 또 상 반되는 사실을 나타내는 두 문장을 이어 줄 때 사용하는 접속 어 '하지만'을 통해 산제와 액제의 단점을 이야기하는 보기 문 장 앞에는 산제와 액제의 장점에 관한 내용이 와야 함을 알 수 있다. 따라서 (가)에 들어가는 것이 적절하다.

15
정답 ⑤

보기에서는 4비트 컴퓨터가 처리하는 1워드를 초과한 '10010'을 제시하며, 이를 '오버플로'라 설명한다. 이때 (마) 의 바로 앞 문장에서는 0111에 1011을 더했을 때 나타나는 '10010'을 언급하고 있으며, (마)의 바로 뒤 문장에서는 부호 화 절댓값에는 이 '오버플로'를 처리하는 규칙이 없다는 점을 설명하고 있다. 따라서 보기의 문장은 (마)에 들어가는 것이 적절하다.

03 빈칸추론

01	02	03	04	05	06	07	08	09	10
③	③	②	①	⑤	②	②	③	①	⑤
11	12								
④	②								

01
정답 ③

'이러한 작업'이 구체화된 바로 앞 문장을 보면 빈칸은 부분적 관점의 과학적 지식과 기술을, 포괄적인 관점의 예술적 세계 관을 바탕으로 이해하는 작업이므로 '과학의 예술화'가 적절 하다.

풀이 꿀팁

주어진 지문을 모두 읽고 풀기에는 시간이 늘 부족하다. 따라 서 빈칸의 전후 문장만을 통해 내용을 파악할 수 있어야 한다. 주어진 문장을 빈칸에 넣었을 때 그 흐름이 어색하지 않은지 살펴보는 것도 좋은 방법이다.

02
정답 ③

앞 문장의 '정상적인 기능을 할 수 없는 상태임'과 대조를 이 루는 표현이면서, 마지막 문장의 '자기 조절과 방어 시스템이 작동하는 과정인 것'이라는 내용에 어울리는 표현인 ③이 빈 칸에 들어갈 내용으로 적절하다.

03
정답 ②

빈칸의 앞 문장은 '집 자체가 인간과 마찬가지의 두께와 깊이 를 가지고 있다.'이다. 앞부분에서 강조하는 어구가 '인간'이 므로 빈칸에는 '인간'이 들어간 ②가 가장 적절하다.

04
정답 ①

제시문은 '발전'에 대한 개념을 설명하고 있다. 빈칸 앞에서는 '발전'에 대해 '모든 형태의 변화가 전부 발전에 해당되는 것 은 아니다.'라고 하면서 '교통신호등'을 예시로 들고 있고, 빈 칸 뒤에는 '사태의 진전 과정에서 나중에 나타나는 것은 적어 도 그 이전 단계에 내재적으로나마 존재했던 것의 전개에 해 당한다는 것이다.'라고 상술하고 있다. 여기에 첫 번째 문장 까지 고려한다면, ①의 내용이 빈칸에 들어가는 것이 자연스 럽다.

05 정답 ⑤

제시문은 집단을 중심으로 절차의 정당성을 근거로 한 과도한 권력, 즉 무제한적 민주주의에 대한 비판적인 글이다. 또한 민주주의에 의해 훼손될 수 있는 자유와 권리의 옹호라는 핵심정보에 도달해야 한다. 따라서 이를 언급한 ⑤가 가장 적절하다.

06 정답 ②

빈칸의 앞 문장은 합통과 추통은 참도 있지만 오류도 있다고 말하고 있다. 그리고 다음 문장에서 더욱 많으면 맞지 않은 경우가 있기 때문이라는 이유를 제시하고 있으므로 앞 문장에는 합통 또는 추통으로 분별 또는 유추하는 것이 위험이 많다고 말하는 ②가 가장 적절하다.

07 정답 ②

빈칸의 전후 문장을 통해 내용을 파악해야 한다. 우선 '그러나'를 통해 빈칸에는 앞의 내용에 상반되는 내용이 오는 것임을 알 수 있다. 따라서 수천 가지의 힐링 상품이나, 고가의 상품들을 참고하는 것과는 상반된 내용을 찾으면 된다. 더불어 빈칸 뒤의 내용이 주위에서 쉽게 할 수 있는 힐링 방법을 통해 자신감을 얻는 것부터 출발해야 한다는 내용이므로 빈칸에는 많은 돈을 들이지 않고도 쉽게 할 수 있는 일부터 찾아야 한다는 내용이 담긴 문장인 ②가 오는 것이 가장 적절하다.

08 정답 ③

빈칸 뒤에는 '따라서'로 연결되어 있으므로 '사회적 제도의 발명이 필수적이다.'를 결론으로 낼 수 있는 논거가 들어가 있어야 한다.

09 정답 ①

제시문은 동해남부선의 개통으로 부산 주요 도심을 37분 만에 이동할 수 있고 출퇴근 시간에는 15분 간격, 일반 30분 간격으로 운행하여, 기존 시내버스보다 시간을 절약해 동부산권 접근성이 높아질 것이라고 언급하고 있다. 따라서 이어질 내용으로는 '부산 도심 교통난도 크게 해소될 것으로 기대된다.'는 결론이 오는 것이 가장 적절하다.

10 정답 ⑤

빈칸 뒤에서는 고전 미학과 근대 미학이 각각 추구하는 이념에 대해 예를 들어 설명하고 있다. 따라서 빈칸에는 미학이 추구하는 이념과 대상도 '시대에 따라 다름'을 언급하는 내용이 들어가야 한다.

11 정답 ④

빈칸 앞 문장에서 '우리는 특별한 유형의 원인만을 써서 설명을 만들어 낸다.'라고 하였고, 빈칸 뒤에서는 특정 유형의 설명만이 점점 더 우세해져서 결국 우리의 사고방식을 지배하게 된다고 하였다. 세 번째 문단에서 우리는 '왜?'라는 물음에 대한 답으로 진짜 원인이 아니라 우리를 안정시키고 불편한 마음을 가볍게 해주는 것을 떠올린다고 하였으므로, 빈칸 앞 문장의 '설명'이 불안함이나 불편함을 제거한다는 내용이 빈칸에 들어가야 한다. 따라서 ④가 가장 적절하다.

12 정답 ②

제시문의 주된 내용은 '직업안전보건국이 제시한 1ppm의 기준이 지나치게 엄격하다고 판결하였다.'는 것과 '직업안전보건국은 노동자를 생명의 위협이 될 수 있는 화학물질에 노출시키는 사람들이 그 안전성을 입증해야 한다.'의 대립이다. 빈칸의 앞에서는 대법원의 직업안전보건국의 기준에 대한 반대 판결이 나오고, 빈칸의 뒤에서는 직업안전보건국의 이에 대한 반대 의견이 제시되고 있으므로 ②와 같이 '벤젠의 노출 수준이 1ppm을 초과할 경우 노동자의 건강에 실질적으로 위험하다는 것을 직업안전보건국이 입증해야 한다.'라는 내용이 적절하다.

03 | 추리

01	02	03	04	05	06	07	08	09	10
④	⑤	③	⑤	⑤	③	③	⑤	①	①
11	12	13	14	15	16	17	18	19	20
④	①	④	⑤	①	④	⑤	②	④	②

01 　　　정답 ④

'음악을 좋아하다.'를 p, '상상력이 풍부하다'를 q, '노란색을 좋아하다.'를 r이라고 하면, 첫 번째 명제는 $p \rightarrow q$, 두 번째 명제는 $\sim p \rightarrow \sim r$이다. 이때, 두 번째 명제의 대우 $r \rightarrow p$에 따라 $r \rightarrow p \rightarrow q$가 성립한다. 따라서 $r \rightarrow q$이므로 노란색을 좋아하는 사람은 상상력이 풍부하다.

02 　　　정답 ⑤

'회계팀 팀원'을 p, '회계 관련 자격증을 가지고 있다.'를 q, '돈 계산이 빠르다.'를 r이라고 하면, 첫 번째 명제는 $p \rightarrow q$이며, 마지막 명제는 $\sim r \rightarrow \sim p$이다. 이때 마지막 명제의 대우는 $p \rightarrow r$이므로 마지막 명제가 참이 되기 위해서는 $q \rightarrow r$이 필요하다. 따라서 빈칸에 들어갈 명제는 $q \rightarrow r$의 대우에 해당하는 $\sim r \rightarrow \sim q$이다.

03 　　　정답 ③

a는 'A가 외근을 나감', b는 'B가 외근을 나감', c는 'C가 외근을 나감', d는 'D가 외근을 나감', e는 'E가 외근을 나감'이라고 할 때, 네 번째 조건과 다섯 번째 조건의 대우인 $a \rightarrow c$, $c \rightarrow d$에 따라 $a \rightarrow b \rightarrow c \rightarrow d \rightarrow e$가 성립한다. 따라서 'A가 외근을 나가면 E도 외근을 나간다.'는 항상 참이 된다.

04 　　　정답 ⑤

발견 연도를 토대로 정리하면 목걸이는 100년 전에 발견되어 제시된 왕의 유물 중 가장 먼저 발견되었다. 또한 신발은 목걸이와 편지보다 늦게 발견되었으나 반지보다 먼저 발견되었고, 초상화는 가장 최근에 발견되었다. 따라서 왕의 유물을 발견된 순서대로 나열하면 '목걸이(−100) − 편지 − 신발 − 반지(−30) − 초상화(−10)'이다.

05 　　　정답 ⑤

제시된 명제를 정리하면 '깔끔한 사람 → 정리정돈을 잘함 → 집중력이 좋음 → 성과 효율이 높음'과 '주변이 조용함 → 집중력이 좋음 → 성과 효율이 높음'이 성립한다.

오답분석

① 3번째 명제와 1번째 명제로 추론할 수 있다.
② 2번째 명제와 4번째 명제로 추론할 수 있다.
③ 3번째 명제, 1번째 명제, 4번째 명제로 추론할 수 있다.
④ 4번째 명제의 대우와 2번째 명제의 대우로 추론할 수 있다.

06 　　　정답 ③

먼저 연경이의 증언이 참이라면, 효진이의 증언도 참이다. 그런데 효진이의 증언이 참이라면 지현이의 증언은 거짓이 된다. 지현이의 증언이 거짓이 되면 '나와 연경이는 꽃을 꽂아두지 않았다.'는 말 역시 거짓이 되어 연경이와 지현이 중 적어도 한 명은 꽃을 꽂아두었다고 봐야 한다. 그런데 효진이의 증언은 지민이를 가리키고 있으므로 모순이다. 결국 연경이와 효진이의 증언은 거짓이다.
따라서 다솜, 지민, 지현이의 증언이 참이 되며, 이들이 언급하지 않은 다솜이가 꽃을 꽂아두었다.

07 　　　정답 ③

첫 번째, 세 번째 조건에 의해 광수는 가운데 집에 산다.
두 번째, 네 번째, 다섯 번째 조건에 의해 광수는 노란 지붕 집에 살고, 원숭이를 키운다.
다섯 번째, 여섯 번째 조건에 의해 원태는 빨간 지붕 집에 살고, 개를 키운다.
따라서 수덕이는 파란 지붕 집에 살고, 고양이를 키운다.

오답분석

ㄱ. 원태는 개를 키운다.
ㄴ. 광수가 노란 지붕 집에 살고, 원숭이를 키우므로 옳지 않다.
ㄷ. 원태가 농부인지 아닌지는 알 수 없다.

08 　　　정답 ⑤

규칙은 세로로 적용된다. 위 도형에서 가운데 도형을 빼면 아래 도형이 된다.

09 　　　정답 ①

규칙은 세로로 적용된다.
두 번째는 첫 번째 도형을 시계 방향으로 90° 돌린 도형이고, 세 번째는 두 번째 도형을 좌우 반전시킨 도형이다.

10 　　　정답 ①

규칙은 가로로 적용된다.
두 번째는 첫 번째 도형을 좌우 대칭하여 합친 도형이고, 세 번째는 두 번째 도형을 시계 방향으로 90° 돌린 도형이다.

11 　　　정답 ④

규칙은 가로로 적용된다.
첫 번째 도형의 색칠된 부분과 두 번째 도형의 색칠된 부분이 겹치는 부분을 색칠한 도형이 세 번째 도형이 된다.

12 　　　정답 ①

• 규칙
▼ : 1234 → 4321
△ : -1, +1, -1, +1
● : 0, -1, 0, -1
□ : 1234 → 1324

ㅅㄴㄹㅁ 　→　 ㅁㄹㄴㅅ 　→　 ㅁㄴㄹㅅ
　　　　　　　▼　　　　　　□

13 　　　정답 ④

isog 　→　 irof 　→　 hsng
　　　　　●　　　　　△

14 　　　정답 ⑤

wnfy 　→　 yfnw 　→　 yenv
　　　　　▼　　　　　●

15 　　　정답 ①

ㅈㄹㅋㄷ 　→　 ㅈㅋㄹㄷ 　→　 ㅇㅌㄷㄹ
　　　　　　　□　　　　　　△

16 　　　정답 ④

미선나무의 눈에서 조직배양한 기내식물체에 청색과 적색 (1 : 1) 혼합광을 쬐어준 결과, 일반광(백색광)에서 자란 것보다 줄기 길이가 1.5배 이상 증가하였고, 줄기의 개수가 줄어든 게 아니라 한 줄기에서 3개 이상의 새로운 줄기가 유도되었다.

17 　　　정답 ⑤

제시문에 따르면 현재 세대의 의사와 배치될 수도 있는 헌법재판은 의회와 같은 현세대의 대표자가 직접 담당하기에 부적합하므로 대의기관인 의회로부터 어느 정도 독립되고, 전문성을 갖춘 재판관들이 담당해야 한다. 이러한 헌법재판은 사법적으로 이루어질 때 보다 공정하고 독립적으로 이루어질 수 있으므로 의회로부터 독립되고 전문성을 갖춘 사법기관의 재판관들이 헌법재판을 담당하는 것이 바람직하다.

오답분석
① 헌법재판관들의 임무는 헌법이 개정되지 않는 한 현행 헌법에 선언된 과거 국민들의 미래에 대한 약정을 최대한 실현하는 것이므로 일치하지 않는다.
② 헌법재판소는 항구적인 인권 가치를 수호하기 위하여 의회입법이나 대통령의 행위를 위헌이라고 선언할 수 있다.
③ 국민의 직접 위임에 의한 헌법재판관 선출이 이상적이나, 현실적으로 실현하기 어렵기 때문에 현재 헌법재판관의 임명에는 의회와 대통령이 관여하여 최소한의 민주적 정당성만 갖추고 있다.
④ 과거, 현재, 미래 세대에게 아울러 적용되는 헌법과 인권의 가치를 수호하기 위한 헌법재판은 현재 세대의 의사와 배치될 수도 있는 작업을 수행하므로 일치하지 않는다.

18 　　　정답 ②

어떤 글에 대한 논리적인 반박은 그 글의 중심 주장이 성립할 수 없다는 것을 증명하는 것이다. 따라서 제시문의 주장이 성립할 수 없다는 근거를 제시해야 한다. 제시문의 중심 주장은 '아마란스를 쌀 대신 대량으로 재배해야 한다.'이고, ②는 아마란스를 쌀 대신 대량으로 재배할 수 없다는 근거가 되므로, 제시문에 대한 가장 논리적인 반박이라고 할 수 있다.

오답분석
① 마지막 문단에서 '백미 대신 동일한 양의 아마란스를 섭취하는 것은 ~ 체중 조절에 훨씬 유리하다.'라고 하였으므로, 아마란스를 과량으로 섭취했을 때 체중이 증가한다는 것은 논리적인 반박으로 볼 수 없다.
③·④·⑤ 제시문의 주장이 성립할 수 없다는 근거를 제시하지 않았으므로 논리적인 반박으로 볼 수 없다.

19

마지막 문단에서 고혈압의 기준을 하향 조정하면 환자가 큰 폭으로 늘어나기 때문에, 이 정책은 이를 통해 이득을 볼 수 있는 제약회사와 의사가 협력한 대표적인 의료화정책이란 비판을 받고 있다.

오답분석

① 첫 번째 문단에서 고혈압은 국민에게 너무 친숙한 질병이라고 하였다.
② 첫 번째 문단에서 여러 연구를 통하여 밝혀진 고혈압으로 인한 위험 중 대표적이고 중한 질병이 심장병과 뇌졸중이라고 하였다.
③ 두 번째 문단에서 평균 혈압이 2mmHg만 낮아져도 심장병 사망률은 7%, 뇌졸중 사망률은 10% 감소한다고 하였으므로 어떤 집단의 심장병과 뇌졸중 사망률이 각각 31%, 54%일 때 평균 혈압이 2mmHg 낮아진다면 이 집단의 심장병과 뇌졸중 사망률은 각각 24%, 44%가 된다.
⑤ 두 번째 문단에서 심장질환으로 사망할 확률은 120/80mmHg부터 시작하여 수축기 혈압이 20mmHg 높아질 때마다 2배씩 높아진다. 따라서 수축기 혈압이 80mmHg만큼 증가했다면 심장질환으로 사망할 확률은 16배 증가했다.

20

(가)에서의 상상은 민족의 특성에 대한 상상이지 실체가 없이 상상된 공동체라는 의미가 아니다. (나) 역시 특정 시기와 근대적 영토국가에 한해서만 사회적 실체라고 주장하고 있다. 따라서 ②의 내용은 추론하기 어렵다.

04 | 시각적사고

01	02	03	04	05	06	07	08	09	10										
①	⑤	①	④	④	②	②	④	①	①										

01

정답 ①

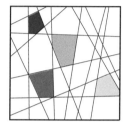

02

정답 ⑤

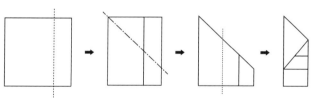

03

정답 ①

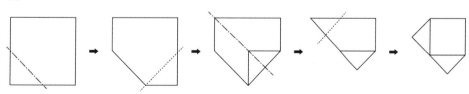

04

정답 ④

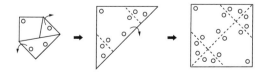

05

정답 ④

오답분석

①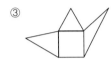

②

③

⑤

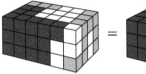

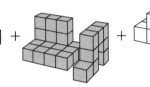

06

정답 ②

07

정답 ②

08

정답 ④

09

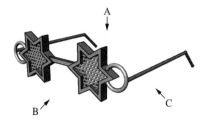

10

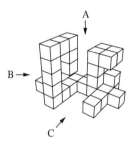

모든 전사 중 가장 강한 전사는 이 두 가지, 시간과 인내다.

– 레프 톨스토이 –

PART 2

최종점검 모의고사

01	02	03	04	05	06	07	08	09	10	11	12	13	14	15	16	17	18	19	20
①	①	②	③	③	②	②	②	①	④	⑤	③	④	①	①	⑤	⑤	④	③	③
21	22	23	24	25	26	27	28	29	30	31	32	33	34	35	36	37	38	39	40
④	⑤	③	②	③	④	②	③	③	③	③	②	③	②	④	①	②	①	③	①
41	42	43	44	45	46	47	48												
③	④	④	②	④	④	②	④												

01

정답 ①

막내의 나이를 x살, 나이가 같은 3명의 멤버 중 한 명의 나이를 y살이라 하면,

$y=105\div5=21(\therefore\ y=5$명의 평균 나이$)$

$24+3y+x=105,\ x+3\times21=81$

$\therefore\ x=18$

따라서 아이돌 멤버 중 막내의 나이는 18살이다.

02

정답 ①

제시문은 풀기 어려운 문제에 둘러싸인 기업적·개인적 상황을 제시하고, 위기의 시대임을 언급하고 있다. 그리고 그 위기를 이겨내는 자가 성공하는 자가 될 수 있음을 말하며, 위기를 이겨내기 위해서 지혜가 필요하다는 것에 대해 설명하고 있는 글이다. 따라서 (나) 풀기 어려운 문제에 둘러싸인 현재의 상황 → (라) 위험과 기회라는 이중의미를 가지는 '위기' → (다) 위기를 이겨내는 것이 필요 → (가) 위기를 이겨내기 위한 지혜와 성공 순으로 연결되어야 한다.

03

정답 ②

P점으로부터 멀리 있는 물체를 A, 가까이 있는 물체를 B라고 하자.

P로부터 B까지의 거리를 $x$km라 하면, A까지의 거리는 $4x$km이다.

13시간 후 P로부터 A까지의 거리는 $(4x+13)$km, B까지의 거리는 $(x+13)$km이므로

$(4x+13):(x+13)=7:5\rightarrow7(x+13)=5(4x+13)\rightarrow13x=26$

$\therefore\ x=2$

따라서 현재 P로부터 두 물체까지의 거리는 각각 $4\times2=8$km, 2km이다.

04

정답 ③

한 명만 거짓말을 하고 있기 때문에 모두의 말을 참이라고 가정하고, 모순이 어디서 발생하는지 생각해 본다.

다섯 명의 말에 따르면, 1등을 할 수 있는 사람은 C밖에 없는데, E의 진술과 모순이 생기는 것을 알 수 있다.

만약 C의 진술이 거짓이라고 가정하면 1등을 할 수 있는 사람이 없게 되므로 모순이다.

따라서 E의 진술이 거짓이므로 나올 수 있는 순위는 C − A − E − B − D, C − A − B − D − E, C − E − B − A − D임을 알 수 있다.

05

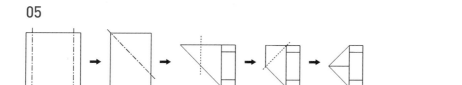

06

유교 전통에서의 문사 계층에게는 정치가 윤리와 구별되는 독자적 영역으로 인식되지 않았기 때문에 이들은 서구의 계몽사상가들처럼 기존의 유교적 질서와 다른 정치적 대안을 제시하지는 못했다.

오답분석

① 유교 전통에서는 통치자의 윤리만을 문제 삼았을 뿐, 갈등하는 세력들 간의 공존을 위한 정치나 정치제도에는 관심을 두지 않았다.

③ 유교 전통에서 서구의 민주주의와 다른 새로운 유형의 민주주의가 등장하였다는 내용은 제시문에서 찾을 수 없다.

④ 유교 전통에서 실질적 국가운영을 맡았던 문사 계층은 갈등 자체가 발생하지 않도록 힘썼다.

⑤ 갈등하는 세력들 간의 공존을 위한 정치나 정치제도에 관심을 두지 않은 유교 전통으로 인해 동아시아에서는 민주주의의 실현 가능성이 제한되었다.

07

제시된 도형을 시계 방향으로 90° 회전한 것이다.

08

규칙은 가로로 적용된다. 왼쪽 도형을 좌우대칭한 것이 가운데 도형이고, 가운데 도형을 시계 방향으로 90° 회전한 것이 오른쪽 도형이다.

09

밭은 한 변의 길이가 12m인 정사각형 모양이다. 한 변의 양 끝에 점을 찍고 그 사이를 1m 격자 형태로 점을 찍으면 한 변에 13개의 점이 찍히고 인접한 점 사이의 거리는 1m가 된다. 사과나무 169그루는 13^2그루이기 때문에 각 격자점에 한 그루씩 심으면 일정 간격으로 심을 수 있게 된다.

따라서 나무의 나무 사이의 거리는 1m이다.

10

제시문은 빠른 사회변화 속 다양해지는 수요에 맞춘 주거복지 정책의 예로 예술인을 위한 공동주택, 창업 및 취업자를 위한 주택, 의료안심주택을 들고 있다. 따라서 이 글의 주제로 가장 적절한 것은 다양성을 수용하는 주거복지 정책이다.

11

제시문에서는 기자와 언론사를 통해 재구성되는 뉴스와 스마트폰과 소셜 미디어를 통한 뉴스 이용으로 나타나는 가짜 뉴스의 사례를 제시하고 있다. 뉴스가 유용한 지식과 정보를 제공하는 반면, 거짓 정보를 흘려 잘못된 정보와 의도로 현혹하기도 한다는 필자의 주장을 통해 뉴스 이용자의 올바른 이해와 판단이 필요하다는 필자의 의도를 파악할 수 있다.

12

정답 ③

1. 17L에 통에 물을 가득 넣고 이를 14L에 옮긴다. 그러면 17L통에 3L가 남는다. 14L물은 모두 버린다.
2. 17L 통에 남아 있는 3L를 14L로 옮긴다.
3. 다시 17L 통에 물을 가득 넣고 14L에 옮긴다. 이때는 이미 14L에 3L가 있기 때문에 17L 통에는 17−11=6L의 물이 남게 된다. 14L에 들은 물은 또 다시 버린다.
4. 17L 통에 있는 6L의 물을 다시 14L에 옮긴다.
5. 17L 통에 있는 물을 가득 채운 다음 다시 14L에 옮긴다. 이 때는 이미 14L에 6L가 있기 때문에 17L 통에는 17−8=9L의 물이 남게 된다.

따라서 최소 5번을 이동시켜야 한다.

13

정답 ④

$p=$'도보로 걸음', $q=$'자가용 이용', $r=$'자전거 이용', $s=$'버스 이용'이라고 하면 $p \rightarrow {\sim}q$, $r \rightarrow q$, ${\sim}r \rightarrow s$이며, 두 번째 명제의 대우인 ${\sim}q \rightarrow {\sim}r$이 성립함에 따라 $p \rightarrow {\sim}q \rightarrow {\sim}r \rightarrow s$가 성립한다. 따라서 '도보로 걷는 사람은 버스를 탄다.'는 명제는 반드시 참이다.

14

정답 ①

첫 번째 조건에서 원탁 의자에 임의로 번호를 적고 회의 참석자들을 앉혀 본다.

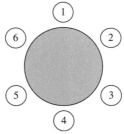

네 번째 조건에서 A와 B 사이에 2명이 앉으므로 임의로 1번 자리에 A가 앉으면 4번 자리에 B가 앉는다. 그리고 B자리 바로 왼쪽에 F가 앉기 때문에 F는 5번 자리에 앉는다. 만약 6번 자리에 C 또는 E가 앉게 되면 2번과 3번 자리에 D와 E 또는 D와 C가 나란히 앉게 되어 세 번째 조건에 부합하지 않는다. 따라서 6번 자리에 D가 앉아야 하고 두 번째 조건에서 C가 A 옆자리에 앉아야 하므로 2번 자리에 C가, 나머지 3번 자리에는 E가 앉게 된다.

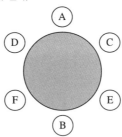

따라서 나란히 앉게 되는 참석자들은 선택지 중 A와 D이다.

15

정답 ①

- 1층 : 3×4=12개
- 2층 : 12−3=9개
- 3층 : 12−4=8개
- 4층 : 12−7=5개
- ∴ 12+9+8+5=34개

16

정답 ⑤

운동장 1바퀴의 둘레는 원의 둘레와 직사각형의 가로 길이인 10km를 더하면 된다. 반지름을 r이라고 하면 원의 둘레는 $2\pi r$ km이므로 운동장의 둘레는 $5 \times 2 + 2 \times 3 \times 3 = 28$ km이다.

B가 운동장을 도는 데 걸리는 시간을 x시간이라고 하자.

A가 3바퀴 먼저 돌았으므로 $(11-3)x \geq 28 \times 3 \rightarrow x \geq 10.5$이다.

따라서 10시간 30분 후부터는 B가 앞지르게 된다.

17

정답 ⑤

현재 A상사 나이의 일의 자릿수와 B후임 나이의 일의 자릿수가 동일하고, 둘의 나이 합은 76세라고 했으므로 일의 자리수로는 3이나 6이 적절하다.

과거 A상사와 B후임이 처음 만났을 때의 B후임의 나이의 4배는 현재 A상사의 나이와 동일하다. 만약 B후임의 과거 나이가 19세 이상이면 A상사의 현재 나이는 76세, 80세가 되므로 현재 나이의 합이 76세라는 조건이 성립하지 않는다. 따라서 B후임의 과거 나이는 11 ~ 18세 사이이고, 이에 따라 가능한 A상사와 B후임의 현재 나이 순서쌍을 구하면 다음과 같다.

$(72, 4)$, $(68, 8)$, $(64, 12)$, $(60, 16)$, $(56, 20)$, $(52, 24)$, $(48, 28)$, $(44, 32)$

이때, B후임의 현재 나이는 최소 11세 보다 많아야 하고, 일의 자릿수는 A상사와 동일해야 한다. 즉, A상사의 현재 나이는 48세이고, B후임의 나이는 28세이다. 과거 B후임의 나이는 12세였으므로 현재까지 16년이 흘렀다.

따라서 과거 A상사의 나이는 $48 - 16 = 32$세이다.

18

정답 ④

A, B기차의 속력은 일정하며 두 기차가 터널 양 끝에서 출발하면 $\frac{1}{3}$ 지점에서 만난다고 한다. 이는 두 기차 중 하나는 다른 기차보다 속력이 2배이고, A기차보다 B기차가 터널을 통과하는 시간이 짧으므로 속력이 더 빠름을 알 수 있다. 그러므로 A기차 속력을 v m/s라고 하면 B기차의 속력은 $2v$ m/s이다. A기차의 길이를 x m라고 하자.

$570 + x = 50 \times v \cdots \bigcirc$

$570 + (x-60) = 23 \times 2v \cdots \bigcirc\!\!\bigcirc$

⊙과 ⓛ을 연립하면 $60 = 4v \rightarrow v = 15$이고, 이를 ⊙에 대입하면 $x = 50 \times 15 - 570 \rightarrow x = 180$이다.

따라서 A기차의 길이는 180m이다.

19

정답 ③

A사, B사, C사 자동차를 가진 사람의 수를 각각 a명, b명, c명이라 하자.

두 번째, 세 번째, 네 번째 조건을 식으로 나타내면 다음과 같다.

$a = b + 10 \cdots \bigcirc$

$b = c + 20 \cdots \bigcirc\!\!\bigcirc$

$a = 2c \cdots \bigcirc\!\!\!\bigcirc$

⊙에 ⓒ을 대입하면 $2c = b + 10 \cdots \textcircled{\tiny 2}$

ⓛ과 ㉣을 연립하면 $b = 50$, $c = 30$이고, 구한 c의 값을 ⓒ에 대입하면 $a = 60$이다.

첫 번째 조건에 따르면 자동차를 2대 이상 가진 사람은 없으므로 세 회사에서 생산된 어떤 자동차도 가지고 있지 않은 사람의 수는 $200 - (60 + 50 + 30) = 60$명이다.

20

정답 ③

무게가 1kg, 2kg, 3kg인 추의 개수를 각각 x, y, z개라고 하자.

$x+y+z=30 \cdots$ ㉠

$x+2y+3z=50 \cdots$ ㉡

$y \geq 2z \cdots$ ㉢

$x > y > z \cdots$ ㉣

㉠을 ㉡에 대입하면

$y+2z=20 \rightarrow y=20-2z \cdots$ ㉤

㉤을 ㉢에 대입하면

$20-2z \geq 2z \rightarrow z \leq 5$

따라서 두 번째 조건에 의해 3kg 추의 개수는 2개 또는 4개이다.

그러므로 추의 개수로 가능한 경우는 다음과 같다.

ⅰ) 1kg : 12개, 2kg : 16개, 3kg : 2개

ⅱ) 1kg : 14개, 2kg : 12개, 3kg : 4개

이때 ⅰ)은 마지막 조건을 만족하지 못한다.

따라서 2kg 추의 개수는 12개이다.

21

정답 ④

동전을 던져서 앞면이 나오는 횟수를 x회, 뒷면이 나오는 횟수를 y회라고 하자.

$x+y=5 \cdots$ ㉠

0에서 출발하여 동전의 앞면이 나오면 +2만큼 이동하고, 뒷면이 나오면 −1만큼 이동하므로

$2x-y=4 \cdots$ ㉡

㉠과 ㉡을 연립하면

$\therefore x=3$, $y=2$

동전의 앞면이 나올 확률과 뒷면이 나올 확률은 각각 $\frac{1}{2}$이다.

따라서 동전을 던져 수직선 위의 A가 4로 이동할 확률은 $_5C_3 \left(\frac{1}{2}\right)^3 \left(\frac{1}{2}\right)^2 = \frac{5}{16}$이다.

22

정답 ⑤

제시문은 인간의 호흡기에 질식사 가능성이라는 불합리한 점이 있게 된 원인에 대해 진화론적으로 규명하고 있다. 몸집이 커지면서 호흡기가 생긴 후 다시 허파가 생기다 보니 이상적인 구조(질식사 가능성 차단)와는 거리가 멀어졌다. 즉, 환경에 적응하려는 각각의 변화 단계에서 '당시에는 최선의 선택'이었으나 결과적으로는 이상적인 구조가 아니게 된 것이다.

23

정답 ③

첫 번째 문단에서 오늘날 우리가 부르는 애국가의 노랫말은 외세의 침략으로 나라가 위기에 처해있던 1907년을 전후하여 조국애와 충성심을 북돋우기 위하여 만들어졌음을 알 수 있다. 따라서 1896년 『독립신문』에는 현재의 노랫말이 게재되지 않았다.

[오답분석]

① 두 번째 문단에서 1935년 해외에서 활동 중이던 안익태가 오늘날 우리가 부르고 있는 국가를 작곡하였고, 이 곡은 해외에서만 퍼져나갔다고 하였으므로, 1940년에 해외에서는 애국가 곡조를 들을 수 있었다.

② 세 번째 문단에서 국기강하식 방송, 극장에서의 애국가 상영 등은 1980년대 후반 중지되었다고 하였으므로, 1990년대 초반까지 애국가 상영이 의무화되었다는 말은 적절하지 않다.

④ 마지막 문단에서 연주만 하는 의전행사나 시상식・공연 등에서는 전주곡을 연주해서는 안 된다고 하였으므로 적절하지 않다.

⑤ 두 번째 문단을 통해 안익태가 애국가를 작곡한 때는 1935년, 대한민국 정부 공식 행사에 사용된 해는 1948년이므로 13년이 걸렸다.

24

정답 ②

C+D<A ··· ㉠
A+C<E ··· ㉡
A+B>C+E ··· ㉢
B=C+D ··· ㉣
㉠에 ㉣을 대입하면 B<A
㉢에 ㉣을 대입하면 A+B>C+E=A+C+D>C+E=A+D>E ··· ㉤
㉤을 ㉡과 비교하면 A+D>E>A+C → D>C ··· ㉥
㉥을 ㉣과 비교하면 C<D<B이며, B<A이기 때문에 C<D<B<A임을 알 수 있다.
㉡에서 A<E이므로 C<D<B<A<E이다.

25

정답 ③

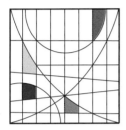

26

정답 ④

앞의 두 항의 합이 뒤의 항이 되는 수열이다.

A	B	C	E	H	M	(U)
1	2	3	5	8	13	21

27

정답 ②

앞의 항에 2^8, 2^7, 2^6, 2^5, 2^4, 2^3, ···을 빼는 수열이다.
따라서 $-64-2^3=-72$이다.

28

정답 ③

㉠은 '인간에게 반사회성이 없다면 인간의 모든 재능이 꽃피지(발전하지) 못하고 사장될 것'이라는 내용이므로 '사회성만으로도 재능이 계발될 수 있다.'는 ③이 ㉠에 대한 반박으로 가장 적절하다.

29

정답 ③

30

주어진 조건에 따르면 가장 오랜 시간 동안 사업 교육을 진행하는 A와 부장보다 짧게 교육을 진행하는 B는 부장이 될 수 없으므로 C가 부장임을 알 수 있다. 이때, 다섯 번째 조건에 따라 C부장은 교육 시간이 가장 짧은 인사 교육을 담당하는 것을 알 수 있다. 따라서 바르게 연결된 것은 ③이다.

31

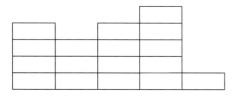

32

정육면체가 되기 위해서는 한 층에 5×5=25개씩 5층이 필요하다.
- 1층 : 2+2+1+1+1=7개
- 2층 : 2+2+1+1+1=7개
- 3층 : 3+2+2+1+1=9개
- 4층 : 3+4+2+1+1=11개
- 5층 : 4+4+4+5+1=18개
∴ 7+7+9+11+18=52개

33

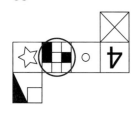

34

[오답분석]

① 　③ 　④ 　⑤

35

정답 ④

함수 $f(x)$, $f(y)$의 각각의 값은 아래와 같이 정리할 수 있다. x와 y 모두 두 자리 자연수이기 때문에 값이 0이 될 수는 없다.

$f(x)$	$f(y)$	총합
1	3	4
2	2	4
3	1	4

i)

$f(x)=1$	$f(y)=3$
10	12, 21, 30

이 경우 $x \geq y$를 만족하지 않는다.

ii)

$f(x)=2$	$f(y)=2$
20, 11	20, 11

$x=20$, $y=11$인 경우에 만족한다.

iii)

$f(x)=3$	$f(y)=1$
12, 21, 30	10

이 경우는 모두 만족한다.

따라서 만족하는 순서쌍 (x, y)는 4가지이다.

36

정답 ①

ㄱ. 2021년 기말주가는 전년 대비 감소하였으나, 기본 주당순이익은 증가하였다.
ㄴ. 2020년 주가매출비율은 2021년보다 높으나, 주당 순자산가치는 낮다.

[오답분석]

ㄷ. 주석에 따르면, 주당매출액은 연간매출액을 총발행주식 수로 나눈 값이다. 따라서 분모인 총발행주식 수가 매년 동일하다면, 연간 매출액과 주당매출액이 비례함을 알 수 있다. 그러므로 2021년의 주당 매출액이 가장 높으므로 연간 매출액도 2021년이 가장 높다.

ㄹ. 2019년 대비 2022년 주당매출액은 $\frac{37,075-23,624}{23,624} \times 100 = 56.9\%$ 증가하였다.

37

정답 ②

비트코인은 인터넷 환전 사이트에서 구매 가능하며, 현금화할 수 있다.

[오답분석]

① 비트코인의 총발행량은 2,100만 개로 희소성을 가지고 있으며 2017년 12월 기준 전체의 약 80%인 1,671만 개가 채굴되었다.
③ 비트코인을 얻기 위해서는 컴퓨팅 파워와 전기를 소모해서 어려운 수학 문제를 풀어야 한다.
④ 비트코인은 통화를 발행하고 통제하는 중앙통제기관이 존재하지 않는 구조이다.
⑤ 컴퓨터와 인터넷만 되면 누구나 비트코인 계좌를 개설할 수 있으며, 이 때문에 비트코인은 돈세탁이나 마약거래에 사용되는 문제점도 드러나고 있다.

38

지도 학습 방식의 컴퓨터는 학습된 결과를 바탕으로 사물을 분별하기 때문에 반드시 사전 학습 데이터가 제공되어야 한다.

오답분석

ㄴ. 자율 학습은 지도 학습보다 학습의 단계가 단축되었으나, 낮은 연산 능력으로도 자율학습이 수행 가능한지는 제시문을 통해 알 수 없다. 또한 자율 학습 방식을 응용한 딥러닝 작업의 경우 고도의 연산 능력이 요구되므로 낮은 연산 능력으로는 수행할 수 없다.

ㄷ. 딥러닝 기술의 활용 범위는 고성능 CPU가 아닌 새로운 알고리즘의 개발로 넓어졌으며, 고성능 CPU는 연산을 위한 시간의 문제를 해소시켜주었다.

39

정답 ③

(단위 : 만 명)

구분	농업	광공업	서비스업	합계
2002년도	150	y	–	1,550
2022년도	x	300	–	2,380

- 2002년 대비 2022년도 농업 종사자의 증감률 : $\dfrac{x-150}{150} \times 100 = -20 \rightarrow x = 120$

- 2002년 대비 2022년도 광공업 종사자의 증감률 : $\dfrac{300-y}{y} \times 100 = 20 \rightarrow y = 250$

- 2002년도 서비스업 종사자 수 : $1,550 - (150+250) = 1,150$만 명

- 2022년도 서비스업 종사자 수 : $2,380 - (120+300) = 1,960$만 명

따라서 2022년도 서비스업 종사자는 2002년에 비해 $1,960 - 1,150 = 810$만 명이 더 증가했다.

40

정답 ①

오답분석

② 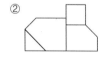 ③ ④ ⑤

41

정답 ③

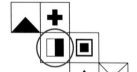

42

정답 ④

㉠ 2차 구매 시 1차와 동일한 제품을 구매하는 사람들이 다른 어떤 제품을 구매하는 사람들보다 최소한 1.5~2배 이상 높은 것으로 나타났다.

㉢ 1차에서 C를 구매한 사람들은 전체 구매자들(541명) 중 37.7%(204명)로 가장 많았고, 2차에서 C를 구매한 사람들은 전체 구매자들 중 42.7%(231명)로 가장 많았다.

[오답분석]

㉡ 1차에서 A를 구매한 뒤 2차에서 C를 구매한 사람들은 44명, 반대로 1차에서 C를 구매한 뒤 2차에서 A를 구매한 사람들은 17명이므로 전자의 경우가 더 많다.

43

정답 ④

44

정답 ②

두 번째 문단에 따르면 달러화의 약세는 수요 회복에의 대응을 일부 상쇄시킬 만큼, 매출에 부정적 영향을 미침을 알 수 있다. 따라서 달러화의 강세는 매출액에 부정적 영향이 아니라 긍정적 영향을 미치므로 적절하지 않은 설명이다.

[오답분석]

① 세 번째 문단에 따르면 K기업은 낸드플래시 시장에서 고용량화 추세가 확대될 것으로 보고 있으므로 시장에서의 수요에 대응하기 위해 고용량 낸드플래시 생산에 대한 투자를 늘릴 것이다.

③ 두 번째 문단의 두 번째 문장에 따르면 기업이 신규 공정으로 전환하는 경우, 이로 인해 원가 부담이 발생한다는 내용이 나와 있다. 기업 입장에서 원가 부담은 원가의 상승을 나타내므로 적절한 설명이다.

④ 첫 번째 문단에서 매출액은 26조 9,907억 원이고, 영업이익은 2조 7,127억 원이다. 따라서 영업이익률은 $\frac{27,127}{269,907} \times 100 ≒$ 10%이다.

⑤ 두 번째 문단에 따르면 2019년 4분기 영업이익은 직전분기 대비 50% 감소했다고 했으므로 3분 영업이익은 4분기 영업이익의 2배이다.

45

정답 ④

• 1층 : $5 \times 5 - 5 = 20$개
• 2층 : $25 - 6 = 19$개
• 3층 : $25 - 6 = 19$개
• 4층 : $25 - 7 = 18$개
• 5층 : $25 - 10 = 15$개
∴ $20 + 19 + 19 + 18 + 15 = 91$개

46

정답 ④

○ : 각 자릿수 +1, -2, +1, -2
◆ : 각 자릿수마다 +2
▼ : 1234 → 2143
■ : 1234 → 3412

ㄴㅅㅌㅈ   →   NㅈGㅋ   →   GㅋNㅈ
        ◆   ■

47

정답 ②

ㄱ. 습도가 70%일 때 연간소비전력량이 가장 적은 제습기는 A(790kWh)이다.
ㄷ. 습도가 40%일 때 제습기 E의 연간소비전력량(660kWh)은 습도가 50%일 때 제습기 B의 연간소비전력량(640kWh)보다 많다.

[오답분석]

ㄴ. 습도 60%일 때의 연간소비전력량이 가장 많은 제습기는 D이며, 습도 70%일 때에는 E이다.
ㄹ. E의 경우 40%일 때 연간소비전력량의 1.5배는 660×1.5=990kWh이고, 80%일 때는 970kWh이므로 1.5배 미만이다.

48

정답 ④

그림 상에서 보이지 않는 블록의 개수는 3층까지 3×3=9개씩 있다. 또한 4층에는 8개의 보이지 않는 블록이 있다. 따라서 색칠된 블록의 최대 개수는 그림 상에서 보이는 색칠된 블록과 보이지 않는 모든 블록이 색칠된 블록일 때이다.
∴ 9×3+8+3=38개

제2회 최종점검 모의고사

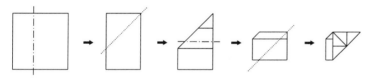

01	02	03	04	05	06	07	08	09	10	11	12	13	14	15	16	17	18	19	20
④	⑤	②	①	④	③	②	①	①	①	③	②	②	④	②	③	③	④	①	④
21	22	23	24	25	26	27	28	29	30	31	32	33	34	35	36	37	38	39	40
①	②	③	③	③	③	⑤	②	①	①	③	③	②	②	②	④	①	②	③	②
41	42	43	44	45	46	47	48												
③	③	③	②	④	③	①	①												

01

㉠의 뒤에 나오는 내용을 살펴보면, 양안시에 대해 설명하면서 양안시차를 통해 물체와의 거리를 파악한다고 하였으므로 ㉠에 거리와 관련된 내용이 나왔음을 짐작해 볼 수 있다. 따라서 ㉠에 들어갈 내용은 ④이다.

02
정답 ⑤

03
정답 ②

제시문의 핵심 논점을 잡으면 첫째 문단의 끝에서 '제로섬(Zero-sum)적인 요소를 지니는 경제 문제'와 둘째 문단의 끝에서 '우리 자신의 수입을 보호하기 위해 경제적 변화가 일어나는 것을 막거나 혹은 사회가 우리에게 손해를 입히는 공공정책이 강제로 시행되는 것을 막기 위해 싸울 것'에 대한 것이 핵심 주장이므로 이 글은 사회경제적인 총합이 많아지는 정책, 즉 '사회의 총생산량이 많아지게 하는 정책이 좋은 정책'이라는 주장에 대한 비판이라고 할 수 있다.

04
정답 ①

자전거를 타고 간 거리를 $x\,$km, 걸어간 거리를 $y\,$km라고 하자.

$$\begin{cases} x+y=8 \\ \dfrac{x}{24}+\dfrac{y}{4}=\dfrac{3}{4} \end{cases} \rightarrow \begin{cases} x+y=8 \\ x+6y=18 \end{cases}$$

$$\therefore x=6, \ y=2$$

따라서 자전거를 타고 간 시간은 $\dfrac{6}{24}$ 시간=15분이다.

05

정답 ④

마지막 문단의 '기다리지 못함도 삼가고 아무것도 안함도 삼가야 한다. 작동 중에 있는 자연스런 성향이 발휘되도록 기다리면서도 전력을 다할 수 있도록 돕는 노력도 멈추지 말아야 한다.'를 통해 ④ '잠재력을 발휘하도록 하려면 의도적 개입과 방관적 태도 모두를 경계해야 한다.'가 이 글의 중심 주제가 됨을 알 수 있다.

오답분석

① 인위적 노력을 가하는 것은 일을 '조장(助長)'하지 말라고 한 맹자의 말과 반대된다.
② 싹이 성장하도록 기다리는 것도 중요하지만 '전력을 다할 수 있도록 돕는 노력'도 해야 한다.
③ 명확한 목적성을 강조하는 부분은 이 글에 나와 있지 않다.
⑤ 맹자는 '싹 밑의 잡초를 뽑고, 김을 매주는 일'을 통해 '성장을 보조해야 한다'라고 말하며 적당한 인간의 개입이 필요함을 말하고 있다.

06

정답 ③

정직한 사람은 이웃이 많고, 이웃이 많은 사람은 외롭지 않을 것이다. 따라서 '정직한 사람은 외롭지 않을 것이다.'가 성립한다.

07

정답 ②

제시된 명제만으로는 진실 여부를 판별할 수 없다.

오답분석

① 첫 번재와 두 번째 명제에 의해 참이다.
③ 두 번째 명제로부터 참이라는 것을 알 수 있다.
④ 두 번째와 세 번째 명제를 통해 참이라는 것을 알 수 있다.
⑤ 모든 사람이 자신을 비방하지 않는 사람에게 호의적이라고 했을 때, 세 번째 명제에 의해 참이다.

08

정답 ①

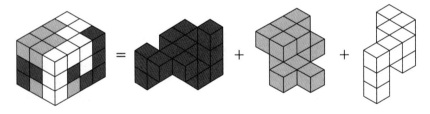

09

정답 ①

벤치의 수를 x개라고 하자.
벤치 1개에 5명씩 앉으면 12명이 남으므로 사람 수는 $(5x+12)$명이다.
6명씩 앉으면 7개의 벤치가 남는다고 하였으므로 사람이 앉아 있는 마지막 벤치에는 최소 1명에서 최대 6명이 앉을 수 있다.
즉, $6(x-8)+1 \leq 5x+12 \leq 6(x-8)+6$
$6(x-8)+1 \leq 5x+12 \rightarrow 6x-47 \leq 5x+12 \rightarrow x \leq 59$
$5x+12 \leq 6(x-8)+6 \rightarrow 5x+12 \leq 6x-42 \rightarrow x \geq 54$
$\therefore 54 \leq x \leq 59$
따라서 벤치의 개수가 될 수 없는 것은 ①의 53개이다.

10

정답 ①

등장수축은 전체 근육 길이가 줄어드는 동심 등장수축과 늘어나는 편심 등장수축으로 나뉜다.

11

정답 ③

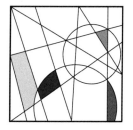

12

정답 ②

13

정답 ②

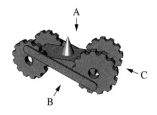

14

정답 ④

㉠ 파울은 언어가 변화하고 진화한다고 보았으므로 언어를 연구하려면 언어가 역사적으로 발달해 온 방식을 고찰해야 한다고 주장한다. ㉡ 소쉬르는 언어가 역사적인 산물이라고 해도 변화 이전과 변화 이후를 구별해서 보아야 한다고 주장하고, 언어는 구성요소의 순간 상태 이외에는 어떤 것에 의해서도 규정될 수 없다고 보았다. 따라서 소쉬르는 화자가 발화한 당시의 언어 상태를 연구 대상으로 해야 하며, 그 상태에 이르기까지의 모든 과정을 무시해야 한다고 주장했다.

15

정답 ②

두 소금물을 합하면 소금물의 양은 800g이고, 증발한 물의 양을 xg이라고 하자.

$$\frac{(300 \times 0.07) + (500 \times 0.08)}{800 - x} \times 100 \geq 10 \rightarrow (21 + 40) \times 10 \geq 800 - x \rightarrow x \geq 800 - 610$$

$$\therefore \ x \geq 190$$

16

C사원은 10개의 도장에서 2개의 도장이 모자라므로 현재 8개의 도장을 모았으며, A사원은 C사원보다 1개의 도장이 적으므로 현재 7개의 도장을 모은 것을 알 수 있다. 또한 B사원은 A사원보다 2개 적은 5개의 도장을 모았으며, D사원은 무료 음료 한 잔을 포함하여 3잔을 주문하였으므로 10개의 도장을 모은 쿠폰을 반납하고, 새로운 쿠폰에 2개의 도장을 받았음을 추론할 수 있다. 따라서 D사원보다 6개의 도장을 더 모은 E사원은 8개의 도장을 받아 C사원의 도장 개수와 동일함을 알 수 있다.

17

바퀴의 성능은 전쟁용 수레인 전차가 발달하면서 크게 개선되었고, 그 뒤 산업혁명기에 발명된 고무타이어가 바퀴에 사용되면서 한층 더 개선되었다. 따라서 전차의 발달과 고무타이어의 발명이 바퀴의 성능 개선에 기여했음을 알 수 있다.

오답분석

① 원판 모양의 나무바퀴가 기원전 5000년경부터 사용된 것으로 추정되므로 적절하지 않다.
② 자동차용 공기압 타이어는 가솔린 자동차가 발명된 1885년의 10년 후인 1895년 즉, 19세기 후반에 개발되었음을 알 수 있다. 즉, 19세기 초반은 공기압 타이어가 개발되기 전이므로 자동차에 사용될 수 없다.
④ 바퀴의 존재조차 몰랐던 아메리카 원주민들은 유럽인이 바퀴를 전해준 다음에도 썰매를 계속 이용했으므로 적절하지 않다.
⑤ 바퀴의 일종인 물레는 우리나라에서 4,000년 전부터 사용했으므로 산업혁명기 이전에 이미 바퀴가 다른 용도로 사용되고 있었음을 알 수 있다.

18

제시문은 예전과는 달라진 덕후에 대한 사회적 시선과 그와 관련된 소비 산업에 관해 이야기하고 있다. (다) 덕후의 어원과 더 이상 숨기지 않아도 되는 존재로의 변화 → (가) 달라진 사회 시선과 일본의 오타쿠와 다른 독자적 존재로서 진화해가는 한국 덕후 → (나) 진화된 덕후들을 공략하기 위해 발달하고 있는 산업 순으로 진행되는 것이 적절하다.

19

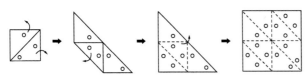

20

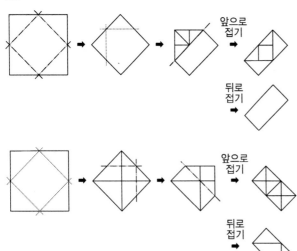

36 · KCC그룹 온라인 인적성검사

21

정답 ①

홀수 항은 $+2$, 짝수 항은 $+3$으로 나열된 수열이다.

ㅁ	ㅅ	ㅅ	ㅊ	ㅈ	ㅍ	ㅋ	(ㄴ)
5	7	7	10	9	13	11	16

22

정답 ②

A, B, C, D의 투자액의 비를 $a:b:c:d$라고 하자.

$3 \times \dfrac{b+c}{a+b+c+d} = 1 \rightarrow 2(b+c) = a+d \rightarrow 2b+2c = a+d \cdots \text{㉠}$

$3 \times \dfrac{a+2c}{a+b+c+d} = \dfrac{28}{9} \cdots \text{㉡}$

$2c = a \cdots \text{㉢}$

㉠과 ㉢을 연립하면 $d = 2b \cdots \text{㉣}$

㉢과 ㉣을 ㉡에 대입하면 $\dfrac{4c}{2c+b+c+2b} \times 3 = \dfrac{28}{9} \rightarrow \dfrac{4c}{b+c} = \dfrac{28}{9} \rightarrow 2c = 7b$

네 명의 투자자들의 투자액 비율을 b로 나타내면

$a = 7b$, b, $c = \dfrac{7}{2}b$, $d = 2b \rightarrow a:b:c:d = 14:2:7:4$

따라서 B가 받을 배당금은 $\dfrac{2}{14+2+7+4} \times 2.7 = \dfrac{2}{27} \times 2.7 = 0.2$억 원이다.

23

정답 ③

5단계 레고 1개를 만들기 위해서는 1단계 레고 $2^4 = 16$개가 필요하며, 이를 2단계 레고 8개로 만드는 데 걸리는 시간은 2단계 레고 한 개당 2분이 소요되므로 총 $8 \times 2 = 16$분이 걸린다.

3단계 레고는 $8 \div 2 = 4$개를 만들 수 있고, $4 \times 2^{(3-1)} = 16$분이 소요된다.

4단계 레고는 $4 \div 2 = 2$개를 만들 수 있고, $2 \times 2^{(4-1)} = 16$분이 소요된다.

5단계 레고는 $2 \div 2 = 1$개를 만들 수 있고, $1 \times 2^{(5-1)} = 16$분이 소요된다.

즉, 5단계 레고 1개를 만드는 데 걸리는 총 시간은 $16 \times 4 = 64$분이다.

따라서 3개의 레고를 만드는 데 걸리는 시간은 $64 \times 3 = 192$분이다.

24

정답 ③

작년 휘발유와 경유의 판매량을 각각 $3k$, $2k$리터, 올해 휘발유와 경유의 판매량을 각각 $13m$, $9m$리터라고 하자. 작년 휘발유와 경유의 총판매량은 $5k$리터, 올해 휘발유와 경유의 총판매량은 $22m$리터이다.

올해 총판매량이 작년보다 10% 증가했으므로 $5k\left(1 + \dfrac{10}{100}\right) = 22m \rightarrow \dfrac{11}{2}k = 22m \rightarrow k = 4m$

따라서 작년 경유 판매량은 $2 \times 4m = 8m$리터이고, 경유의 판매량은 작년보다 $\dfrac{9m - 8m}{8m} \times 100 = 12.5\%$ 증가했다.

25

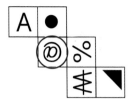

26

빈칸 뒤의 문장은 K사의 빅데이터 센터가 '이 점'을 보완하기 위해 내부 분석 전문가 육성에 주력한다는 내용이므로 빈칸에는 빅데이터 프로젝트에서 보완해야 할 문제점에 대한 내용이 와야 한다. 따라서 빈칸에는 내부 전문가 없이는 만족할 만한 성과를 얻을 수 없다는 내용의 ③이 가장 적절하다.

27

마지막 문단에 따르면 '라이헨바흐는 자연이 일양적일 수도 있고 그렇지 않을 수도 있음을 전제'하며, '자연이 일양적인지 그렇지 않은지 알 수 없는 상황에서는 귀납을 사용하는 것이 옳은 선택'이라고 한다. 그러나 ⑤와 같이 귀납이 현실적으로 옳은 추론 방법임을 밝히기 위해 자연의 일양성이 선험적 지식임을 증명하고 있는 것은 아니다.

오답분석

① 라이헨바흐는 '어떤 방법도 체계적으로 미래 예측에 계속해서 성공할 수 없다는 논리적 판단을 통해 귀납은 최소한 다른 방법보다 나쁘지 않은 추론'이라고 확언한다. 하지만 이것은 귀납의 논리적 허점을 현실적 차원에서 해소하려는 것이며, 논리적 허점을 완전히 극복한 것은 아니라는 점에서 비판의 여지가 있다.

② 라이헨바흐는 '귀납의 정당화 문제로부터 과학의 방법인 귀납을 옹호하기 위해 현실적 구제책을 제시'한다. 이것은 귀납이 과학의 방법으로 사용될 수 있음을 지지하려는 것이다.

③ 라이헨바흐는 '자연이 일양적일 경우 우리의 경험에 따라 귀납이 점성술이나 예언 등의 다른 방법보다 성공적인 방법'이라고 판단하며, '자연이 일양적이지 않다면 어떤 방법도 체계적으로 미래 예측에 계속해서 성공할 수 없다는 논리적 판단을 통해 귀납은 최소한 다른 방법보다 나쁘지 않은 추론이라고 확언'한다. 따라서 라이헨바흐가 귀납과 다른 방법을 비교하기 위해 경험적 판단과 논리적 판단을 활용했음을 알 수 있다.

④ 라이헨바흐는 '자연이 일양적인지 그렇지 않은지 알 수 없는 상황에서는 귀납을 사용하는 것이 옳은 선택'이라고 본다. 따라서 ④의 진술처럼 라이헨바흐는 귀납과 견주어 미래 예측에 더 성공적인 방법이 없다는 판단을 근거로 귀납의 가치를 보여 주고 있다.

28

주주 자본주의가 등장하면서 과거에 생산수단을 소유할 수 없었던 노동자들이 잘게 쪼개진 생산수단의 일부를 구입할 수 있게 됨에 따라 노동자의 지위가 변하게 되었다.

오답분석

① 주주 자본주의에서는 주주의 이윤을 극대화하는 것을 회사 경영의 목표로 하므로 주주의 이익과 사회적 공헌이 상충한다면 기업은 주주의 이익을 우선적으로 선택할 것이다.

③ 이해관계자 자본주의에서는 기업과 연계되어 있는 노동자, 소비자, 지역사회 등 이해관계자들 전체를 고려해야 한다고 주장할 뿐, 지역사회의 일반 주민이 기업 경영에서 주도적인 역할을 담당하는지는 제시문을 통해 알 수 없다.

④ 주주 자본주의와 이해관계자 자본주의가 혼합되면 기업의 사회적 공헌활동은 주주 자본주의에서보다 강화될 것이다.

⑤ 주주 자본주의와 이해관계자 자본주의가 혼합된 형태의 기업은 사회적 활동을 위해 노력하기도 하지만, 주주의 이익을 최우선적으로 고려한다.

29

정답 ①

제시문에서는 냉전의 기원을 서로 다른 관점에서 바라보고 있는 전통주의, 수정주의, 탈수정주의에 대해 각각 설명하고 있다.

오답분석

② 여러 가지 의견을 제시할 뿐, 어느 의견에 대한 우월성을 논하고 있지는 않다.

30

정답 ①

2018 ~ 2022년 동안 투자액이 전년 대비 증가한 해의 증가율은 다음과 같다.

• 2018년 : $\frac{125-110}{110} \times 100 \fallingdotseq 13.6\%$

• 2020년 : $\frac{250-70}{70} \times 100 = 257\%$

• 2021년 : $\frac{390-250}{250} \times 100 = 56\%$

따라서 2020년도에 전년 대비 증가율이 가장 높다.

오답분석

② 투자건수의 전년 대비 증가율은 2022년에 $\frac{63-60}{60} \times 100 = 5\%$로 가장 낮다.

③ 2017년과 2020년 투자건수의 합(8+25=33건)은 2022년 투자건수(63건)보다 작다.

④ · ⑤ 제시된 자료에서 확인할 수 있다.

31

정답 ③

ㄱ. 윤리적으로 허용되는 행위는 윤리적으로 그르지 않으면서 정당화 가능한 행위로, 신호 위반 행위가 맥락에 따라 윤리적으로 정당화 가능한 행위로 판단될 수도 있다.

ㄷ. 윤리적으로 권장되는 행위나 윤리적으로 허용되는 행위에 대해 윤리적 가치 속성을 부여한다면, 윤리적으로 옳음이라는 속성이 부여될 것이다.

오답분석

ㄴ. '윤리적으로 옳은 행위가 무엇인가?'라는 질문에 답할 때는 적극적인 윤리적 의무뿐만 아니라, 윤리적으로 해야 하는 행위, 권장되는 행위, 허용되는 행위 모두에 적용되는 '윤리적으로 옳음'의 포괄성을 염두에 두어야 한다.

32

정답 ③

도형을 오른쪽으로 뒤집으면 ②, 이를 시계 반대 방향으로 90° 회전하면 ①, 다시 위로 뒤집으면 ③의 도형이 된다.

33

정답 ②

전체 고용인원의 반은 16,177÷2=8,088.5명이다. 태양광에너지 분야에 고용된 인원은 8,698명이므로 전체 고용인원의 반 이상을 차지한다.

오답분석

① 폐기물에너지 분야의 기업체 수가 가장 많다.

③ 전체 매출액 중 풍력에너지 분야의 매출액이 차지하는 비율은 $\frac{14,571}{113,076} \times 100 \fallingdotseq 12.89\%$이므로 15%를 넘지 않는다.

④ 전체 수출액 중 바이오에너지 분야의 수출액이 차지하는 비율은 $\frac{506}{40,743} \times 100 \fallingdotseq 1.24\%$로 1%를 넘는다.

⑤ 전체 매출액 대비 전체 투자액의 비율은 $\frac{7,966}{113,076} \times 100 \fallingdotseq 7.04\%$로 7.5% 미만이다.

PART 2

34

정답 ②

중국의 의료 빅데이터 예상 시장 규모의 전년 대비 성장률을 구하면 다음과 같다.

구분	2015년	2016년	2017년	2018년	2019년	2020년	2021년	2022년	2023년	2024년
성장률 (%)	–	56.3	90.0	60.7	93.2	64.9	45.0	35.0	30.0	30.0

따라서 ②의 그래프가 적절하다.

35

정답 ②

- 1층 : $0+2+2+4+5=13$개
- 2층 : $2+3+5+6+6=22$개
- 3층 : $3+5+6+6+6=26$개
- 4층 : $4+6+6+6+6=28$개
∴ $13+22+26+28=89$개

36

정답 ④

- 1층 : $6\times5-9=21$개
- 2층 : $30-14=16$개
- 3층 : $30-19=11$개
- 4층 : $30-25=5$개
- 5층 : $30-28=2$개
∴ $21+16+11+5+2=55$개

37

정답 ①

제시문은 줄임말, 초성, 표기, 이모티콘, 야민정음 등과 같이 새롭게 나타난 조어방식들이 매체의 발달로 인한 새로운 인지 경험이 만들어 낸 현상이라고 규정하여 그 현상의 원인을 제시하고, 조어들의 인지 방식에 대해 분석하고 있다.

38

정답 ②

제시문은 인간의 문제를 자연의 힘이 아니라 인간의 힘으로 해결해야 한다는 생각으로 정나라의 재상인 자산(子産)이 펼쳤던 개혁 정책의 특징과 결과를 설명한다. 보기는 통치자들의 무위(無爲)를 강조하고 인위적인 규정의 해체를 주장하는 노자의 사상을 설명한다. 보기에 따른 노자의 입장에서는 인간의 힘으로 문제를 해결하려는 자산의 개혁 정책은 인위적이라고 반박할 수 있다. 즉, 이러한 자산의 정책의 인위적 성격은 마지막 문장에서 지적한 것처럼 '엄한 형벌과 과중한 세금 수취로 이어지는 폐단'을 낳을 뿐이며, 사회를 해체해야 할 허위로 가득 차게 한다고 비판할 수 있는 것이다.

오답분석

① 자산의 입장에서 주장할 수 있는 내용이며, 보기의 노자는 오히려 인위적 사회 제도의 해체를 주장했다.
③·④·⑤ 자산을 비판하는 입장이 아니라 자산의 입장에서 주장할 수 있는 내용이다.

39

정답 ③

- 1층 : $4\times8-(0+0+1+0+1+0+1+1)=28$개
- 2층 : $32-(3+1+2+1+1+1+3+2)=18$개
- 3층 : $32-(3+1+2+4+1+2+4+3)=12$개
∴ $28+18+12=58$개

40

41

두 번째 문단에 따르면 변급의 조선군은 강변의 산 위에서 숨어 있다가 적이 나타나면 사격을 가하는 전법을 택하여 러시아군과의 전투에서 사상자 없이 개선하였다.

오답분석

① 두 번째 문단에 따르면 신유가 아닌 변급의 부대가 의란에서 러시아군과 교전하였다.
② 두 번째 문단에 따르면 변급의 부대는 우수리강의 하구 지점이 아닌 의란에서 러시아군을 만나 전투를 벌였다.
④ 마지막 문단에 따르면 네르친스크 조약에 따라 러시아는 알바진과 우수리강의 하구 지점을 잇는 수로 북쪽의 외흥안령 산맥까지 물러났으며, 그 산맥 남쪽 지역을 청의 영토로 인정하였다. 한편, 변급의 부대가 러시아군과 만나 싸운 장소는 알바진보다 남쪽인 의란으로 외흥안령 산맥 남쪽 지역에 해당하므로 러시아가 아닌 청의 영토로 편입되었다.
⑤ 마지막 문단에 따르면 신유의 부대는 변급의 부대가 이용했던 경로와 방법으로 영고탑까지 북상하였다. 이전에 변급의 부대는 두만강을 건너 영고탑까지 줄곧 걸어서 북상하였으므로 신유의 부대 역시 걸어서 북상한 것임을 알 수 있다.

42

제시된 단락은 담배가격의 인상만이 수반되는 금연정책에 대한 의문으로, 다음에는 해당 정책의 의미를 긍정하면서도 반론을 제기하려는 (라), 부가적인 해결책을 제시하는 (가), 부가적인 의견의 정당성을 주장하는 (나), 그 정당성의 근거를 주장하는 (다) 순으로 제시되어야 논리적이다.

43

부산(1.9%), 대구(1.9%) 지역의 증가율이 가장 낮게 나와 있다.

오답분석

ⓒ 2022년 에너지 소비량은 경기(9,034천 TOE), 충남(4,067 TOE), 서울(3,903 TOE)의 순서이다.
ⓜ 전국 에너지 소비량은 2012년이 28,588천 TOE, 2022년이 41,594천 TOE로서 13,006천 TOE의 증가를 보이고 있다.

44

남성 실기시험 응시자가 가장 많은 분야는 건축 분야(15,888명)이고, 남성 필기시험 응시자가 가장 많은 분야는 토목 분야(8,180명)이다.

오답분석

① 필기시험 전체 합격률이 실기시험 전체 합격률보다 높은 직무분야는 디자인 분야와 영사 분야이다.
③ 여성 필기시험 응시자가 남성보다 많은 분야는 디자인 분야이며, 실기시험 응시자도 여성이 더 많다.
④ 건축 분야의 여성 실기시험 합격률은 토목 분야의 남성 실기시험 합격률보다 75.6−70.5=5.1%p 낮다.
⑤ 영사 분야는 필기·실기시험 전체 신청자 수와 응시자 수가 동일하므로 응시율이 100%이다.

45

정답 ④

다섯 번째 ~ 일곱 번째 조건에 따라 가전 부스 1일 차 마케팅팀 근무자는 T대리, 2일 차 휴대폰 부스 개발팀 근무자는 S과장, 2일 차와 3일 차 PC 부스의 개발팀 근무자는 D대리 또는 O대리이다. 3일 차에는 과장들이 근무하지 않으므로 3일 차 가전 부스의 마케팅팀 근무자는 Y사원 또는 P사원이고, 이때 개발팀 근무자는 같은 직급일 수 없으므로 D대리 또는 O대리이다. 따라서 3일 차 휴대폰 부스의 개발팀 근무자는 C사원이고, 3일 차 휴대폰 부스의 마케팅팀 근무자는 T대리, 3일 차 PC 부스의 마케팅팀 근무자는 Y사원 또는 P사원이다. 한편, T대리는 1일 차와 3일 차에 근무하므로 2일 차 마케팅팀 근무자는 가전제품 부스에 K과장, 휴대폰 부스와 PC 부스에 Y사원 또는 P사원이 근무한다. 이를 정리하면 다음과 같다.

구분	1일 차		2일 차		3일 차	
	마케팅팀	개발팀	마케팅팀	개발팀	마케팅팀	개발팀
휴대폰			Y사원 or P사원	S과장	T대리	C사원
가전	T대리	S과장	K과장	D대리 or O대리	P사원 or Y사원	O대리 or D대리
PC	K과장	C사원	P사원 or Y사원	O대리 or D대리	Y사원 or P사원	D대리 or O대리

따라서 1일 차의 PC 부스 마케팅팀 근무자는 K과장, 개발팀 근무자는 C사원이고, 1일 차 가전 부스의 개발팀 근무자는 S과장이다. PC 부스의 1일 차 마케팅팀 근무자가 과장이므로 ④는 옳지 않다.

46

정답 ③

★, ◎, ◇, □, ▲를 각각 A, B, C, D, E라고 하자.

$E=2(A+B)$ … ①

$B=A+C$ … ②

$2B=C+D$ … ③

$2C=D$ … ④

③에 ④를 대입하면

$2B=3C \rightarrow B=\dfrac{3}{2}C$ … ㉠

이를 ②에 대입하면

$\dfrac{3}{2}C=A+C \rightarrow A=\dfrac{1}{2}C$ … ㉡

㉠과 ㉡을 ①에 대입하면

$E=2A+2B=C+3C=4C$

즉, $A=\dfrac{1}{2}C$, $B=\dfrac{3}{2}C$, $D=2C$, $E=4C$이다.

$\boxed{\ ?\ } \times ◇ = ★+◎+□+▲ = \boxed{\ ?\ } \times C = \dfrac{1}{2}C+\dfrac{3}{2}C+2C+4C=8C$

따라서 $\boxed{\ ?\ }$ =8이다.

47

정답 ①

주어진 조건에 따르면 김씨는 남매끼리 서로 인접하여 앉을 수 없으며, 박씨와도 인접하여 앉을 수 없으므로 김씨 여성은 왼쪽에서 첫 번째 자리에만 앉을 수 있다. 또한, 박씨 남성 역시 김씨와 인접하여 앉을 수 없으므로 왼쪽에서 네 번째 자리에만 앉을 수 있다. 나머지 자리는 최씨 남매가 모두 앉을 수 있으므로 6명이 앉을 수 있는 경우는 다음과 같다.

• 경우 1

김씨 여성	최씨 여성	박씨 여성	박씨 남성	최씨 남성	김씨 남성

• 경우 2

김씨 여성	최씨 남성	박씨 여성	박씨 남성	최씨 여성	김씨 남성

경우 1과 경우 2 모두 최씨 남매는 왼쪽에서 첫 번째 자리에 앉을 수 없다.

48

정답 ①

직육면체가 되기 위해서는 한 층에 $7 \times 6 = 42$개씩 4층이 필요하다.
• 1층 : $0+2+3+6+5+5=21$개
• 2층 : $2+4+5+7+6+6=30$개
• 3층 : $3+6+7+7+7+6=36$개
• 4층 : $4+7+7+7+7+6=38$개
∴ $21+30+36+38=125$개

인생이란 결코 공평하지 않다. 이 사실에 익숙해져라.

- 빌 게이츠 -

KCC그룹 온라인 인적성검사 답안지

문번	1 2 3 4 5	문번	1 2 3 4 5	문번	1 2 3 4 5	문번	1 2 3 4 5
1	① ② ③ ④ ⑤	16	① ② ③ ④ ⑤	31	① ② ③ ④ ⑤	46	① ② ③ ④ ⑤
2	① ② ③ ④ ⑤	17	① ② ③ ④ ⑤	32	① ② ③ ④ ⑤	47	① ② ③ ④ ⑤
3	① ② ③ ④ ⑤	18	① ② ③ ④ ⑤	33	① ② ③ ④ ⑤	48	① ② ③ ④ ⑤
4	① ② ③ ④ ⑤	19	① ② ③ ④ ⑤	34	① ② ③ ④ ⑤		
5	① ② ③ ④ ⑤	20	① ② ③ ④ ⑤	35	① ② ③ ④ ⑤		
6	① ② ③ ④ ⑤	21	① ② ③ ④ ⑤	36	① ② ③ ④ ⑤		
7	① ② ③ ④ ⑤	22	① ② ③ ④ ⑤	37	① ② ③ ④ ⑤		
8	① ② ③ ④ ⑤	23	① ② ③ ④ ⑤	38	① ② ③ ④ ⑤		
9	① ② ③ ④ ⑤	24	① ② ③ ④ ⑤	39	① ② ③ ④ ⑤		
10	① ② ③ ④ ⑤	25	① ② ③ ④ ⑤	40	① ② ③ ④ ⑤		
11	① ② ③ ④ ⑤	26	① ② ③ ④ ⑤	41	① ② ③ ④ ⑤		
12	① ② ③ ④ ⑤	27	① ② ③ ④ ⑤	42	① ② ③ ④ ⑤		
13	① ② ③ ④ ⑤	28	① ② ③ ④ ⑤	43	① ② ③ ④ ⑤		
14	① ② ③ ④ ⑤	29	① ② ③ ④ ⑤	44	① ② ③ ④ ⑤		
15	① ② ③ ④ ⑤	30	① ② ③ ④ ⑤	45	① ② ③ ④ ⑤		

고사장

성 명

수 험 번 호

⓪ ① ② ③ ④ ⑤ ⑥ ⑦ ⑧ ⑨
⓪ ① ② ③ ④ ⑤ ⑥ ⑦ ⑧ ⑨
⓪ ① ② ③ ④ ⑤ ⑥ ⑦ ⑧ ⑨
⓪ ① ② ③ ④ ⑤ ⑥ ⑦ ⑧ ⑨
⓪ ① ② ③ ④ ⑤ ⑥ ⑦ ⑧ ⑨
⓪ ① ② ③ ④ ⑤ ⑥ ⑦ ⑧ ⑨
⓪ ① ② ③ ④ ⑤ ⑥ ⑦ ⑧ ⑨

감독위원 확인

인

KCC그룹 온라인 인적성검사 답안지

고사장

성 명

수험번호

0	1	2	3	4	5	6	7	8	9

감독위원 확인

(인)

문번	1	2	3	4	5	문번	1	2	3	4	5	문번	1	2	3	4	5	문번	1	2	3	4	5
1	①	②	③	④	⑤	16	①	②	③	④	⑤	31	①	②	③	④	⑤	46	①	②	③	④	⑤
2	①	②	③	④	⑤	17	①	②	③	④	⑤	32	①	②	③	④	⑤	47	①	②	③	④	⑤
3	①	②	③	④	⑤	18	①	②	③	④	⑤	33	①	②	③	④	⑤	48	①	②	③	④	⑤
4	①	②	③	④	⑤	19	①	②	③	④	⑤	34	①	②	③	④	⑤						
5	①	②	③	④	⑤	20	①	②	③	④	⑤	35	①	②	③	④	⑤						
6	①	②	③	④	⑤	21	①	②	③	④	⑤	36	①	②	③	④	⑤						
7	①	②	③	④	⑤	22	①	②	③	④	⑤	37	①	②	③	④	⑤						
8	①	②	③	④	⑤	23	①	②	③	④	⑤	38	①	②	③	④	⑤						
9	①	②	③	④	⑤	24	①	②	③	④	⑤	39	①	②	③	④	⑤						
10	①	②	③	④	⑤	25	①	②	③	④	⑤	40	①	②	③	④	⑤						
11	①	②	③	④	⑤	26	①	②	③	④	⑤	41	①	②	③	④	⑤						
12	①	②	③	④	⑤	27	①	②	③	④	⑤	42	①	②	③	④	⑤						
13	①	②	③	④	⑤	28	①	②	③	④	⑤	43	①	②	③	④	⑤						
14	①	②	③	④	⑤	29	①	②	③	④	⑤	44	①	②	③	④	⑤						
15	①	②	③	④	⑤	30	①	②	③	④	⑤	45	①	②	③	④	⑤						

2024 최신판 SD에듀 KCC그룹 온라인 인적성검사 최신기출유형 + 모의고사 4회

개정10판1쇄 발행	2024년 04월 15일 (인쇄 2024년 03월 08일)
초 판 발 행	2015년 11월 05일 (인쇄 2015년 09월 30일)
발 행 인	박영일
책 임 편 집	이해욱
편 저	SDC(Sidae Data Center)
편 집 진 행	안희선 · 신주희
표지디자인	김도연
편집디자인	최미란 · 채현주
발 행 처	(주)시대고시기획
출 판 등 록	제10-1521호
주 소	서울시 마포구 큰우물로 75 [도화동 538 성지 B/D] 9F
전 화	1600-3600
팩 스	02-701-8823
홈 페 이 지	www.sdedu.co.kr
I S B N	979-11-383-6907-7 (13320)
정 가	23,000원

KCC그룹

온라인 인적성검사

정답 및 해설

SD에듀가 합격을 준비하는 당신에게 제안합니다.

성공의 기회! SD에듀를 잡으십시오.
성공의 Next Step!

결심하셨다면 지금 당장 실행하십시오.
SD에듀와 함께라면 문제없습니다.

기회란 포착되어 활용되기 전에는
기회인지조차 알 수 없는 것이다.

– 마크 트웨인 –